教育教学**细节**丛书　　**郑金洲主编**

翁文艳 著

学校管理的

50 个

细节

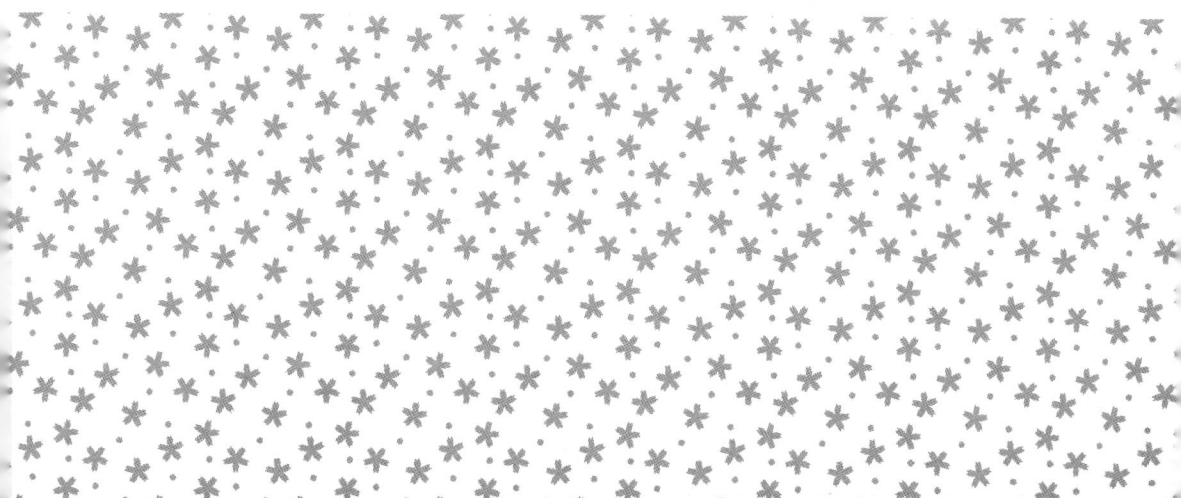

海峡出版发行集团 | 福建教育出版社

THE STRAITS PUBLISHING & DISTRIBUTING GROUP

图书在版编目（CIP）数据

学校管理的 50 个细节/翁文艳著. －福州：福建教育出版社，2012.5（2021.11 重印）
（教育教学细节丛书）
ISBN 978-7-5334-5866-9

Ⅰ．①学…　Ⅱ．①翁…　Ⅲ．①中小学－学校管理－研究　Ⅳ．①G637

中国版本图书馆 CIP 数据核字（2012）第 089118 号

教育教学细节丛书

郑金洲　主编

Xuexiao Guanli de 50 ge Xijie

学校管理的 50 个细节

翁文艳　著

出版发行	福建教育出版社
	（福州市梦山路 27 号　邮编：350025　网址：www.fep.com.cn
	编辑部电话：0591-83727542
	发行部电话：0591-83721876　87115073　010-62027445）
出 版 人	江金辉
印　　刷	福州万达印刷有限公司
	（福州市闽侯县荆溪镇徐家村 166-1 号厂房第三层　邮编：350101）
开　　本	710 毫米×1000 毫米　1/16
印　　张	20
字　　数	256 千字
插　　页	1
版　　次	2012 年 7 月第 1 版　2021 年 11 月第 5 次印刷
书　　号	ISBN 978-7-5334-5866-9
定　　价	39.00 元

如发现本书印装质量问题，请向本社出版科（电话：0591-83726019）调换。

总　序

编撰一套教育细节方面的丛书，这种想法由来已久。也许我们已经熟悉了过多的对教育的宏大叙事，也许是觉得教育叙述本来就应该是着眼"大局"的，使得教育研究者很少就教育的具体细节进行深究。相对于理论研究而言，倒是在实践中，我们的老师们更关注自己的教育对象，从具体的教育行为中探寻教育的真谛。在我为数不多的听课经历中，或者在与学校管理者的交往过程中，我常常能够注意到校长和老师们确实是秉承着一种细节决定成败的理念在工作，在教学和管理实践中从大处着眼小处着手。把这些细节展示出来，把教育教学的细节把握经验提炼出来，把细节蕴含的意义揭示出来，也就成了这套丛书的主旨。

真相在细节。学校管理的情况如何？课堂教学的实际情形是怎样的？教师与学生正在进行着什么样的交往？要了解这些问题的真相，可以进行整体情况的调研，可以从各单位的汇报材料中有所知晓，可以从教师的研究论文中洞察一二，但确切的真相总是在一系列的具体细节之中的。比如，要了解一个校长是如何管理一所学校的，我们不能仅仅从其个人的理念陈述中得知，而是要观察他管理学校的一举一动，考察他的每一个细节行为，看他是如何与教师、学生进行交往的，如何处理一个又一个棘手问题的，在这个过程中，真相也就逐渐浮出水面。可以说，细节捕捉让我们在教育实践中不只是听其言，更是在观其行，而对于真相而言，"行"永远是胜于"言"的。

力量在细节。听一个故事，有细节才有感染力；求证一个事实，有细节才有说服力。把事物演进过程中的细节成分呈现出来，才能让人信服。教育教学的实际情景也是如此。一个教学模式的提出，假如仅仅是程序性行为的展现，仅仅告诉我们该模式有几个环节构成，而没有各环节操作中的注意事项，没有具体展示模式运行的细节行为，就很难为他人接纳。同样，一种教学经验的总结，假如仅仅只是告诉我们这些经验是什么，由哪些方面组成，而没有细节性的事例呈现和说明，就很难走进我们的心灵。美国哈佛大学的约瑟夫·奈教授说：体现一个国家实力的不只是强大的武装力量，而更在于这个国家有没有精彩的故事。这句话所说的"精彩"，很大程度上就是细节。

魅力在细节。法学领域中经常有这样的说法：程序是美的。我的体会，教育领域中倒是应该有这样的认识：细节是美的。为什么有的时候听完一节课以后，我们会深深为课堂上师生的行为所感染而意犹未尽？为什么有的时候走进一所学校，我们会深深为校园环境与学校实践所触动而赏心悦目？仔细追究，都是和课堂上以及学校情景中的细节行为紧密相关的。有一次，在一所小学听三年级的外语课，课上，一个男孩回答问题时，与正确的答案差之甚远，课堂上同学们哄堂大笑；授课老师不经意地走到这位同学的身边，轻轻抚摸了一下这位同学的头以示关心。我注意到这节课的后半段，这位同学丝毫没有被回答问题的尴尬所影响，仍然是课堂的积极参与者。这些细节让我真切感受到了教育的无尽魅力！

问题在细节。自20世纪90年代以来，我们一直倡导教师要成为研究者。许多教师为找不到研究问题而苦恼。实际上，假如我们对自己从事的工作多一份细节意识，就会发现很多问题。有人说，从教师踏入学校大门的第一步到离开学校，如果从细节行为来分析，没有一时一刻不是蕴含着许多探索和研究的问题的，这话尽管有点夸张，但不无道理。当下我们大量的教育实践行为经不起细节推敲，一进入细节领域，问题多多，障碍重重。总体来讲，教育中大而化之的东西还是比较多的，细节上推敲不够，把握不准，雕琢不细，从而导致教育的科学性不强，示范性不高。从细节处发现问题，研究教育教学细节，在我看来，应该成为教师从事教育研究的基本特征。

意义在细节。教育上有很多理论，教学上有很多规则，管理上也有很多规章，所有这些要求和规定只有在细节上体现时才有意义。反过来，我们在把握教育教学以及学校管理细节的时候，也要注意分析其背后的理念、理论或者理性成分。虽然不能像佛家所说的那样，要看到"一花一世界，一树一菩提"，但至少要从认知的高度对细节有可能蕴藏的意义加以考察和挖掘。也就是说，不能就细节谈细节，将细节本身作为研究和把握的重点。一般来说，细节都是有意义的，发现这些意义，就意味着对细节认识的一种深化，对于以后把握细节就多了一份认知保证。

从国人的文化传统角度来考察，我有一个不成熟也可能是不尽正确的看法，那就是我们相对于西方民族而言缺少细节思维。我们善于对事物做总体上的谋划，作全局性的思考，对目标也会下大力气去制定，但比较少对事物做细节性处理。翻检古代教育典籍，从细节处谈教学方式方法者甚少。我们了解启发式，但不知如何操作；我们知道教学要体现艺术性，但几乎没有具体要求；我们也明了因材施教的原则，但无从下手难以实施。凡此种种，不一而足。不只是教育领域如此，其他领域大致也是如此。通过编撰一套教育类的细节丛书，当然不能扭转我们细节思维缺失的局面，但对于从事教育工作的同行来说，作细节思维的提醒还是必要的。

强调细节，并不是不关注大局、放弃宏大。事实上，细节只有在方向正确、战略明确、目标设定合理的前提下才有意义。因而，在细节的把握上，老师们不能碎片化地理解细节，而要注意把细节放在全局中去考量，这样的细节雕琢才更有意义。

郑金洲

2011 年 2 月

序

我的学生翁文艳，博士毕业以后又到日本、英国去留学，回来以后到上海的中国浦东干部学院工作。我们已多年没有见面了，最近接到她的一部书稿，是讲学校管理工作的。打开一看并非讲学校管理的理论，而是讲管理的细节，用了 50 个细节来描述学校管理的方方面面。不由得让我想起我曾经写过的几篇教育随笔和给学校题的词。一句题词是"学校建设在细微处，学生成长在活动中"；一篇短文是《校长要走到学生中去》；另一篇短文是《养成良好的教育习惯，促进教育的和谐发展》，其实都是讲学校管理的。现在学校管理的理论流派很多，有科层管理、参谋部管理、扁平管理；有科学管理、人文管理、全员管理等等。这些都有一定道理，关键是如何落实到校长、老师的行动上。育人是一件十分精细的工作，来不得半点差错。因此，无论是学校物质建设还是文化建设，都要精细地落到实处。所以我提倡学校的建设既要注意大气，又要讲究细节；校长要走到学生中去，才能发现学生需要什么，你应该关心他们什么；教师养成了良好的教育行为，就能潜移默化地影响学生。翁文艳的作品中讲的细节，都与我的想法相吻合。我不是专门研究学校管理的，也没有深入到学校中，所以只是从理念上讲点道理，而且也讲得不周全。而翁文艳则是专门把学校管理分成教育理念、制度管理、关怀教师、关爱学生、学校变革、教学改革六个方面 50 个细节加以描述。为什么说她是在描述？因为她不是讲理论，而是讲案例，从一个个案例中分析出管理的理念，具有故事性、可读性、可借鉴性。我觉得校长们可以读一读，一定会得到某种启发。

2012 年 2 月 13 日

目　录

六、教学改革的管理细节

一、 教育理念的呈现细节

      教育理念是一所学校的思想灵魂。校长通过解读国家和地方政策、深入了解学校的实际，从经验中总结出教育规律，从而提炼成为自己治校的教育理念。教育理念决定和指导学校的办学方式和培养模式，影响着校长、教师和学生的日常言语与行为，指引着学校变革的工作重点，最终外化为学校的常规管理规章和制度，内化为学校每一个成员的行为自觉。由此可见，校长的日常言语和行为、校长处理日常事务的态度和做法等等，都可以呈现出一所学校内在的教育理念。正如苏霍姆林斯基所说，没有校长的以身作则，校长就无法进行领导。

1. 对学生发自内心的嘘寒问暖

一个关切的眼神、一句问候寒暖的话语，能够给人留下深刻印象。

一次，笔者到某中学参观，该校校长亲自陪同参观校园。正逢学生下课，有一位学生可能是刚上完体育课，满头大汗，脱掉了外套。适逢初春季节，春寒料峭，该校长正在介绍学校的情况，正巧转头一眼看到那位学生，脱口就说："快穿上外套，别感冒了。"一旁的我开始发怔，心想校长突然说句话是什么意思，顺着校长的眼神看到那位学生后才明白，这句话不是对我说的，是对那位学生说的。

明白之后，心里很是感动这位校长对学生的关切之情，那是一种蕴藏心底、发自肺腑的爱生之情，如同父母对待自己的子女。可见，一所学校的爱生理念，也蕴含在平时对学生的嘘寒问暖之中。

细节分析：

这是一所学校在常态下发生的日常生活小事。校长在学生课间期间，看到身边经过的学生因运动出汗而穿少了，情急之中脱口而出说了一句父亲般的关心话。身在一旁的笔者，能凭直觉感受到，那绝不是作秀。作秀是需要时间思考的。当时这个场景如果发生在家庭中的父子之间，是再平常不过了，然而，发生在一位校长和学生之间，我就觉得，是平常中的不平常。这所学校是上海市的一所示范高中，这位校长，也是上海市有名的好校长，对学生很随和。

事实上，家长对学校的评价、学生对学校的第一感觉，都会深受上述这类细节的影响。一所学校的好坏，也能通过这类细节窥见。

笔者有一个同事，前几年去美国访学，把上小学的女儿也带去了。她在自己的博客中也谈到了她在美国为女儿选择学校的经历。先走了几所学校，都不满意，因为明显感觉到那里的校长、老师都不把你和孩子当回事。后来，找了一所倡导国际性的小学，该小学校长欢迎各个国家的小孩入学。她就试着申请了该校，果然该校同意接受她的孩子。她领着孩子第一天去学校时，校长亲自接待，小孩所在班的班主任还亲自带着她和孩子参观了一圈学校。她对这所学校非常满意，后来的事实证明，这所学校真的非常关爱、重视每一个孩子，她的女儿在那所学校过得很开心。

作为家长，笔者也深有体会，如果走进一所学校，学校的校长和老师能够微笑着和我的孩子打招呼，能够发自内心地说几句关心冷暖的话，我会对这所学校油然而生亲切之情，不管这所学校的升学率有多少，至少我把孩子放在这里，我是放心的，因为有关爱着她的校长和老师们在照顾着她。

思考透视：

"爱生学校"是最近二三十年提出的一种学校发展的理念，一般运用于学校发展规划的制定和学校变革的过程之中。爱生学校视野下的学校发展规划具有以下基本特征：①是一种整体性的学校管理理念的更新，而非传统的规划。②关注以儿童为中心、从儿童的视角出发制定、实施和评价学校管理的方式和结构。③注重儿童参与的过程。④注重调动师生员工，尤其是儿童的主体性，平等对待儿童。⑤强调为儿童建立安全、健康、文明、快乐的校园文化与校园环境。

爱生学校的理念运用在学校发展规划的制定上，表现为：①在制定各种与学生相关的规划时，要了解学生的需要，听取学生的意见，重视学生的参与和他们的呼声。②在学校发展的过程中，校长要与教职员工一起不断地进行集体反思、讨论和改善。同时，要考虑到儿童需求的变化，并在每一个细节上高度重视儿童自身所具有的实践知识、个人知识和本土知识。

例如，一位校长在处理淘气的孩子在校园里乱涂乱画的事情时，刚开始严令任何学生不得乱涂乱画，违者或批评教育，或纪律处分。学生虽然因为害怕处分而不敢再乱画，但是校园气氛却逐渐变得凝重，学生脸上的笑容也少了。该校长敏锐地发现了这一问题，几天苦思之后，她请工人们专门制作了几块蝴蝶形的大黑板，命名为"小作家小画家园地"，禁令解除，并放置粉笔，允许学生信手作画写诗，内容不加限制，"骂"校长也可以。而且，还安排工人每隔两天抹掉一次，抹掉之前，该校长都要亲自观看学生写的和画的内容，有创意但不完善的图画诗歌要点拨，最好的图画和诗歌还要表扬，并发给"小蝴蝶创意奖"。于是，小调皮蛋们重新活跃起来，在随意涂鸦中放飞创意、张扬个性。这位校长后来的处理方式，既整顿了校园环境，又尊重了学生的个性，符合爱生学校的管理理念。

视点延伸：赤脚走在走廊上的教师

江苏省南通市如东县的一个小镇，有一所普通的农村中学。高考在即，为了保证学生每天有七个半小时的充足睡眠时间，每天早上班主任都自觉早起，悄悄来到学生宿舍楼，看有没有学生在铃响之前起身。一旦发现，便轻声相劝，让他们回床休息。几次下来，就没有学生"犯规"了。有的班主任在上楼之前脱下皮鞋，以免鞋底落地发出的声音打扰了学生。"赤脚走在走廊上"，一个不引人注意的细节，深深蕴含着老师对学生的关爱之心。

点睛笔:

1. 关爱学生，体现在校长和教师们平时的生活细节之中。

2. 以学生利益为出发点，是爱生学校的基本理念。

3. 爱生学校在制定学校发展规划时注重学生的参与过程。

4. 在管理过程中，注重儿童的发展需求，善于弹性处理问题。

5. 爱生学校的校长，尊重学生的个性诉求，与学生平等相处。

2. 拒绝"被服务"：亲自把餐具送回指定地点

这是我去一所中学参观时亲眼见到的事情，它让我深刻感受到，一位校长的处事风格影响着一所学校的校风，也让我再次回想起那句耳熟能详的名言：有什么样的校长，就有什么样的学校。

当天参观完毕时，正巧是午餐时间，该校长把我们一行几人带到了学生食堂，招待我们吃和学生一样的饭菜。在交谈中，我们得知，校长每天都在学生食堂和学生吃一样的饭菜，并在吃完饭后，亲自把餐具送到指定地点，拒绝其他人为他"服务"。

细节分析：

这种没有领导架子的平民本色，让前来参观的我大为震撼。难怪该中学如此有名，难怪该学校风气如此平和、宽松、怡人。校长待人接物、为人处世的风格在潜移默化中也深刻地影响着全校的校园文化与人际氛围，影响着全校师生的为人处世和待人接物的习惯与风气。该校学生的发展目标中，就有一句是"精英的气质、平民的本色"。而这位校长就在以身作则，实践着这个目标，为全校学生做出了一个很好的榜样。学生在宽松、宽容与平等的氛围下，就会逐渐养成敢于自由发言、自主学习、自我表达的习惯，长此以往，学生中间的创新观点与成果也会应运而生，且生生不息。该校学生所取得的种种创新成绩也证实了这一点。

思考透视：

学校文化的建设是当前学校管理中的一个重要内容。学校文化作为一种学校的组织文化，其核心内涵包括学校成员的办学理念、价值观、信仰、教风和学风、人际关系等精神领域方面的内容。良好的学校文化的建设需要通过学校的物质文化建设、制度文化建设和精神文明建设三方面的工作来构建。

学校物质文化建设是指教室、实验室、办公室、图书馆、运动场、食堂、宿舍等学校建筑和教学设施方面的建设，这些既是学校开展教育教学活动的物质基础，也是塑造优良学校文化的物质基础。此外，还包括学校标识，如校牌、校服、校旗、校徽、校报等，这些标识一方面突出了学校的整体形象，另一方面也能激发师生及员工的荣誉感和责任感。

学校制度文化建设是学校文化建设的重要组成部分。具体包括：机构设置、规章制度的制定等。机构设置是学校文化建设的组织保证，规章制度则反映出学校采取的是什么样的规范和价值观来指导师生的行为方式。

学校精神文化建设是学校文明建设的核心内容和最高层次。学校的形象、个性、风貌往往通过学校精神文明建设体现出来。

（1）校风、教风和学风。校风是学校全体成员在长期的教育实践中形成的相对稳定的精神状态和作风。优良的校风是一面旗帜，激励着教师为人师表，也鞭策着学生勤奋学习。教风是一所学校的教师长期积累和形成的教学风格。中小学一般都倡导严谨治教、敬业爱生的教风。学风是一所学校的学生在学习过程中形成的学习习惯、治学态度的集中体现。优良的学风也像校风、教风一样，对教育教学质量的提高，对学生人格品质的发展都有着重要的意义。

（2）各类典礼和文化活动。在中小学经常举行各类典礼和文化活动，对形成学校文化起着很重要的作用。常见的活动包括三种类型：文化学术型，如学校科技兴趣小组、文学书社、英语俱乐部等组织的论文比赛、讲演会、报告会等；文体娱乐型，如开展学校艺术节、体育节、节日联欢、春游、野餐及其他晚会、竞赛等活动；社会实践型，如学军、学农、学工、参观爱国主义教育基地、开展社区服务工作等。在诸多活动形式中，仪式和典礼最容易给人留下深刻印象，是一种非常有效的学校文化表达方式。常见的学校典礼活动有：开学典礼、毕业典礼、各种授奖仪式、入队入团仪式、成人仪式等。

（3）学校人际关系。学校人际关系包括学校领导与教职工的关系、教师之间的关系、师生关系等。良好的人际关系有利于调动积极性，提高工作效率，形成健康向上的学校文化氛围。

许多学校在上述常规方面的学校文化建设上，都做了不少工作，但有时效果却不尽如人意。究其实质，问题就在于，要在全校师生内心中真正有效地推行一种校园文化，往往需要校长自身的身体力行、以身垂范。只有校长真正做了，其他人才会跟着去做，才会发自内心地愿意去做、自觉地去做，这样所有人的身体力行，才会自然地汇聚成为一种全校的风气和风貌，才会具有感染人、影响人的力量。

校长在平时的日常言行中，就要自觉地实践本校的校风、校训，成为学生心目中敬爱的榜样。例如：①平等对待每一个学生，如同父母那样，关心爱护每个学生。②尽量不用暴力解决任何问题，学生不论犯了多大的错误，校长都能够坐下来心平气和地对学生进行思想教育。③把学校当成自己的家，把学生当成自己的孩子，把老师当成自己的亲友那样爱护学校、爱护师生。④把教师和学生的事情看成是自己的事情来做，有些事情是教师和学生自己能解决的，校长尽量解决那些教师和学生不能解决的事情。⑤待人亲切，随和相处，多一点幽默。

视点延伸：每周一次的校长听课

作为一所学校的校长，也许不能做到每周为学生讲一次课，但是可以尝试每周去听老师讲授一堂课。校长每一周的听课，关注的不一定是教学上的问题，有时可能更多的是管理上的问题。例如：学生是否能够安心学习？教室的灯光是否适当明亮，温度是否适宜？学生是否会感觉太冷或太热？教师是否能全心投入教学？是否有其他事情影响教师的心情，是教师的健康状况吗？还是有其他管理不当的问题？一位细心而敏感的校长，会从一次听课中发现上述很多问题，从而找到影响学生安心学习、教师专心教学的很多问题，排除这些问题就是改善教学环境、提高教学质量的关键因素。

点睛笔:

1. 一位校长的处事风格影响着一所学校的校风。

2. 学校文化作为一种学校组织文化，其核心内涵包括学校成员的办学理念、价值观、信仰、教风和学风、人际关系等。

3. 要在全校师生内心中真正有效地推行一种校园文化，往往需要校长亲自去身体力行、以身垂范。

4. 校长任何时候都能做到心平气和地与学生交流，尽量不用暴力解决任何问题。

5. 校长应尽量解决那些教师和学生不能解决的事情，把他们的事情当做自己的事情来做。

3. 校长公开道歉的"魅力"

在一所小学里，一块空地正在施工。一天，一个学生在玩耍时，不小心在工地摔倒，导致左腿骨折。

校长知道此事以后，非常重视，在第一时间迅速查清了事情的经过原委。结果校长发现，该施工场地没有做安全护栏，是导致学生不慎进入施工场地的一个重要原因。这时，校长没有逃避责任，而是在全校大会上，为自己的管理失职向全校教师学生进行了公开、诚恳的道歉，并向大家保证，以后要更加细致地做好学校的安全工作和对学生的安全教育，尽可能避免校园安全事故的发生，把学校建设成为"平安校园"。校长公开道歉的举动，并没有如有些人想象的那样"损害"了学校的形象，相反，这位校长和这所学校的诚挚道歉之举，不仅获得了受伤学生及家长的谅解，而且在全校师生尤其是所有学生和家长心里赢得了信任。

细节分析：

教育以人为本，尤其要以学生为本，要服务学生以促进其发展。这种以学生为本的教育理念，也需要体现在校长行为的方方面面。

学生在学校发生了伤害事故，这在每一所学校都是常见的现象。对于校长和学校来说，学生安全、校园安全是一等一的大事。如何恰当地处理好校园内"常见"的学生伤害事件，对于维护正常的教育教学秩序、维护教育系统大局的稳定具有重大意义。同时，这也是关系到学校声誉的重要环节。

案例中的校长，并没有为了规避自己的责任、维护自己的"面子"，在事故发生后想方设法去开脱责任，或是把责任推给主管学校安全或后勤的副校长，而是秉承以学生为本的教育理念，在事故发生后第一时间查清事实、了解真相，并且勇敢地承担了作为学校第一负责人——校长的责任，在全校教师学生面前公开事情真相的细节，并公开道歉，同时对未来工作做出承诺。

在必要的时候勇于承认失误，是一位校长应该具备的品质，体现了校长对这所学校、对所有学生负责的责任感。每一个人都能从失误中学到很多东西，那些我们开始容易做错，后来经过改正并重新做好的事情往往会让我们学到更多。因此，作为一所学校的管理者——校长，应在这方面做出表率，在全校师生中营建这样一种氛围，鼓励大家敢于做他们以前不敢做的事情，鼓励冒险并从失败中学习。

一位著名的校长谈及他的成功经验时说，"我经常主动承认错误，这在我们学校很正常。我发现只要你敢于承认错误，其他人就都能直面错误，这样我们就可以集中精力做其他更重要的事情"。

思考透视：

（1）预防胜于治理。为了预防各种校园安全事件，保护学生的安全，学校要建立有组织的应急管理机制，重视日常的预备防范、教育培训、危机演练等工作。实际上，学校中的许多危机是可以预测并得以防控的，比如教学质量、后勤服务和安全事故等方面的突发事件。应急预警机制做得好的中小学校，还可以有效预防中小学生危害自身安全的不良行为。例如，某县中学在一天下午第二节课刚下课时，该中学"校园110"应急援助中心接到某班班主任报告，该班一名女生出走，该生欲乘坐下午5：30的火车去四川。接到信息后校长亲自处理，一方面派老师立即前往火车站拦截，一方面把学生照片送到该县派出所，由派出所把照片传到火车站寻求协助。下午5:25分，离列车启动仅5分钟时，家长、老师在派出所的帮助下，终于将孩子找到。可见，建立有效的应急预警机制，能对中小学生的不良行为、尤其是违法犯罪行为提前进行有效的、阻断性的干预，从而提前将学生的有可能导致伤害自身的行为或违法犯罪的动机消除在萌芽阶段，保障学生的人身安全。

（2）学校与所在社区具有联通性和开放性，学校中的每一个学生关系到所在社区中的千家万户，要妥善解决校园突发事件，学校需要依靠所在社区的支持。为此，学校的应急管理机制需要包含教育行政部门、地方政府、周边单位、大众传媒、临近社区等力量，走"学校与社区联合共建的应急管理"的路子。而目前大部分学校的实际情况是：主体单一性、空间封闭性、时间滞后性的危机应对套路。在新形势下，试图依靠自身力量来解决学校危机的做法已被证明是不现实和不经济的。

（3）各学校应当在日常的应急教育、应急意识培育、应急预测、预防及演练等方面下工夫，将校园应急处理的理念、案例及行动方案等融入学校教育内容之中。开展应急演练的好处在于能够使学校师生更真切地了解危机发生时的具体情况，以便抑制恐慌；同时可以使每位应急管理成员更加清楚自己的分工及相互间的配合关系，并有助于发现应急管理计划及预案中存在的问题，以便及时完善和修正。

（4）建立扁平型的信息传递网络。压缩组织结构层级，缩减应急管理层次，由自上而下的垂直结构向扁平型的横向结构转化，有助于实现应急管理信息的即时快速流动，这对于学校有效地应急管理来说是十分必要的。为了保障在危机发生时相关信息能够以最快的速度传递到决策层，国外经常使用的"紧急联络树"是一种可供参考的方法。在这种方法下，当危机发生时，任何发现者都可以利用写有决策部门和相关负责部门联系电话的"紧急联络树"在最短时间内将应急信息传送出去。运用这种方法相当重要的一点是要搞好策划与设计，保证每位学校成员能够很容易和很清晰地了解和记住"紧急联络树"的相关内容。国外一个可以借鉴的做法是，在教育行政部门指导下组织学校编写"中小学校学生应急处理手册"，以便使处在危机中的任何相关人员都可以按图索骥，有步骤和有秩序地进行应对。应急手册的内容不能一成不变，而应根据情况及时进行补充和更新。

学校发生学生的意外伤害事故，属于突发事件。校长要学会应对突发事件的基本程序。首先应该启动学校安全预警机制。突发事件的应对一般包括以下基本步骤：①建立领导工作小组，一般由校长牵头任组长，其他副校长和教务管理人员任组员。②建立事故调查小组，调查事故发生的原因、经过和结果。③召开领导班子会议，让全体领导工作小组成员了解事实的真相，对如何处理事故达成共识。④召开全校教职工会议，公布对事故的处理方式和处理结果。⑤如果有必要的话，要召开媒体见面会，向所在社区或媒体发布事故的真相、处理方式和处理结果，获得家长和所在社区的谅解与支持。

视点延伸：校长应如何处理学生自杀事件

这是一个真实的案例。在一所重点高中，因为学习压力过大等原因，一名高三学生跳楼自杀了。一周后，另一名学生又跳楼自杀了。学生和家长在等待学校校长的处置，但是校长没有对学生、家长做任何公开讲话，只是用冷处理对待所有学生和家长。同时，不少新闻媒体记者得知此事，希望采访学校的校长，但是都被校长拒绝了。家长心中慢慢积聚了抱怨，学生们也背负了更多的恐惧、疑惑和压力。如果你是这名校长，你会怎么做呢？

点睛笔:

1. 在必要的时候勇于承认失误，是一位校长应该具备的品质，体现了校长对这所学校、对所有学生负责的态度。

2. 只要校长敢于承认错误，其他人就都能直面错误，这样全校师生就可以集中精力做其他更重要的事情。

3. 学校中的许多危机是可以预测并得以防控的，预防胜于治理。

4. 学校中的每一个学生关系到所在社区中的千家万户，要妥善解决校园突发事件，学校需要走"学校与社区联合共建的应急管理"的路子。

5. 建立扁平型的信息传递网络，利用写有决策部门和相关负责部门联系电话的"紧急联络树"，有助于在最短时间内将应急信息传送出去。

4. 教师通勤车透出的人文关怀

这是发生在云南省玉溪民族中学的真实案例。

玉溪民族中学并没有在玉溪市区，而是坐落在玉溪市峨山彝族自治县。这样的地理位置所导致的交通不便一度成为制约玉溪民族中学发展的瓶颈。因为很多老师的家住在玉溪城区，回家不方便成为了老师们最大的难题。峨山到玉溪并不远，但是作为一个小县城，在 2002 年时，人流量很小，车总要等人满才开，很多时候，等车的时间比坐车的时间还长。那时候所有老师每次回家，都得饱受辗转的折磨。怨气总是在候车室里产生，一些老师因此而离开了学校。

当时，刚刚调任玉溪民族中学的校长丁家平敏锐地发现了这一不妙的现象。他觉得，老师们怨声载道，能把多大的心思放在教学和学生的身上？学校不为每一位老师负责，老师能为每一个学生负责吗？

于是，丁家平上任的"第一把火"是买了一辆三十多座的交通车，负责周末接送回城区的老师。后来，接送老师成为了一种制度，人多就用大车，人少就用小巴士，只有一个老师回去就派小轿车。尊重每一位老师成为丁校长的管理原则。

如今，居住在城区的一百多位老师回家不用再提着包去候车了，便捷的通勤车使老师们感到被尊重的荣耀。

此外，学校还制定了改造电热能、调整课时补贴等一系列针对老师们的措施，使老师们感受到一股人文关怀的暖流。关爱教师也成为该校的校园文化。

用丁校长的话来说就是，"我们的目标是为每一个学生负责，这种爱心和责任的载体是老师，我们希望老师能把这样的人文精神转移到学生的身上去。"

细节分析：

事件中的学校是一所西部偏远的农村中学，交通不便利是许多西部农村学校的共同特点，这不仅严重影响着教师的生活和身体健康，大量消耗着教师的体力与心力，同时也严重影响着教师教学工作的心情与质量。新上任的丁校长，从关怀教师、关怀人的心态出发，敏锐地捕捉到了这一看似与学校教学工作无关、但实则非常重要的影响因素，利用学校的资源重点解决了这一教师迫切需要解决的问题。这一看似细节的关怀，为丁校长以后的管理工作打开了局面、赢得了人心。教师们受到了尊重与关爱，他们也会在与学生朝夕相处的教学生活过程中，把这种尊重与关爱传递给每一位学生，真正把育人工作做到实处。长此以往，爱心和责任将成为每一位师生心中的准则，也将成为这所学校的人际氛围和校园文化。

思考透视：

在普通的农村中学，新任校长的管理工作将从哪里下手呢？一般而言，除了需要处理的日常管理工作，如规划工作安排、编制预算、公平付酬等，作为校长，新上任的第一把火中最重要的是激励下属、建立信用、赢得人心。

首先，要花点时间了解你的学校，了解你的教师。在校长新上任的一百天里，要多花些时间去了解你的学校、了解你的教师，每天多花些时间在学校内部和周边走走，多花些时间和你的教师们相处，倾听他们的问题，看看这所学校有哪些特点、存在哪些问题，看看教师们最需要的是什么，并把这些都记在心里，然后尽你所能组织资源满足教师们的需要。这对你的教师们来说是一个长久的激励，能促进他们为作为新任校长的你更好地工作。上述丁校长的做法就证明了这样一个道理。

其次，集中精力，履行承诺，早出成绩。在你花时间了解到的大量问题中，挑选出对你的学校和教师而言最为重要的三个问题，并把精力和资源集中在解决这三个问题上。在短时间内集中精力做出三件最重要的事情，这些事情最好是最重要的事情，是那种能让大多数教师看得到并能从中受益的事情。例如，开篇案例中丁校长选定的购买教师通勤车、改造电热能、调整课时补贴等事情就是如此。在短时期内集中精力和所需要的资源做好这些事情，有利于使大家保持很高的工作动力和热情。

最后，尽可能在你所承诺的短时期内漂亮地完成事情。这一点非常重要。只有这样人们才会知道你是可以依赖的管理者。不要按照事情完成的一般进程来履行承诺，要按照教师们期望的进程来履行承诺，以尽可能高效地满足教师们的期待，赢得他们的信任。如果事情因为种种外部原因延误，作为校长的你要尽量早点明白无误地告诉教师你的困境，以降低他们的期望，获得他们的理解与支持。

校长在具体管理工作中，以下几点值得注意：

①校长管人要管心，管心要知心，知心要关心，关心要真心。这是我们秉承的管理原则。

②要舍得花时间与教师交流沟通。即使你在交流的过程中需要不断地重复一些你观点中的关键要点，但是这样做会很有效，会让所有教师明白你的态度与看法。

③在与教师相处沟通的过程中，要尊重每一个人；每一个人对你来说都是有影响力的。要让教师们感觉到，你认为他们是重要的，而且你作为校长是真的对他们的工作和看法感兴趣。

④要避免批评你的前任校长，以免让其他教师感觉到你在批评他们过去的工作。

⑤切忌在工作中过于拼命、过于强势或者让大家筋疲力尽，这会让其他教师觉得和你一起工作会失去工作与生活的平衡。

视点延伸：新任校长的困惑——校园门口放学后的交通混乱

某市一所农村中学，地处市郊，位于一条二级公路沿线，校门离公路很近，车辆往来频繁。该校师生共计一千余人，寄宿生六百余人每周回家一次。每到周末傍晚放学，同学们归心似箭，匆匆背上书包、行李，四处拦车。由于乡下交通不便，路况不好，通往各村庄的车子有限，一有车来，不论是马车、拖拉机还是货车，大家都一拥而上，攀、爬、吊、拉，谁也不让谁，谁也不肯下，导致车辆严重超载，人货混装。而老师们等学生们走了之后，也立即匆忙骑车离去。如果你是新来的校长，你会怎么做？

点睛笔:

1. 作为校长，新上任的"第一把火"中最重要的是激励下属、建立信用、赢得人心。

2. 校长要多花些时间去了解你的学校，了解你的教师，和他们相处，倾听他们的问题。

3. 在校长花时间了解到的大量问题之中，挑选出对所在学校和教师而言最为重要的三个问题，并把精力和资源集中在解决这三个问题上。

4. 校长应尽可能在短时期内漂亮地完成事情，以兑现承诺，赢得教师的信任。

5. 避免批评你的前任校长，切忌在工作中过于拼命。

5. 定期地震演习制度体现的生命关怀

2008 年 5 月 12 日，四川汶川的桑枣中学校长叶志平和副校长王成友一起在绵阳给食堂采购，平时食品安全是最容易出大问题的方面，作为校长的叶志平不放心，一定要跟着一起去落实。地震时，他们正在回桑枣镇的路上，眼看一路上倒塌的房屋越来越多、景象越来越惨烈，原本还想着寻求帮助的他们，顾不上别的，排除各种困难也要往学校赶。当时叶校长最担心的就是那栋旧实验教学楼。回到学校时，两千两百多名师生已经全部聚集到了操场上，学生们在中间，老师们在外面围成一圈，实验教学楼也没有倒塌，当时叶志平就哭了。桑枣中学的奇迹引起了社会各界的广泛关注，并直接影响到全国人大对《防灾减灾法》的修改。叶志平一夜之间成为"最牛中学校长"。

细节分析：

2008 年的汶川大地震是一个重大悲剧。但是，叶志平校长却因为在地震中创造了全校两千多名师生无一死伤的奇迹而一夜成名。叶校长有一个梦想，就是办好一所学校。多年来，他坚持贯彻县教育系统的要求，为保护校园安全每学期至少进行一次全校师生的紧急疏散演练。他贯彻教育政策和要求一丝不苟，亲自设计每个班固定的紧急疏散路线，并提出了具体的疏散要求。他规定好每个班固定的疏散路线，要求两个班在疏散时合用一个楼梯，每班必须排成单行。就连每个班在教室里怎么疏散都做了规定。教室里面一般是9列8行，前4行从前门撤离，后4行从后门撤离，每列要走教室里的哪条通道都预先进行了设置。他还要求在二楼、三楼教室里的学生跑得快些，以免堵塞逃生通道；在四楼、五楼的学生要跑得慢些，否则会在楼道中造成人流积压。虽然也有老师曾私下表示没必要，但碍于叶志平的坚持，演练从2005年左右就一直在进行。正是叶校长对校园安全、学生安全的重视与坚持，紧急疏散演练才真正落到实处、深入人心，形成了全校师生在紧急情况下的行为习惯，才能在地震来临的关键时刻，挽救了所有孩子和老师的生命。

叶志平曾说，"不管娃娃们念书好不好，安全最重要。在学校里他们是1/2400，但对每个家庭都是百分之百。"是什么原因促成叶志平多年不变地坚持实行一个地震演习制度？根本原因，就是叶志平始终坚持的以人为本、以生为本的教育理念。

思考透视：

（1）把政策落到实处，把常规管理精细化实施，是"最牛中学校长"叶志平的最牛之处。很多时候，我们教育部门制定的许多政策都是好的，但是在具体落实环节往往就走样了，或者压根就没有被落实。这与教育政策如何在每一个学校具体落实有关。如果说，各种教育政策所体现的决策是把好的想法变成行动计划，那么每一所学校的执行力就是把好的想法变成行动的关键。很多时候，政策能不能落实、落实得是否到位，考验的是每一位校长的执行力；内化到学校师生的行为上，就是每一所学校全校师生的执行力。

（2）紧急时刻是对校长情商和心理素质的考验。好的校长要做到，在危机时刻保持镇定、讲实话，置学生和教师的生命安全于第一，事发后能尽快让学生返回到学习状态。案例中的叶校长就做到了这一点。

（3）危机是一种发生伤害的事件，它严重考验着校长处理和解决问题的能力。危机往往是突发的、无法预测的，还可能威胁到人们的生存。一场危机能够悲剧性地改变我们的生存环境，如案例中的汶川地震。校长作为一所学校的首席代表，是全体师生安全的第一责任人，也是学校处于危机时刻的决策人。一般而言，校长要了解危机处置的基本理论与措施，还有责任教育全体师生了解有关危机时刻应对的基本措施。

校长如何提升学校对各种教育政策的执行力呢？

①从学校层面和以学生为本的理念出发，解读政策落实的重要意义，获得全校师生的一致认可与贯彻落实政策的集体承诺。叶校长把每学期进行一次紧急疏散演练的政策要求，看作是学校有效维护校园安全、保护每一位学生的生命安全的重要义务和责任。同时，也让全校师生明白这一道理，认真地加入到这一政策的执行过程之中，形成了细致而有效的执行力。

②认真地付诸行动。承诺了政策实施的任务之后，如果又去忙其他的事情，那么这项政策的执行过程也会被耽误。这所学校不仅执行了县教育系统的政策要求，而且叶校长还亲自指导和设计了执行政策的具体方式。

③坚持任务达成的标准很重要。叶校长执行紧急疏散演练任务的目的很明确，就是要让每一个学生在发生紧急状况时，能马上明了自己该怎么做，而不只是每学期走一次演练的形式。如果只是为了完成任务而走形式，就很容易做着做着就偏离了任务目标。尤其重要的是任务达成的标准。如果在执行的过程当中，标准渐渐降低甚至完全走样，那么一旦发生紧急情况，学生仍旧会一片混乱。

④坚持重复的行动。有力的执行需要专注，专注就需要长时间重复做一件事情。叶校长的可贵之处，就是在其他教师或学生出现动摇的情况下，仍旧坚持进行每学期一次的紧急疏散演练，而且是非常认真地执行。如果不是这样严格地认真地重复地经常地去做、去执行，而是在执行过程

中，力度越来越小，许多工作就会虎头蛇尾，没有成效。

⑤一偏离轨道就校正回来。校长在政策执行的过程中，需要经常反思或与其他人员交流，当前的做法是否偏离了实现目标的轨道，是否偏离了原定的计划标准，如果有，就应该马上拉回来。

专栏5.1 美国中小学危机处置的基本措施①

全美国中小学校在遇到紧急情况时，必须在紧急情况发生后半小时，完成以下几点基本措施：

①确定专人负责该项危机事件的处置工作，并组建危机处置领导小组。

②尽可能准确地确定危机的性质，保证学生和教职工的人身安全永远是首先要考虑的因素。

③将该事件通知教工、学生、家长和媒体，并上报上一级管理单位。

④如果可能的话，避免学生聚集在一起——可以让学生们停留在各自的教室里等通知、听指挥。当然，其前提是教室是安全的。

⑤在危机发生时，学校要向上级主管部门报告以下内容：对紧急情况的详尽描述，采取的初步行动，人员伤害描述，财产损失，是否有关闭校园的必要，遭受危险的学生或财产，要联系的媒体，所需的救援人员（如医务人员、心理辅导员等）和救援物资（食物和交通工具等），今后几小时的行动计划等。

视点延伸：地震后最早复课的学校

在汶川大地震后几十天，叶志平校长才得知自己已经成为"最牛中学校长"，但是他根本没有把它放在心上。地震当天，老师们从宿舍里冒险抬出几十张床，组织两百多名露宿在操场上的教职工及其家属搭起简易帐篷，支起一口大锅，烧水做饭。就这样，全校教职工一起过了两个月的集体生活。仅仅十几天时间，为了让当年参加中考的五百多名初三学生早日

① 资料来源：National School Public Relations Association：Guides for the First 30 minutes of a Crisis. 1996，p. 143～145.

复课，叶志平利用国家科技部和四川省科技厅捐赠的帐篷和纯净水设备，解决了学生住和喝水的问题。他还把地震中没有遭到严重破坏的彩钢棚食堂当做临时教室，每个班的学生集中坐在一起，前面放一个显示器，由一个老师通过摄像头给几个班的学生一起上课。当年中考，桑枣中学又一次拿下全县第一，主要原因是该中学是当时全县最早复课的学校。这一细节，再一次证明了叶校长以学生为本的教育理念。

点睛笔：

1. 把政策落到实处，把常规管理精细化实施，是"最牛中学校长"叶志平的最牛之处。

2. 政策能不能落实、落实得是否到位，考验的是每一位校长的执行力；内化到学校师生的行为上，就是每一所学校全校师生的执行力。

3. 校长首先需要解读政策落实的重要意义，获得全校师生的一致认可与贯彻落实政策的集体承诺。

4. 校长亲自指导和设计贯彻政策执行的具体方式，并带领全校师生一起认真执行。

5. 校长在政策执行的过程中，经常重复执行的行为过程，并经常反思执行的目标标准。

二、 制度管理的操作细节

在一个组织中通过管理做成一件事情，单靠思想感召和道德影响，在短时期内可以奏效，但是时间长了也难以持续发挥作用；而且，如果是针对少数人的管理，思想感召可以奏效，但如果是针对多数人的管理，单靠思想道德的影响也难以发挥所期待的效果。这就需要在理念引领的同时，完善制度管理，才能从根本上建立健全管理体制、机制，从而形成一个组织稳定的管理绩效。

一所学校的管理也是如此。要保障长远的管理绩效，需要建立健全的制度。在学校管理制度的制订过程中，要坚持从学生发展的长远利益出发，任何违背以学生发展为本这一基本教育理念的制度都需要重新制定。例如，当前一些中小学以规避学校责任为出发点制定的一些学校制度，就属于不考虑学生的特点、需要与权利而制定的制度，是有待健全完善的制度。

好的学校管理行为、态度、制度等都体现出一种对学生发展负责的态度，体现出学校以生为本的道德原则和教育理念。校长在制度实施的过程中应采取一些特殊或弹性的处理方式，从根本上体现出学校秉持的以学生为本、以人为本的教育理念。

6. 特殊的"条子生"

又到了新生入学的时期，某公办小学校长特批一名残疾儿童入学，引起了大家的注意。

该儿童虽然手部轻度残疾，但是情商、智商发育良好，平时的学习生活都能够自理。该儿童虽然家住附近，但是不具备这所小学所在学区的户口，因为其父母都是外来打工族，只是在学校附近租房住，而且父母月收入不高，没有能力送她到更远的学校入学。

这名特殊的"条子生"引起了某些学生、家长和教师的好奇：为什么校长会特批这名儿童入学呢？难道校长和该儿童的家长有交情，还是该儿童的家长认识其他"权力人士"？

后来，有消息证实，校长对于此事的确是公事公办，该校长与该儿童的家长没有任何私人关系。

细节分析：

按照"义务教育法"，残疾儿童和其他儿童一样，享有平等的入学权利。问题是，残疾儿童的就学，有两种情况，一种是去残疾儿童的专门学校或班级——特殊教育学校（班）就读，另一种是和其他孩子一起在普通中小学校就近入学、随班就读。具体如何对待，就要根据儿童的具体情况而定了。本案例中这名残疾儿童的残疾程度不高，平时的学习生活都能够自理，且智商、情商都发育正常，是可以和其他孩子一样随班就读的。而且，西方研究认为，让这类残疾儿童随班就读，比把他们和正常孩子隔离，更有助于发展他们的潜能，更有助于他们成人后融入社会、过上自力更生的正常生活。应该说，本案例中校长的处置是从有利于这名残疾儿童的发展成长的角度出发的，是符合以学生为本的教育理念的。

思考透视：

目前很多地区的教育制度规定：所有学龄儿童按照其户口所在学区的划分，就近入学。案例中的这名儿童在这所城市中属于没有户口的外来打工子女，属于需要特殊照顾的弱势群体。那么，这位校长破例让这名残疾儿童入学，是否符合教育公平的原则呢？

目前教育公平方面公认的理论专家主要有两个，即美国的科尔曼和罗尔斯。科尔曼认为，教育公平主要包含四层含义：第一，向人们提供达到某一规定水平的免费教育；第二，为所有儿童，不论社会背景如何，提供普通课程；第三，为不同社会背景的儿童提供进入同样学校的机会；第四，在同一特定地区范围内教育机会一律平等。校长的这一做法是符合上述科尔曼提出的教育公平的理念的。

另外，罗尔斯提出了著名的公平三原则：平等自由的原则，机会的公正平等原则，差别补偿原则。这三个原则的要义是平等地分配各种基本权利和义务，同时尽量平等地分配社会合作所产生的利益和负担，坚持各种职务和地位平等地向所有人开放，只允许那种能给最少受惠者带来补偿利益的不平等分配。罗尔斯提出的差别补偿原则尤其重要，他认为，为了平等地对待所有人，提高真正的同等的机会，社会必须更多地注意那些天赋较低且出身较不利的社会地位的人们，并按照平等的方向补偿由偶然因素造成的倾斜。这个追求平等的差别补偿原则实际上体现了合乎"最少受惠者的最大利益"的公平基础。

案例中的儿童虽然没有所在学区的户口，但是由于她属于残疾儿童，又是低收入群体中的外来打工人员家庭，是弱势群体中的弱势群体，符合最少受惠者的条件。附近公办小学的校长对他们给予特殊对待，允许就近入学，是符合教育公平中的差别对待、补偿原则的公平理念的。相信校长的这一做法，也不会受到其他家长和教师的反对，因为，校长的处理方式是符合教育公平的原则的，也符合我国目前教育政策的改革趋势，即尽量把外来务工农民子女纳入到所在城市的公共教育体系之中的政策改革要求。

此外，校长的这一特殊处置也符合管理学中的例外管理原则。例外管理最初由泰勒提出，指最高管理层将日常发生的例行工作，拟就处理意见，使之规范化（标准化、程序化），然后授权给下级管理人员处理，而自己主要去处理那些没有或者不能规范化的例外工作，并且保留监督下级人员工作的权力的一种管理制度或原则。实行这种制度，可以节省最高管理层的时间和精力，使他们能集中精力研究和解决重大问题，同时使下属部门有权处理日常工作，提高工作效能。

案例中没有所在学区户口的外来人员轻度残疾子女，在该校入学制度中是首次出现的、模糊随机的、十分重要的、需要立即处理的非常规问题，这类问题的确是应该由校长亲自出面解决的问题。而对于已经有固定的或例行的程序来处理的问题即常例，则可以由校长授权给下属去按照制度常规办理，例如正常儿童的入学问题。

2012 年 2 月，教育部印发的《教育部 2012 年工作要点》① 中第 32 条明确规定：要关心和支持特殊教育。制定普通学校接受残疾学生随班就读的政策措施。研究制定"基本普及残疾儿童少年九年义务教育攻坚计划"。继续推进特殊教育学校建设工程。继续推进"医教结合"试点。加强特殊

---

① 教育部印发《教育部 2012 年工作要点》（全文），新闻中心—中国网，2012 年 2 月 2 日。http://news.china.com.cn/txt/2012-02/02/content_24537687.htm

教育师资培养培训基地建设。审议印发三类特殊教育学校课程标准，组织编写特殊教育各学科教材。该案例中校长的处置方式，也符合当前国家关心和支持特殊教育的政策精神。

从这个细节中我们可以获得以下启示：

①校长要善于运用例外管理的原则，善于鉴别例外事件，并善于把各种例外的问题处置逐渐流程化、程序化，真正把学校日常管理工作做细、做实。

②当制度与原则相冲突时，要从以学生为本、以人为本的教育理念出发，来处理事情。

③校长要熟悉运用公平原则，公平对人、公平处事，从学生的利益出发，特殊问题特殊对待，真正在日常管理中贯彻落实义务教育均衡发展的国家政策。一位优秀的校长应该是有远见、有洞察力、有积极性，善于处理各种关键性问题，有原则性和坚定性，并敢于为自己的决策承担责任的人。

视点延伸：在校园草地上用餐可行吗

在制度管理的过程中，还可以通过与制度管理的对象（如学生）进行协商，允许他们（如学生）试行另一种非制度的行为，让管理对象认识到制度管理的必要性，增强主动执行制度的自觉性。

例如，某中学的午餐规定：为了学校的卫生整洁，午餐时间学生们必须在餐厅里就餐。学生会向校长提出申请：请尊重学生们的请求，允许学生到校园内的草地上或石凳上就餐，以享受室外新鲜的空气。校长向学生会讲解此项规定的历史缘由是：在过去实行这样的政策的后果是，午餐后校园内到处都是乱扔的垃圾。学生会向校长保证此次不会发生这类有损于学校环境的现象。校长尊重学生会的意见，给他们两周时间进行试验，同时学生会每天午餐后有专人协助检查和清洁卫生。两周还不到，学生会主动找到校长要求取消这项政策，因为每天午餐后，实在有太多的垃圾，难以清扫。经过这次事件，学生体会到了学校规章制度的历史和必要性，也更愿意遵守这些规章制度了。

点睛笔：

1. 学校管理中的例外原则，指首次出现的、模糊随机的、十分重要的、需要立即处理的非常规问题，也是应该由校长亲自出面解决的问题。

2. 差别补偿原则实际上是合乎"最少受惠者的最大利益"的公平原则的重要体现。

3. 校长要善于运用例外管理的原则，善于鉴别例外事件，并善于把各种例外的问题处置逐渐流程化、程序化。

4. 当制度与原则相冲突时，要从以学生为本、以人为本的教育理念出发处理事情，体现出制度为人服务、以人为本。

5. 一位优秀的校长应该是善于运用公平原则，善于从学生的利益出发处理问题，有远见、有洞察力、有积极性，并敢于为自己的决策承担责任的人。

7. 被值日生拦在门口的校长

　　一所公立小学把 3 月 12 日定为该校的雷锋纪念日，该小学校长要求全校师生在这一天都统一佩戴前日发的纪念徽章，才可入校。3 月 12 日早上，担任值日生的小学生认真地检查着每一位学生，佩戴了徽章的才让进，少数几个忘记佩戴徽章的只好又返回家去取。

　　这一天，校长因为有一个临时的紧急任务而忘记了佩戴徽章。在校门口的值日生在检查到校长没有佩戴徽章时，毫不犹豫地把校长拦在门口，不让校长进门。

细节分析：

　　类似的这种小失误，很常见，也经常发生，校长如何应对，很有讲究。尤其是在校长初上任时，处理好此事，对奠定遵守制度的良好校风，有着重要的影响和作用。

　　常见的做法是，周围的教师或其他学生马上走过来，指责那位值日生，"你怎么搞的？你不认识啦？这是校长啊！快让校长进来！"于是校长客气地说，"没关系，不知者不怪嘛！"然后摸摸值日生的头或拍拍他以示抚慰，就走了。

　　这种做法似乎见惯不惊。如果细究起来，其实很有问题。校长这种做法，是在用他的言行告示学校所有学生，校长自己制定的制度，要求全校师生遵守，但是校长自己可以不遵守。

这种校长自己将人情凌驾于制度之上的做法，其结果是，全校师生看在眼里，记在心里，都会对制度嗤之以鼻，视学校制度如无物。校风会日趋低下、混乱。不遵纪守法的学生、老师也会越来越多。

为此，当校长违反制度时的处理办法是，校长要立即承认自己的错误，并当场表扬该值日生，而且事后还要在全校范围内表扬值日生不畏权贵、敢于执行制度的精神。这种表扬，表扬的不是一个学生，而是在全校范围内张扬一种遵纪守法的行为与精神。校长只有从自己做起，遵守学校的规章制度，以身作则，为全校师生树立榜样，才能在全校范围内奠定遵纪守法的良好校风的基础。

思考透视：

学校建立章程制度，并按章程制度办事，是现代学校制度的基本要求。《中华人民共和国教育法》第二十条规定，设立学校及其他教育机构，必须具备章程等基本条件。国家教育行政部门颁布的《小学管理规程》、《特殊教育学校暂行规程》以及国务院颁布的《中外合作办学条例》、《民办非企业单位登记管理暂行条例》，都规定了小学、特殊教育学校和中外合作办学机构、民办学校必须具备章程这一基本要求。学校应当依法实施教育教学活动，依法实施对学校的自主管理，依法维护学校、教师、学生等教育关系主体的合法权益。

制定学校基本制度章程，依据章程制度规范学校管理，也是国际社会的通行做法。《俄罗斯联邦教育法》中提及教育机构章程的有 44 处之多，并明确规定，创办学校，应提交学校章程。《日本学校教育法施行规则》规定，申请设置学校必须附加提交学校章程的文件。在澳大利亚的维多利亚州，为增强公立学校的办学自主权和责任感，提高教育质量和竞争能力，于 1993 年启动了"未来学校"计划。该计划的四项主要内容中，最重要的一项就是要求每个学校规定一份学校章程，明确学校的发展规划、发展目标、发展重点、教职员工和学生的行为准则、学校的各项财务预算、评价等。①

一所学校是靠制度来管理，还是靠人来管理，这其中有一种制度与人情的平衡。一般而言，常规管理，需要制度来严格规范，同时也需要人尤其是以校长为榜样的全校师生来推行与实践。例外管理，则由校长依据具体情境、遵循以学生为本、以人为本的基本理念来作出特殊的处理。

校长在运用制度的过程中，需要秉承"刚性规章、柔性管理"的工作原则。刚性规章保证学生有学生的日常守则，教师有教师的行为规范，议事有议事的规章制度，用人有用人的客观标准。这是管理刚性的一面，校长本人在执行刚性管理的过程中，要以身作则、率先垂范，这样才能服人，才能让其他所有人遵守制度规范。

作为一名校长，遵法和守法是他们的职业道德和社会职责。有法不遵，就是以身试法，法不容他。学生、家长、教职工和社区都在监督校长是否按法办事。例如，学校可以借鉴国外经验，组织自己的学生纪律委员会，其中有学生、教师、行政管理人员和家长参加。该委员会根据学校的情况，制定或修改校规，并共同监督贯彻落实。

同时，校长的管理也需要有柔性的一面，要尊重人，要关心人，要以人为本，要激发所有教师内在的工作积极性，让他们感受到自己是在为自己，而不是为他人，更不是在为校长工作。这样，久而久之，就会形成一种学校文化而积淀下来。

视点延伸：如何遵守和使用纪律程序

在按照学校规章制度办事的过程中，无论是校长还是教师都要按照程序作出决定。下面是国外学校的一个例子。

一个教师走进洗手间时，恰巧碰到一个学生在给自己注射毒品，根据

① 朱小蔓主编：《现代学校制度的理论与实验研究》，北京：教育科学出版社，2008 年版，第 103～104 页。

学校对使用毒品学生的规定，学生要受处罚，停课在家10天。由于校长在外开会，这位教师又不知道另有指定的副校长在校值班，他认为无领导可请示，就根据学校的处罚条例，当即作出了决定，把这个学生遣送回家。

第二天，校长到校后，把学生又带回教室，请这位教师到办公室来并指出："你昨天的决定是对的，但是有一件事没有做，家长找来了，所以我们现在出了一些麻烦。校规中有一条是校外停课10天的决定必须经过验证程序。"

当天，由校长召集会议，家长参加，让这位教师和当事学生双方各自把事情的经过讲述一遍，学生当场承认了事实。事情确凿后，家长把学生带回家停课10天。通过这一过程，教师和学生都学会了如何遵守和使用纪律程序。①

点睛笔:

1. 对于学校的规章制度，校长自身要带头遵守，以身作则。

2. 校长只有身体力行，为全校师生树立遵纪守法的好榜样，才能在全校范围内形成遵纪守法的良好风气。

3. 学校建立章程制度，并按章程制度办事，是现代学校制度的基本要求，也是国际上学校管理的通行做法。

4. 一所学校既要靠制度管理，也要考虑制度管理中的柔性管理，需要兼顾一种制度与人的平衡。校长在运用制度的过程中，需要秉承"刚性规章、柔性管理"的工作原则。

5. 校长的柔性管理，要遵循尊重人、关心人的以人为本原则，要激发所有教师内在的工作积极性，从而形成一种积极向上的学校氛围。

---

① 转引自：【美】刘京秋、哈维·奥威著，《校长管理手册——美国中小学校长成功管理之路》，北京：中国财政经济出版社，2007年11月版，第103～105页。

8. 如果校门早开 5 分钟……

2010 年 3 月 23 日 7 点 24 分，正逢孩子们上学时间，福建省南平市实验小学门口，已经有几十个孩子等在校门口了，再过 5 分钟，7 点 30 分校门就将打开。突然，一名中年男子手持砍刀行凶，在 55 秒内持刀连续朝正在等待学校开门的 13 名小学生捅去，酿成 13 名小学生 8 死 5 伤的惨剧。这就是震惊一时的福建南平校园门口血案。就在福建南平血案发生后的两个月内，在广西合浦、江苏泰兴等地又连续发生了 5 起校园血案，激起了全社会的震怒与谴责。

一系列校园血案给人们留下了许多发人深省的问题，其中一个最重要的问题就是校园安全问题。其中一个细节被不少人质疑：学校为什么 7 点 30 分才开门，每天让几百名小学生等候在校门口？

细节分析：

南平市实验小学全校共 48 个班级、两千多人，每天早上 7 点 30 分开门，一般每天在 7 点 30 分前到校的小学生有 500 人以上，全都等候在校门口。

据《新京报》记者孔璞采访报道：

部分遇难学生家长情绪激动，纷纷质问学校，为何硬是要规定 7 点 30 分才能进校，让数百孩子在校门口等待。遇难学生家长黄宝珠说："学校要是早开门一分钟，我儿子就不会死，当时他已经准备进门了。"许多家长表示，学生来得早就要站在外面，又没人保护，孩子这么小，受到伤害根本无法抵抗。

记者询问了南平实验小学副校长傅金英，傅表示，学生在上课前10分钟到半小时内进校为上级文件规定，学校只是执行。学校也是受害方，而非加害方，希望家长能够理解。但傅金英表示，该规定依据的是市教育局的文件还是教育部的文件，她记不清楚。

记者查阅了福建省教育厅2008年《关于严格执行义务教育课程计划规范义务教育学校校历和作息时间的通知》，并无此项规定。

据说，这是学校因为怕学生太早到校嬉戏玩耍，万一出事故校方要承担责任，所以才有这么一条不近人情的规定。学生到校上学，聚众候在校门口，一旦出现安全事故，学校可以借此推卸责任吗？

思考透视：

福建南平等一系列校园血案暴露出我国校园安全管理方面存在严重的薄弱环节。

首先，学校内部的安全管理制度定位不准、立法不完善。我国现有的法律体系中，有关在校学生合法权益的法律保护条文，散见于《宪法》、《民法通则》、《刑法》、《未成年人保护法》、《义务教育法》和《教师法》之中。但是，这些法律对在校学生合法权益的法律保护既不具体，又存在一定空白。虽然从2002年9月1日起实施的《学生伤害事故处理办法》对学生的伤害事故有一定规定，对正确处理各类学生伤害事故起到了重要作用，但由于它是教育部颁布的，作为行政机关，属于部门规章，在法院判案时只能是参考，并不能作为判案依据。作为学生安全的重要保护者——校长应该从首先为孩子考虑的角度出发，承担更多的责任和义务。

南平实验小学7点40分开始上课，七点半才打开校门。这样的规定，必然造成校门前聚集大量学生等待入校，形成各种安全隐患。而且现实是当时有类似规定的学校不在少数。中国政法大学刑事司法学院教授、青少年犯罪与少年司法研究中心主任皮艺军认为，这里涉及的最重要的一个问题就是儿童权利的定位。儿童权益优先是儿童公约的原则，也写进了《未成年人保护法》，但在现实中孩子的权利却要服从学校的管理秩序，而不是学校的管理以孩子的权益为中心。现在学校的一些制度，一是为了主政者自身的权益，第二就是为了规避责任。事情出了，先把自己的责任择清楚，这样才好继续做官升官。校领导在学校开门的事上是遵守规定的，但从这个案例来看这个规定是在免除校方的责任——孩子在校门外，学校就可以不负责。但是校园安全管理中划校园暴力的发生范围，就应当包括校园周边的特定区域，当然包括校门附近。所以，血案给出的血的教训是，各个地方的学校应该尽快修改这种只规避领导责任而忽视孩子安全的规定。让孩子早进校门，虽然会给学校管理增加些工作量，但这应当被看作是校方的责任。为了孩子的安全和家长的便利，这个辛苦应是学校分内的事。

专栏 8.1　美国政府逐级立法完善校园安全

州一级的学校安全立法是美国将学校安全上升为教育决策的最有力保障。以加利福尼亚州为例，从 1983 年开始，学校安全立法程序就已开始，在 1997 年通过了本州学校安全领域的标志性立法《学校安全综合规划法案》，该法要求每所学校拟定校园安全综合计划，制定与社区紧密合作的综合安全措施与项目，并形成年度评估与更新制度。纽约州也于数年前颁布了名为《拯救计划》的校园安全法，将攻击教师、学校职员与学生的罪名从原来的行为不检上升为 d 级重罪。

按照联邦和地方立法要求，美国学校建立了系统而严格的安全保卫措施和危机管理机制。例如，设立校园警察、门禁或来客登记制度、来访者佩戴标明身份的醒目标志、学生穿着统一制服以及上下学期间出动交通协管等。与此同时，许多学校开始安装金属探测仪、监控摄像、护栏、探照灯等设施。目前，美国大多数高校都有校园警察机构，校园警察可以行使真正的警察权力——携带枪支和拘捕犯人。一些中小学校则会聘用经过专业训练的安保人员，这些"私家"警卫人员也被允许携带警棍。

其次，学校及周边治安综合治理工作，是一个重大的民生工程，需要联合公安部门、教育部门等有关部门共同治理。如果全面统计社会人员在校园门口制造的各类案件，以及校园暴力事件，结果无疑会触目惊心。例如，2009 年底，多名深圳小学生在校门口遭绑架等。校园安全堪忧，最重要的原因就是防范不力。学校似乎成了安全防范的主力，而拥有法定权力、承担维护治安之责的警方，维护校园安全却处于被动的工作状态。建议借鉴加拿大多伦多的校园安全治理经验，对于我国的"校园安全计划"，首先要明确警方对于校园安全的日常维护责任。例如，即使警察无法全日制驻校，至少在上学放学期间，在孩子进出校门时，就像交警上下班时到各个路口"上高峰"那样，保证有巡警在校园周边巡逻；在一些特殊情况下，如局部社会治安恶化等，可以临时性让警察驻校，以防不测等。

专栏 8.2 俄罗斯相关部门通力协作、共同构建学校安全体系

2004 年 9 月 1 日，三十多名恐怖分子冲进俄联邦南部北奥塞梯共和国别斯兰市第一中学，将一千多名师生和家长劫为人质近 3 天，造成 334 人死亡，其中有 186 名儿童。事件发生后，学校安全问题引起俄罗斯各界空前关注。时任俄罗斯联邦总统普京随即下达命令，要求相关部门通力协作防止校园恐怖事件。

俄罗斯联邦教育科学部迅速响应，成立了预防和制止恐怖活动工作组。同年，俄罗斯联邦教育科学部制定了《2004～2007 年学校安全计划》。负责保护公民权利和自由、捍卫法律秩序的俄罗斯联邦内务部也下达保证学校安全的相关命令。其措施主要包括调整警力分布，使警察巡逻路线尽量靠近学校；设置有正式编制的学校未成年人事务巡视员职务。到 2007 年，俄罗斯 64 个联邦主体的内务部所属正式在编人员中增设了 3600 个巡视员岗位。

根据上述法规和命令，俄罗斯联邦政府与地方开始共同构建学校安全体系。从 2005 年起，部分地区的中小学生开始配备身份识别卡，很多学校安装监视系统和报警系统，配备安全保卫人员。

俄罗斯各地在学校安全建设中也在不断交流经验。叶卡捷琳堡市的学校引进了"负责内部安全的副校长"一职，总体组织学校安全工作。由于责任到人，该市校园安全明显得到保证。沃洛涅日州为学校配备紧急寻呼设备，该设备直接连接俄罗斯联邦紧急事务部。如学校发生险情，联邦紧急事务部将立即接收到相关信息并采取相应措施。莫斯科市的所有学校都纳入警察的保护范围。

在各部门协作完成《2004～2007年学校安全计划》后，俄罗斯对校园安全问题仍然没有懈怠。2009年10月，俄罗斯制定了《关于保证学校防火安全和反恐安全措施》。为调动相关部门力量，俄罗斯联邦教育科学部下达命令，从联邦专项资金中划拨款项，进一步完善学校安全设施，包括为学校配备消防工具和监测设备，加固窗户和护栏等。此外，要严格对学校安全情况的检查，联邦紧急事务部每年都要在开学前对学校安全进行系统排查。

从这个细节中我们可以获得以下启示：

①从儿童权益优先的原则出发，尽快检查和修改学校内的相关管理制度，使之更有效地为学生和家长提供安全、优质的教育服务。

②在全校建立一套行之有效的安全教育措施，更加注重学生的安全保护和安全教育，加强对青少年儿童的自我保护意识和能力的安全教育。例如，学校有责任加强安全技能培训和逃生训练，训练"关锁保护法"，在枪匪来袭时尽量锁住房门，保持黑暗，减少疯狂枪手射杀进入他视线中所有人的可能性，让歹徒误认为房间内没有人。

③学校与一些提供安全管理服务的公司签订契约，聘用经过专业训练的安保人员。加强校内外治安巡逻，支持校方内部保卫工作，指导安保人员开展人防、物防和技防工作，并认真检查这些制度是否落实。

④学校定期进行火警、地震等灾难逃生演习。

⑤学校适当减少对社区活动的开放。

⑥学校应优先支持安全方面的预算，每年对学校安全设施进行两次以上安全检查。

⑦学校应主动积极与地方教育行政部门、政府部门和社区联手，督促地方政府加大投入，为校园安全负责。积极规范校园安全管理，将校园安全纳入常态管理，并加强对校园周边安全的防范控制、危险物品的管控。例如，北京市西城区给所辖各学校配置钢叉、防割手套、自卫喷雾器，在学校门前安装监控探头，并全部介入了分局110勤务指挥平台，建立"一校一警"制。

⑧积极推动《校园安全法》的立法工作，促进政府部门真正建立一部符合我国国情的行之有效的《校园安全法》。

专栏 8.3　日本维护学生安全的防护措施

在日本，针对学生的伤害事件时有发生。1999年12月21日下午，一名男子闯入京都市伏见区市立日野小学校园，将一名二年级男生用刀刺死；2001年6月8日上午，日本大阪教育大学附属池田小学发生一起犯罪男子持刀闯入校园，杀死8名儿童、刺伤15名儿童及教师的严重案件。

这些恶性事件促使日本社会反省校园安全管理方面存在的漏洞。日本各地方政府会同教育部门、警务部门采取了很多防护措施。例如，大阪市山口县警察署在县内利用街边的店铺，设置了一万多处"儿童报警110联络处"，使儿童在遇到紧急情况时，能够进到店内寻求庇护并拨打报警电话。此外，在学校、幼儿园等少年儿童集中的地方，挂牌设置"警察看护所"，禁止校外人员进入校园，让学生携带防暴报警器，在校内安装监视仪器，向学校派遣警备人员，让孩子集体上下学等措施在日本也较为常见。

文部科学省于2002年编发了《当可疑人进入学校时的危机管理指导手册》，2003年向学校发放了《防止校园犯罪实践案例集》，2007年对《学校危机管理指导手册》进行修订。

日本内阁从2005年起发布年度报告《保护孩子不受犯罪伤害》，就学校、社区和家庭的对策措施和防范教育现状进行考察并提出改进建议。为帮助学校安装监控摄像机和紧急报警装置等设备，以特别交付税的形式拨付补助经费。

日本还通过立法来保障学校安全，2005年修订的《学校保健安全法》第三章专门提及学校安全。规定学校的设置者有责任保障学生安全；校长须使学校配备保障安全的设施和装置；学校要制定安全计划，并预先制定突发事件应急预案；校长要对教师和职工进行安全培训；当发生意外伤害事件时，学校要对学生及相关人员身心健康的恢复提供必要的支援。此外，学校要同家长、社区以及警察署等保持联络与合作，共同保障学生的安全。

除了通过各种措施保障学校安全以外，日本中小学还十分重视学生的安全教育。教育行政部门向学校委派安全指导员、巡视员，利用全校集会或综合学习实践课向学生传授自我保护知识。例如，大阪市山口县田代小学请警察到学校开办"防范教室"，训练学生在遇到可疑的人时要按照五句话去做，即"不跟着走"、"不坐可疑的车"、"放大嗓门"、"迅速跑开"和"告诉大人"。通过学校教育培养师生的安全意识和应变能力，是日本保障学生人身安全的重要环节。

视点延伸：对校车超载实行"零容忍"

2011 年 11 月 16 日，甘肃省庆阳市正宁县榆林子镇发生货车与幼儿园校车相撞事故，导致 20 人死亡其中包括 18 名幼童，44 名幼儿受伤。经初步调查，出事校车为金杯面包车，核载 9 人，实载 64 人，属严重超载，事发时逆向行驶。出事幼儿园属民办私立，此次校车事故前 3 天，当地教育部门发现其存在校车超载情况，曾勒令整改。11 月 17 日，事故原因已初步查明，除幼儿园私自改装车辆、校车严重违规超载、大雾天气影响等因素外，教育、交警部门监管不力也是事故发生的原因之一。

事故发生后，正宁县委常委、常务副县长刘某，副县长戴某，县教育局局长雷某，县交警队队长荀某等被停职。货车司机和幼儿园董事长已被刑事拘留。11 月 18 日，甘肃庆阳市委、市政府决定，停止 2012 年公车更新计划，将预算资金全部用于购置标准化校车。事发幼儿园"小博士幼儿园"当天下午已经被正宁县文化教育体育局取消了办学资质，正宁县文化教育体育局将从公办幼儿园中抽调骨干教师和管理人员在小博士幼儿园的原址上建立一所公办幼儿园。已有一个工厂为幼儿园捐赠了一辆 45 座的宇通客车，作为新的校车。校车的管理需要实行制度倾斜，校车不能与一般社会车辆无异，而应享有一定的法定特权，对校车司机的资质当从严要求，对于校车超载实行"零容忍"。

点睛笔：

1. 让孩子早进校门，虽然会给学校管理增加些工作量，但这应当被看作是校方的责任。为了孩子的安全和家长的便利，这个辛苦应是学校分内的事。

2. 学校制度的主要目的绝不能为了主政者自身的权益而规避责任。

3. 校长应从儿童权益优先的原则出发，尽快检查和修改学校内的相关管理制度，使之更有效地为学生和家长提供安全、优质的教育服务。

4. 校长应重视在全校建立一套行之有效的安全教育措施，特别注重学生的安全保护和安全教育，加强对青少年儿童的自我保护意识和能力的安全教育。

5. 校长应主动积极地在实践中探索维护学生和校园安全的各种做法。例如：学校定期进行火警、地震等灾难逃生演习。

9. 分年级"错时"、"错位"放学

由于上海市部分中小学放学后上千名孩子蜂拥而出，家长随意接送，不仅影响学校周边的交通，给孩子的安全也带来隐患。为此，上海市浦东新区某小学探索实施了放学"错时"、"错位"的办法，让家长文明接送，并配有社区志愿者上岗维持秩序。据该校孔校长介绍，为提高安全系数，该校实行了"错时"放学和"错位"放学：一二年级第一批放学，每班间隔5分钟，由班主任领出校园。此后是三四年级，五年级学生最后放学。同时，在学校门口分别画出一至五年级的学生和家长等候区域，从低年级到高年级，由近及远，避免拥堵。家长还与学校签约，承诺接送时不随意停车、随到随走；社区志愿者也定点上岗，遇到无人接送的孩子会进行安全指引等。不久，这种保护学生安全的做法也在该校所在社区内的所有中小学和幼儿园推广。

细节分析：

放学期间的学生安全非常重要。放学和上学不一样，上学时学生是陆续到校，自然错开了上学时间。而放学时，如果没有特殊的安排，学生会一起放学，很容易导致人员蜂拥和接学生的家长及车辆拥堵校园门口的现象。在这种情况下，由于拥挤摔倒而导致踩踏学生受伤事件、意外车祸等情况也时有发生。为此，保证学生的放学安全就显得尤为重要。学生放学安全的问题主要解决放学过程中学生的交通安全问题。实践证明，有秩序地疏导可以有效保证学生的放学安全。上述案例中的做法在时间和空间两个方面都保证了学生离校过程中的秩序感。"错时"，让不同年级的学生分批放学，每班间隔5分钟，可以保证学生离开校园的过程中避免人群蜂拥。"错位"，让离开校园的学生分年级在校门口的学生和家长等候区域，分区域站立等候，有效避免人群拥堵在狭小的学校门口。同时，要求家长接送孩子时有序停车，并邀请社区志愿者协助对无人接送的孩子进行安全指引，这些做法都共同打造了一个对少年儿童的坚实保护网，的确值得借鉴和推广。上海某幼儿园，错时放学就做得很好，小班孩子在16点接，这是最早的，中班和大班的孩子则在16点15分接。一切都很有序，让家长也感觉很安全。

思考透视：

（1）建立一个安全有序的教学环境是保证学生安心学习的前提。在美国的中小学校，学生感到不安全的时段主要是在课间、第一节课之前和放学之后。一般在上课时间，在教室里没有安全隐患，教师们都有能力维持良好的课堂教学秩序。在这种情况下，校长安排教职工课间巡视学校，已经被列为学校预防课堂外问题发生的一项重要措施。具体做法是：把学校分为几个点，教师自愿报名，轮流在课间和课前课后，走出自己的教室，监督学生的行为。这项措施能有效减少学生课间的打架斗殴现象。

（2）2010年国务院通报的四大类重大学校安全事故中，有三大类都可能与放学有关，即：造成学生重大伤亡的交通事故、学校楼梯踩踏事故、在校园内外伤害学生的刑事案件。例如，2010年10月25日，四川省巴中市通江县广纳镇中心小学晚自习课下课时，发生拥挤踩踏事故，造成8名学生死亡、17名学生受伤；这是发生在晚上放学时。又如：2010年9月5日，两名犯罪嫌疑人将湖南衡阳市南岳区小学学生文某以其母亲生病为由从学校骗出，随后向其家长勒索赎金。9月7日民警将歹徒抓获时，发现这位小学生已经死亡。还有：2010 年 11 月 14 日清晨，山西省长治市沁源县二中组织初二、初三两个年级的学生在公路上跑操，在学生返校途中，一辆东风带挂货车由于司机疲劳驾驶，直接撞向跑操学生队伍，酿成了一起特大交通事故，事故共造成 20 名学生和 1 名教师死亡，18 名学生受伤。那天早晨，学校派出了 17 位教师跟队跑操，应当说非常努力了，但还是发生了令人痛心的重大伤亡事件。这个事件虽然发生在跑操时，但是也有可能会发生在放学时，值得警惕。这些血的教训，反映了我国当前整体社会安全工作形势严峻，也反映了中小学校的安全防范意识不强，应对突发治安事件的能力薄弱，暴露出当前中小学在学校管理工作方面还存在着一些明显的漏洞和薄弱环节。

（3）确保青少年在校期间的生命安全，是学校工作第一位的责任。学校的根本任务就是培养人才，学校的一切任务是为了学生们的健康成长。"生命不保，何谈教育？"我们要牢固树立"珍爱生命，安全第一，责任重于泰山"的意识，把强化学校安全责任摆到最重要的位置。一方面要呼吁各级政府增加教育投入，不断完善学校设施条件，建立健全学校的安全工作体系，创造安全合格的校园环境。另一方面，也要立足于学校，把安全责任落实在基层。

校长如何在学校层面落实学生安全工作呢？

首先，要将学校每个岗位的安全责任，逐条细化，分解落实到人、落实到每项工作、每个环节。要将学校安全稳定管理纳入学校目标管理范畴，制订目标管理细则，逐级签订安全责任书，建立覆盖所有工作环节的安全责任体系，努力构建学校党政统一领导、相关部门具体负责、全体师生广泛参与和支持的安全工作格局。

其次，要加大校内安全教育力度，提高学生安全意识和防范能力。《国务院关于进一步加强安全生产工作的决定》中提出了"在大中专院校和中小学开设安全知识课程，提高青少年在道路交通、消防、城市燃气等方面的识灾和防灾能力"的要求，因此，中小学校要积极探索，把安全教育纳入学校教育教学计划，拿出一定的课时，使安全教育科学化、规范化，提高学生的安全意识、培养学生的安全防范能力和应急能力。

再次，要强化教师的安全责任，建立起全员负责、人人参与的学校安全工作体系。教师要热爱学生，关爱学生的生命安全。

而且，要树立一个观念：学校安全工作必须以预防为主，突出重点，综合治理。把防止校园拥挤踩踏事故放到突出位置，有针对性地加强学生交通安全的教育和管理，并采取综合措施，有效预防校园周边和校内暴力、伤害事件的发生。校园拥挤踩踏事故的主要原因，绝大部分都是学校领导安全意识淡薄、管理工作疏漏、防范措施不到位。一些发生事故的学校未按要求安排人员在楼道负责疏导、管理学生，没有制定紧急情况下的疏散预案，学生放学下课通过楼道时完全无人管理。这类事故已经发生多起，必须引起各地中小学校的高度重视。

此外，据交管部门介绍，交通事故已经成为造成学生伤亡最大的一类事故，而且极易造成群死群伤。其中客车、渡船严重超载，驾驶员违反交通规则是发生交通事故的主要原因，但同时还有 20% 的事故是由于学生缺乏安全意识、不遵守交通规则酿成的。中小学校要针对这种情况，加强学生遵纪守法的教育，通过举办专题讲座、开展知识竞赛、组织观看录像、发放安全手册、制作宣传板等多种形式，充分利用课堂教学、班会、集体活动等，使孩子们提高交通安全的意识和知识。特别要教育学生不能乘坐拖拉机、农用车、摩托车等不安全的车辆。

最后，要有效预防校园周边和校内暴力、伤害事件的发生。广大中小学校要对中小学教师开展心理健康教育的基本知识和技能的培训，广大教师要将主要精力放在关注学生的健康成长上来。对校园周边发生的及学生中间发生的各种暴力欺负行为要及时发现，及时解决。对心理上出现问题的学生要给予更多的关爱，积极疏导化解。对有缺点错误的学生，要满腔热情地做好他们的思想转化工作，不得歧视。对于个别屡教不改、错误性质严重、需要给予纪律处分的学生，也要进行耐心细致的说服教育工作，以理服人，不能采用简单粗暴和压制的办法，严禁体罚、变相体罚学生或者其他侮辱学生人格尊严的行为。

从本节案例的细节中我们可以获得以下启示：

①要做细致的工作，例如，认真组织检查门卫、值班、巡逻等方面的内部安全管理工作制度的落实情况，加强校园安全事故易发多发环节的管理。又如，要配合公安交通管理部门，进一步加强对校车的管理，确保校车运载学生安全。各个学校和幼儿园要建立严格的卫生保健制度，严格执行定期健康检查、卫生消毒、预防接种、传染病管理、膳食管理、食品采购索证制度及卫生保健登记统计制度。要建立和完善寄宿制学校特别是农村寄宿制学校的各项管理制度。要根据寄宿制学校大量增加的实际情况，尽快研究制定新的管理办法，对这些学校加强管理和指导，防止针对寄宿学生的各种违法犯罪活动。要实行严格的夜间值班和巡查制度，要精心选择和安排政治过硬、经验丰富、身心健康的教师，对学生进行安全指导和必要的管理，强化安全防范意识，增强安全防范能力，确保寄宿制学校学生的安全。

②大力加强学生的法制、安全教育和心理健康教育。要把安全教育作为幼儿园、中小学课程的重要内容，认真开展以提高中小学生幼儿自护、自救、防灾、逃生能力为主题的教育活动，增强教师和学生的防范意识和能力，教师和学生要掌握基本的遇到危险时自护、自救、逃生和报警的方法。要通过形式多样的途径和方式，教育中小学生加强法制意识，养成遵纪守法的行为习惯，自觉遵守交通规则，增强防范意识和能力，自觉远离

危险地区，注意餐饮卫生。

③中小学专门建立针对预防学生拥挤踩踏事故的措施。要从学生实际出发，在上操、集合等上下楼梯的活动中，要适当错开时间，分年级、分班级逐次下楼，并安排教职工在楼梯间负责维持秩序，管理学生。中小学校要对教学楼楼梯、扶手、楼梯间照明设施进行一次全面检查。及时清理楼道、楼梯间堆积物，确保楼道、楼梯通畅。要加固已损坏的楼梯扶手，更换不符合购置安装规范的楼梯间照明设施，并落实专人定期检修，发生损坏及时修复或更换。要认真对照国家有关部门发布的建设标准，逐校核查校舍楼梯、通道的设置是否符合安全要求和国家有关规范。凡不符合要求的，要采取特别措施予以改进和预防。新建校舍要严格执行国家有关标准，否则各级教育行政部门将严肃追究有关部门和领导的责任。

④城镇学校的早操、跑步等体育活动要尽量安排在校园内进行，禁止学校组织学生在主要街道和交通要道上进行集体跑步等体育活动。农村学校如确因体育场地欠缺，只能安排在校园外开展体育活动的，可以组织在附近的安全场所内进行，应避开交通要道，要选择适宜的路线和场所，并周密计划，确保学生的生命安全。学校开展大型体育活动以及其他大型学生活动，必须经过主要街道和交通要道的，应事先征得公安交通管理部门的同意和支持，采取必要的安全防护措施。学校对体育活动时间要合理安排，校内活动场地不足的，要采取错开体育活动时间、开展不同形式的活动内容等措施，寄宿制学校要合理安排早操时间。

⑤广大中小学校要重点加强对单亲家庭子女、经济困难家庭子女、进城务工子女、农村"留守儿童"等特殊学生群体以及学习困难学生的关怀，有针对性地开展心理教育和辅导，提高他们抵抗挫折、克服困难、明辨是非的能力，并创造条件，为他们提供生活上的资助和学习上的帮助。

专栏9.1 韩国学校周边的交通违章行为将受到双倍处罚

在韩国，幼儿园、小学和特殊学校等校园主要出入口半径300米以内的道路区域是政府划定的交通安全"儿童保护区域"。

据韩国《朝鲜日报》2010年5月11日报道，韩国行政安全部已与教育科学技术部、警署、市民团体联合制定《强化儿童保护区域交通安全的对策》，提交国务会议。韩国将在幼儿园和学校周围集中安排警力，大力整治违章行驶、违章停车以及超速行驶等行为，保障儿童的交通安全。今后，在保护区域内违反交通法规将受到双倍处罚。2010年6月，已有62%的学校周边设置了儿童保护区域，到2010年7月底增至93%。

在韩国，学校安全事故是"国家责任"，也是国家和地方自治团体的财政预算依据。这是2007年韩国颁布的《关于学校安全事故预防及补偿的法律》作出的规定。该法通过把学校安全事故的预防和补偿列为公共保险范围，建构实质上的学校安全网络。补偿范围不仅包括学校内的安全事故，也包括上学和放学途中发生的事故和饮食安全事故等。

有关学校安全赔偿事务由"学校安全控制会"负责。"学校安全控制会"属于社会团体，由韩国教育科学技术部部长指定设立，下设理事会来管理专业委员会、补偿再审查委员会和事务局，专门从事接受和处理学校宿舍安全、青少年活动安全、学校安全赔偿等相关事务。据统计，2007年韩国"学校安全控制会"接受、处理的安全事件为41114件，共赔偿170亿韩元。

安全教育也写入了韩国的相关法律。例如，《学校保健法》第十二条规定，"校长为了预防学生发生安全事故，要定期检查和改善校内的装备、设施，并采取对学生进行安全教育等其他必要措施"。

视点延伸："小黄帽"成道路安全保护伞

广西壮族自治区河池市都安瑶族自治县高岭镇定福小学以"党旗引领教育，交通安全为先"为活动主题，积极开展"小黄帽行动"，采取系列措施，使学生的交通安全意识明显增强。截至2011年10月底，该校未发生一起交通事故，被河池市授予"道路交通安全示范学校"荣誉称号。

该校共有师生近三百人。学校距西南出海大通道——水任至南宁二级路200米，学生上学放学必须穿过这条车流如梭的公路，存在严重的交通安全隐患。

为此，该校党支部决定从学校经费中挤出一部分，学校全体党员、教师捐出一天的工资等办法为每位学生购买一顶小黄帽，在每个学期开学第一天，由学校免费送给每位学生，要求学生上下学统一佩戴，并向家长公开承诺，学生放学后由学校老师负责护送学生回家。

该校建立长效机制，制定"三定标准"，每学期开学第一件事就是安排好负责护送的老师，列表张贴，做到护送学生放学定时、定点、定人。该校还修订和完善学校的《安全制度》和《应急预案》，要求放学时以村屯按路队集合，统一回家，各路队选出责任心强的高年级学生担任路队队长，协助老师指挥路队，有的路队队长可代替家长护送低年级同学上学。学校给队长每人发放一面小红旗，用以指挥路队过路。学校值班老师每天都盯准学生，不准他们在路上逗留、玩耍。

此外，该小学党支部还想方设法，以多种方式保证学生放学后安全"零事故"。学校主动与县交警大队联系，每学期都邀请交警同志到学校给师生上交通安全课一两次，并举行道路交通安全知识竞赛，同时每学期评选出道路交通安全先进教师、先进学生和优秀路队指挥员，给全校师生树立榜样。学校还定期出版道路安全板报4版，召开由校长主讲的专题讲座，每个季度开展1次交通安全演练。

事实上，小黄帽、路队制也是山西太原市实行了十几年的、维护中小学生放学路上交通安全的有效方式。在该市，各小学开设交通安全常识课，实行小黄帽、路队制，有效地建立起了交警、学校和家长三位一体的交通安全教育网络。小黄帽、路队制经过多年的试行和探索之后，1997年4月18日，太原市人民政府发布了《关于建立小学生路队制的通告》，同年6月1日开始实施。"通告"明确规定，小学生上下学必须佩戴小黄帽，不准在马路上追逐、猛跑、打闹等七项内容，明确提出各小学校必须组织在校学生建立上下学路队制。机动车、非机动车遇到小黄帽时须停车让行，违反规定，与戴小黄帽的小学生队列或小学生发生道路交通事故，车辆负事故的全部责任。

点睛笔：

1. 校长建立一个安全有序的教学环境是保证学生安心学习的前提。研究表明，学生感到不安全的时段主要是在课间、第一节课之前和放学之后。

2. 校长应安排教职工课间巡视学校，这是国外学校预防课外问题发生的一项重要措施。实践证明该措施能有效减少学生课间的打架斗殴现象。

3. 校长要树立一个观念：学校安全工作必须以预防为主，突出重点，综合治理。把防止校园拥挤踩踏事故放到突出位置，有针对性地加强学生交通安全的教育和管理，并采取综合措施，有效预防校园周边和校内暴力、伤害事件的发生。

4. 校长要着重强化教师的安全责任感，在全校建立起全员负责、人人参与的学校安全工作体系。号召每一位教师热爱学生、关爱学生的生命安全。

5. 城镇中小学校的校长应注意，早操、跑步等体育活动要尽量安排在校园内进行，禁止学校组织学生在主要街道和交通要道上进行集体跑步等体育活动。

10. 骨干教师请假的弹性处理

王校长新上任几天，就收到了刘老师的请假一周的请假条。由于刘老师请假一周，很难找人代课，王校长就主动替刘老师代课。

当晚，王校长来到刘老师家里，探望刘老师并了解情况。原来，刘老师已经在校工作十年，工作表现一贯很好，极少迟到早退，更没有长期请假。为了工作，她一直没有要孩子，直到10个月前才生了个女儿。由于孩子尚小，她每天中午要赶很远的路回家给孩子喂奶。而这一次请假是因为孩子病了，高烧不退。

王校长了解情况后，诚恳地对刘老师说，"你的课我代了，你好好照顾孩子，希望孩子早日恢复健康。如果三天内孩子的病情能够稳定下来的话，建议你最好能够提前来上课，我们不会扣发你这个月的奖金的。如果请假超过三天，就必须按照制度办事了。"刘老师听了很感动，发自内心地向王校长道谢。

过了三天，刘老师等孩子病情稳定后，就上班了。

王校长在教师大会上对有事、有病坚持上班及合理安排家务不影响工作的教师，给予了表扬和感谢。最后，他语重心长地说，每一位教师都要以工作为重，对学生负责，正确处理好公私关系。确实有病、有事的就休息，学校要多关心；家里有事的，学校也会尽力帮助。至于经济措施，缺勤扣发奖金仍按上级的规定，全勤奖则在原有基础上翻一番。

细节分析:

校长对教师的管理,一个重要方面是考勤。考勤主要考察教师的工作态度和工作量。教师考勤问题是我国中小学学校管理普遍面临的一个问题,是否对教师进行考勤、如何考勤以及如何处理教师考勤制度中出现的问题成为校长普遍关心的问题。案例中的校长,在面对教师——尤其是骨干教师的请假问题,没有生硬地按制度办事,而是借此契机给与了骨干教师刘老师人性化的关怀,从精神上激励教师,同时,从物质奖励上也加大了全勤奖的力度,有效地减少了教师的缺勤问题。

思考透视:

(1)制度管理是校长常规管理的基本内容,也是学校常规管理活动的基础性工作。所谓制度管理,就是学校管理者针对学校工作的情况、问题和要求,制定相应的规定、条例、细则去协调和制约相关因素,使管理活动达到预期目的。科学地运用制度管理,能够在一定程度上避免人为因素的干扰,有效提升学校日常管理工作的效率和效益,对规范和稳定正常工作秩序起到积极作用。

(2)在管理过程中,校长应该维护学校制度的权威,不要轻易破坏制度行事,否则制度就失去了应有的作用。但是,制度的运用也不是一成不变的,校长应该根据制度执行的具体情况进行弹性处理,这就是制度管理中的弹性原则,涉及制度管理过程中的以人为本方面。案例中的王校长在了解刘老师的请假原因之后,果断地对她进行了弹性处理,即三天内不扣发奖金,如果请假超过三天则按照制度对请假者扣发当月奖金。王校长的这一处理方式,从关怀教师的角度出发,也极大地调动了广大教师的工作积极性,实现了惩罚制度所期望实现的目的。

(3)制度管理只是诸多管理方式中的一种,除了运用制度进行管理的方法外,还有行政方法、经济方法、说服教育方法、激励方法等等。校长在学校管理中不能孤立地使用某一种管理方法，而必须基于特定的问题情境，综合运用多样化的管理方法，使各种方法发挥协调增效的作用。

对特殊问题进行"特殊"处理时，需要掌握以下几点：

①把以人为本作为核心原则和出发点。教师是知识分子群体，尊敬并尊重教师是校长治校的出发点和原则。例如，对待教师出勤问题，如果教师请假多，说明健康状况不佳，学校平日关心不够。校长也应主动承担责任，对教师遇到的困难，尽力帮助解决。

②通过实地调查，识别问题，分析原因。有的校长处理问题的方式比较简单，不关心问题的具体原因和其中的人为因素和隐情，这样下去，长此以往，小问题会慢慢积累为大问题，在学校里形成积重难返的态势。而案例中的王校长，对待教师请假这样的常见问题，没有简单地忽略不问并按照制度办理，而是亲自家访进行调查，对教师出现的看似小的问题给予及时的关心和帮助。这种做法，不仅有效地激励了刘老师，也有效地遏制了缺勤问题在其他教师身上蔓延，从而有效地激励了全校教师的工作积极性。

③想出多种解决方案，从中选择最佳解决方案，并让教师自己选择。案例中对刘老师请假的处置方式，除了按制度常规扣发奖金外，王校长还根据实际情况提供了另一种处理方式，那就是如果请假时间在三日之内，则可以不扣发奖金。这样既尊重了刘老师的实际困难，也维护了制度的有效性，同时，还激励了刘老师的工作积极性。

视点延伸：一次导致骨干教师离职的请假

小赵是某中学的教学骨干，样样都干得很出色，尤其是近几年，为学校争得了不少荣誉。一次，爱人不幸生病，住了医院，家里又有一个不满两岁的儿子，这无疑增加了他的负担。小赵经过反复考虑，不得不向校长提出了请假的要求，并表示：照顾爱人期间，不忘教学，认真备课。然而，校长的答复十分强硬：请假可以，但要按章办事，每请一天假，扣奖金50元，如一个月超过三天，该月奖金全部扣除。另外，还要从工资中支付部分代课金。显然，这无疑让小赵寒心，但为了照顾妻儿，没办法，只好认了。不久，小赵的爱人出院了。与此同时，小赵向校长提出了调离本校的申请。这是校长万万没有料到的。于是，校长的态度来了个180度的大转弯，收回当初所说的一切，补发扣除的奖金和工资。然而，小赵却坚持一定要走。

此案例中的校长没有顾及骨干教师的实际困难，没有在需要的时候对制度进行变通，最终导致骨干教师调走，结果值得深思。

点睛笔:

1. 制度管理是校长常规管理的基本内容，也是学校常规管理活动的基础性工作。

2. 在管理过程中，校长应该维护学校制度的权威，不要轻易破坏制度行事，否则制度就失去了应有的作用。

3. 校长应该根据制度执行的具体情况进行弹性处理，这就是制度管理中的弹性原则。

4. 教师是知识分子群体，尊敬并尊重教师是校长治校的出发点和原则。

5. 校长对待各种问题，不应简单照章处理，而应通过实地调查，识别问题，分析原因，根据具体问题的具体原因和其中的人为因素及隐情，进行特别处理；在维护制度有效性的同时，也尊重教师的实际困难，达到激励教师的目的。

三、 关怀教师的管理细节

　　教师是一所学校得以发展的最重要的人力资本。师资力量最终决定学校办学的高度。校长的使命就是创设环境与条件，保持教师的工作积极性。

　　学校管理中教师管理的本质，在于最大限度地唤醒每一位教师的潜能，最大限度地激发教师教学的积极性、创造性和自主性。正如苏霍姆林斯基所说，对于一个校长最困难的事就是如何使自己的意图被教师所领会，如何激发教师的首创精神。当教师遇到问题时，校长是他们忠实的倾听者，倾听他们的苦衷，为他们提供解决问题的各种帮助与指导。校长真诚地关心每一位教师的自我发展与专业成长，即使在他们提出辞职时，也能够真诚地欢送他们离开。除了教学能力的发展，校长还特别注重骨干教师管理能力的培养，在发现问题之后，主动指导他们学会如何合作、如何授权。甚至，学校的一些管理制度安排上的细节，也体现着关怀教师、重视教师的根本原则。

只有这样的学校，才是一所以人为本的学校；以人为本不仅是以学生为本，也是以教师为本。

11. 登门探望没出早操的青年教师

某中学为了调剂教师的课余生活，规定教师必须和学生一起参加早操，可是新来的部分青年教师却经常不出操。

一天下操后，校长非常生气地来到一位没有出操、但其他方面表现都不错的青年教师的宿舍。他从窗户外看到这位青年教师睡得很香，书桌上摆放着许多教学材料。看到这种情形，校长的气顿时消了很多。晚上十点以后，校长亲自察看了教师宿舍。大部分宿舍已经熄灯了，但有些青年教师的宿舍还亮着灯光。他看到有的在看书，有的在钻研教材，有的在备课。

第二天下午，校长亲自主持召开了青年教师座谈会，会上他通报了调查情况，表扬了青年教师的好学上进，并风趣地检讨了自己差点犯下的错误，同时对青年教师提出了希望。他希望青年教师珍爱自己的身体，早睡早起，加强锻炼，更好地为教育事业做贡献。此外，校长还宣布，为了配合青年教师的特点开展文化娱乐活动，学校准备建立教工俱乐部，让教师们自由选择适合自己的体育运动项目和运动时间，取消对教师出早操的硬性要求，鼓励教师积极参加体育锻炼，并尽可能丰富教师的文化娱乐生活。会后，这些青年教师深受感动，备受鼓舞。从此，青年教师参加体育锻炼的积极性明显提高，教学积极性也日益高涨。

细节分析：

案例中校长面临的问题是部分青年教师违反学校出早操的规定。发现了这一问题，校长虽然很生气，但是并没有立即作出处理，而是亲自展开调查，两次登门探望了那些青年教师，找到了问题产生的原因。校长通过观察和调查发现，部分青年教师不出早操的原因是他们深夜还在灯光下钻研教材，批改作业，忙于备课。之后，校长选择召开青年教师座谈会的方式来解决问题，在会上通过自我检讨和风趣的言语来表达希望，并能从青年教师的特点出发，及时调整不太符合教师特点的制度要求，使学校对青年教师的关心和鼓励最大限度地发挥了应有的作用。

思考透视：

校长解决问题的过程一般分为五个步骤：

①界定问题，识别构成问题的某些因素。

②分析原因，分析问题的原因应先于寻找问题的解决方案。

③想出替代性的解决方案。问题的解决方案必须满足有效性和接受度这两个标准。有效性指能否有效解决问题，接受度指相关对象能否接受或方便实施这个解决方案。例如，案例中通过教师出早操的制度要求可能有助于教师增强身体素质，但是某些青年教师由于晚上加班会难以早起，不能保证每天都能遵守出早操的制度，这说明出早操的制度对于某些加晚班的青年教师而言，接受度不高。

④选择并实施最佳解决方案。依据有效性和接受度这两个标准来选择方案，可能会更恰当。

⑤定期评估该解决方案的后续影响。

这一案例中，有以下几点可供参考：

①教师是学校的中坚力量，教师的身体素质和业务素质同等重要。校长要求和鼓励教师进行体育锻炼，的确是校长的重要责任。

②在制定各种与教师相关的制度时，校长需要倾听教师的意见和想法，了解他们的工作特点和心理特点，并在此基础上制定相关制度。只有

这样，这些制度实施之时才能获得教师的支持，才能达到所期望的效果。

③校长在处理已经发生的问题时，首先要分析问题产生的原因，然后再采取相应的对策。如果错误在自己，就要坦然承认自己的错误，这样才能赢得教师的信任，增强自己的威信。

视点延伸：新任校长如何应对资深教师的请假

张校长刚上任三天，就遇到学校里年过半百的赵老师请假，一时间很难找到人代课，张校长决定自己替赵老师代课。他来到教室对同学们说："赵老师病了，请假不能来上课，我替他上。"下面马上有人小声嘀咕："什么病了？他在家里为人家修彩电、录音机呢！""没有根据不要乱说话啊！"王校长说。

"我没乱说。我住在他家对面，经常听到他家里咚咚的声音，他家小孩说，爷爷在修理东西。"又有学生不满地说，"哎，老师不来，我们又要天天自习再自习了。"

张校长和气地回答说："对老师要尊敬，今晚我去看望赵老师，你们的课由我来代，不用着急！"

晚上，张校长来到赵老师家里，果真看到他在小房间里埋头摆弄一台彩电。张校长扶着赵老师的双肩说："老赵，身体怎样了？我来看看你。"赵老师回头看见这位不速之客，非常尴尬，支支吾吾地说："好点了，好点了，请到客厅坐。"说着，赶忙拉着校长离开了"工作台"。

张校长诚恳地说："老赵，你有病就该好好休息，别再辛苦了。你的课我代了，你就放心养病吧！希望你能早日恢复健康。"赵老师不好意思地说："校长来看我，还代我的课，我真不知道说什么好。今天下午我觉得好点了，在想明天——"张校长打断道："有病就该休息，好转的话就到学校转转，看看学生们。学生们都在等着你呢！"赵老师见张校长言辞恳切，想想自己的行为，倒是有些不好意思了，说："不瞒张校长，这两天虽有点不舒服，但可以上课，只是因为学校过去对出勤问题一直马马虎虎，我也就没当回事。"

隔了一天，赵老师就上班了。

点睛笔:

1. 教师是学校的中坚力量，校长既要关心教师的业务素质，也同样要重视教师的身体素质。

2. 校长在制定各种与教师相关的制度时，需要倾听教师的意见和想法，充分尊重教师的工作特点和心理特点。

3. 只有充分考虑教师特点和意见的制度，才能在实施之时获得教师的支持，才能达到校长所期望的效果。

4. 校长在处理已经发生的问题时，首先要分析问题产生的原因，然后再采取相应的对策。

5. 当校长发现问题的错误在自己时，应坦然承认自己的错误，这样不仅能赢得教师的信任，而且也能加强自己的威信。

12. 当教师推诿校长的工作调动安排时

　　某中学刚开学时，初三语文教师李老师突然得了重病，需要长期住院治疗。校长在慰问李教师后，也不得不考虑接替李老师的人选。校长突然想到了初一语文教研组吴老师，她毕业于某名校中文系，教学效果好，很受学生欢迎。而且正好有一名新来的刘老师可以接替吴老师教初一语文。校长找到吴老师，把打算调她到初三教研组任教的想法告诉了她。没想到吴老师的表现并不积极，相反还有些推诿。校长感觉很惊讶，但是没说什么，只是让吴老师回去再考虑一下。之后，校长暗中打听，才知道吴老师其实非常害怕从初一年级组调到初三年级组，原因是两个年级组曾经发生过一些矛盾摩擦，相互之间有敌意。

　　校长没有强迫吴老师马上调到初三年级组，而是让吴老师暂时代李老师的课。没多久，中秋节到了，校长特意组织了一场全校教职员工的中秋联欢会，特意安排初一年级组和初三年级组的老师们坐在一起，并在一些游戏活动中邀请他们两个年级组的老师们共同参加。通过这次活动，两个年级组的老师们在一起加深了了解，相互之间也建立了经常性的联系。校长在后来的工作安排中，也总是特意增加这两个年级组的老师之间的合作共事的机会。不知不觉，半个学期过去了。有一天，吴老师主动来找校长谈话，说她愿意接受学校的安排，调到初三年级组去工作。校长高兴地答应了她的要求，并按照原来的设想安排好了人事工作。

细节分析：

面对教师对领导工作安排的推诿，一般情况下，校长都会比较生气，甚至会批评这位老师，在心里认为该老师不识好歹，然后用校长的权威迫使该老师接受调动。但是，上述案例中的这位校长却没有这么做，而是事后了解教师不愿意调动的隐情，发现原来是两个年级组之间存在矛盾摩擦所致。接下来，校长的工作就是帮助两个年级组从相互敌对逐渐走向共同合作的状态。

思考透视：

如何帮助两个年级组的教师从敌对走向合作呢？这里涉及团队合作中如何消除团队之间敌意的理论。

通常有两种办法。第一是把各团队的全部或部分成员召集到一起，举办一些社交活动，让众人在一起加深了解，以尽快完成磨合过程。在团队成员磨合成功的时候推进团队建设工作。找出两个团队共同面临的问题，并让他们共同合作来解决这些问题。案例中的校长就是采用这一种办法来解决两个年级组教师之间存在摩擦和误解的问题。

第二种办法是引进两个团队以外的第三方评估者和评估工具。运用评估工具来评估这两个团队在团队合作方面的绩效水平。例如，每一个团队为其他团队成员提供帮助时的积极程度与表现等。并邀请资深的教师与两个团队的成员一起讨论如何才能提升这方面的绩效水平。这种做法也是另一种方式，促使两个团队在一起反思他们在团队合作方面遇到的问题，并请外部专家或资深教师来帮助他们一起寻求到合理的解决办法。

上述理论运用的前提是，校长要善于敏感地发现不同年级组的教职员工之间是否存在问题。一般两个团队存在摩擦时，会有如下一些表现特征：人们非常害怕从一个团队调动到另一个团队（如同案例中的吴老师那样）；需要两个团队协作完成的工作不能按时完成，团队之间相互指责；

团队之间的信息流动很不规则，或者十分缓慢，即使是重要的信息也是如此；当一个团队需要另一个团队帮助时，得到的回答往往是"这是你们自己的事情"。

视点延伸：这样的教案评议活动有成效吗

某小学校长为了提高教师的业务素质，组织了一次编写教案的教案评议活动，要求全校教师都参加。可是在活动开始前，一位50岁的老教师找到校长，询问自己能否不参加这样的教学活动，理由是年龄大了，脑子不够用了。校长勉强说服了他参加。教案评议会开始了，大家对每一份教案都谈了自己的看法。一位年轻教师不知道是赌气还是随便说说，"我就这水平，大家爱怎么评就怎么评，无所谓。"会场气氛一下子有些紧张……

该校长感觉茫然，决定找几位教师聊聊，了解他们对这次教学活动的真实想法。在谈话中，该校长了解到，这些教师都想写好教案，但是缺乏一份好的教案作为样本，而教师们的这一困惑，校长没能及时了解并帮助妥善解决。结果导致该次教学活动，没能够帮助教师提高编写教案的水平，这也是教师参与该次教学活动积极性不高的深层原因。

在谈话后，校长自己也开始反思自己在学校管理过程存在的不足，重新思考帮助教师提高专业水平的有效途径，例如，请老教师给出一个好教案的样本；在评议教案时请一些专家进行点评，帮助教师开阔视野和思路；鼓励教师研讨时畅所欲言，说真话等等。

点睛笔:

1. 校长要善于敏感地从各种细节中发现教职员工中存在的各种问题。

2. 当学校里两个教师团队（如两个年级组）之间存在矛盾摩擦时，校长应主动帮助两个年级组从相互敌对逐渐走向共同合作。

3. 把两个教师团队的所有成员召集到一起，举办一些社交活动，可以帮助两个团队的所有成员在一起加深了解，以尽快完成磨合过程。

4. 在两个教师团队的大部分成员磨合成功的时候，校长可以找出两个教师团队共同面临的问题，让他们共同合作来解决这些问题。在合作解决问题的过程中推进两个团队的合作氛围。

5. 校长可以引进两个团队以外的第三方评估者和评估工具，并运用评估工具来评估这两个团队在团队合作方面的绩效水平，同时邀请资深的教师与两个团队的成员一起讨论如何才能提升这方面的绩效水平；在专家的帮助下，最终寻求提升合作能力的有效办法。

13. 当教师们光说不做的现象发生时

开学初，校长布置好了一学期的工作要点，并落实到各个年级和教研组，要求具体贯彻实施。学期过半，校长召开会议，检查本学期的工作完成情况，发现半个学期过去了，十项工作只有两项刚开始着手干，真正动手落实过半的工作没有一项。

面对这种低效的工作状况，校长当时心里非常震怒，忍不住想指责大家几句，给大家点惩罚以示警戒。但是，他停顿了几分钟，忍住了自己心中的怒气，什么也没说，散会了。

会后，校长走访了几位年级组长和教研组长，向他们了解工作低效实施的具体原因。分析下来，大致有以下几条：一是教师们本身工作任务就很重，这学期的工作要点中又加了几个项目任务，教师在完成日常教学工作后，几乎没有多余的时间和精力做新的项目任务。二是教师们不知道新项目任务和日常教学工作如何结合，有什么关系，有什么作用，没有理解这些新任务的意义和作用，所以也没有认真去想如何实施。三是教师们除了日常教学外，参与的管理会议也很多，至少每周一次以上，占用了教师们实施工作的大量时间。

校长通过了解情况，反思问题，对后期的工作重点进行了调整，减少合并了几个项目任务，并在教师大会上阐明了实施这些项目任务对提高教学质量和学校管理水平的重要意义，同时还对如何结合日常教学工作贯彻落实的方式方法提出了一些指导性的建议，并明确表示，如果教师在实施中遇到问题，欢迎随时和他交流沟通，他的办公室永远向教师们敞开。同时，校长精简了会议日程，将管理会议的次数减到最少，能合并开的尽量合并，规定每次会议不超过一小时，尽量开短会，而且，无关教师不需要参加管理人员的会议，相关信息通过发布会议记录的形式告知每一位教师。在任务计划中，将每一项工作具体到一个明确的责任教师，确保这名责任教师能够对自己的任务有完整正确的理解并明确承诺有时间、有能力保质保量地完成此项任务。校长每次开会时，都会花几分钟检查所有工作任务的进展情况，对于取得良好进展的教师和教师团队会当场给予表扬和鼓励……

经过多方面的努力，校长的这些做法有效地改善了工作计划执行不到位的情况。

细节分析：

当校长遇到这种光说不做的现象时，常常会忍不住想去指责他人，以为只有给那些不能实践承诺的人以严厉的惩罚，这些人以后才能懂得承担责任。其实，这种惩罚措施对于提高团队成员的奉献精神来说只能在短期内起到积极的效果，从长期来看所起的效果恰恰相反。因为，从此每个人都会在一开始就逃避承担责任，参与的热情和创造性也会一落千丈，相互指责的紧张气氛就会由此滋生。教师们在这样的消极氛围中感染上的消极情绪也会影响深刻。案例中校长的做法比较有效地解决了这一问题。

思考透视：

研究表明，可以通过以下途径解决上述"光说不做"的问题：

①确保每一项任务都有明确的个人负责，让明确的个人承诺负责此项任务目标中需要解决的各种基本问题。

②确保这名负责人对自己的任务有完整的理解，明确承诺对此事负责，并有完成任务的时间节点和质量指标。

③在每次开会时，花时间检查所有工作任务的进展情况。

④和所有教师一起探索在完成任务的过程中所遇到的麻烦和问题，调查了解是什么原因导致了这种麻烦和问题的产生，并思考和讨论可能提供的帮助。切记这种讨论探索的过程是以一种提供帮助支持的态度而不是以一种指责的态度。

⑤及时宣布教师和教师团队所取得的进展并当场予以表扬和鼓励。

在具体运用以上途径时，需要同时注意以下几点：

①不要让过多的行政会议占据教师的时间，教师们需要时间做实际的工作。

②作为校长，很多情况下都要控制自己的情绪，切忌在公众面前发怒。记住在自己即将发怒时，让自己的大脑暂停思考几秒钟。

③如果有必要，可以设置一位局外人作为调解人来全程协调和检查评估学校的工作，这一做法有时十分管用。

④预防比治疗更重要。有的学校即使暂时没有教师"光说不做"的现象发生，也可以运用上述理论和原则。因为这些方法有助于加强学校里教师作为一个团队的凝聚力，有助于防止部分教师游离于集体之外，也有助于防止教师团队变成一个散架的、整体无所事事的团体。

视点延伸：校长对实习教师的对症建议

校长有责任在教师遇到各种问题时，提供帮助和指导。对新教师的指导，也是其中的一个重要方面。校长在帮助教师解决问题时，首先对问题的实质要有准确的判断，然后对症下药，进行有效的指导与帮助。

某高中，一位生物实习老师在经过几周的听课之后，接手了这门原来由老教师上的课。这位老教师是深受学生欢迎的资深教师。实习老师独立上课后，课堂很快变得难以控制，有的学生甚至对她很不礼貌。焦急的实习老师找到校长，向校长求助与请教。

校长建议实习老师开诚布公地向全班学生讲明她的苦恼和诚意。实习老师对使用这一建议有些犹豫，其他几位教师也担心这样做会有损老师的尊严。该实习老师反复思量后，勇敢地采纳了校长的意见。她向学生们表明，她个人非常理解学生们对老教师的怀念和不舍，也说明了自己独立任教以来的失望和希望。实习老师的真诚感动了学生们，他们说出了他们的担心：害怕实习老师在评分上采用不同于老教师的标准。实习老师承认这是她第一次给分，她愿意和学生们一起讨论恰当的评分标准。这次交流之后，师生间的紧张关系得到有效缓解。

在这个案例中校长对实习教师遇到的问题进行了准确的判断，学生的情绪是这个问题的症结所在，由此产生的摩擦是影响师生间交流和课堂教学活动的主要因素。对这类情感导致的问题，不能下猛药，去刺激其恶化，而是要下温药，在坦诚相见的双向交流中获得平稳解决。

点睛笔：

1. 作为校长，很多情况下都要控制自己的情绪，切忌在公众面前发怒。记住在自己即将发怒时，让大脑暂停思考几秒钟。

2. 惩罚措施对于提高教师团队成员的奉献精神来说，只能在短期内起到积极的效果，从长期来看所起的效果恰恰相反。

3. 校长要确保每一项任务都有明确的个人负责，让明确的个人对此项任务目标中需要解决的各种基本问题负责。确保这名负责人对自己的任务有完整的理解，明确承诺对此事负责，并有完成任务的时间节点和质量指标。

4. 在每次开会时，校长要花时间检查所有工作任务的进展情况。但是切记不要让过多的行政会议占据教师的时间，教师们需要时间做实际的工作。

5. 校长和所有教师一起探索在完成任务的过程中所遇到的麻烦和问题，调查了解是什么原因导致了这种麻烦和问题的产生，并思考和讨论可能提供的帮助。切记这种讨论探索的过程是以一种提供帮助支持的态度而不是以一种指责的态度。记住要及时宣布教师和教师团队所取得的进展并当场予以表扬和鼓励。

14. 当校长当面被教师指责时

一次，王校长刚进办公室，就被学校一名女教师拦在门口，她厉声指责他管理失当，并指出王校长需要改进的三大问题。王校长没有发怒，也没有表现出不悦，只是平静而温和地安抚她，并和颜悦色地邀请该女教师多提如何改进上述问题的建议，一起帮忙解决这些问题。

这次事件之后，王校长对这位女教师进行了进一步的了解，通过直接和间接的了解，王校长发现，这位女教师承担了很多教学任务，每天工作繁忙，家里孩子小也主要依赖她的照顾；她在学校工作多年了，工作虽然踏实认真，但是没有突出的成绩。王校长意识到她的内心里总是有着一种无助和不安感，并渴望得到其他同事的尊重。

此后，王校长分配了一个小项目让她负责，并经常询问她的工作和教学情况。该教师遇到问题的时候，也愿意来和王校长聊，王校长也经常会提出一些解决问题的建议。该教师的心态逐渐得到好转，与王校长的关系也呈现良性发展的态势。

细节分析：

当王校长意外遭受一位教师的指责时，他把自己的需求和感受放在了一边，而是从该教师的角度出发，首先安抚该教师的情绪，然后通过倾听表示了对该教师的理解，接着又通过进一步的调查了解该教师的现实处境，并通过经常性的交流沟通，帮助该教师走出各种困境和不良心态的影响，同时改善了与该教师之间的人际关系。

思考透视：

（1）研究表明，大多数压力过大的教师表现出"无助感和不安感"。这类教师的一个共同特点是容易发怒并喜欢责备人。他们责备校长、其他同事、家长和学生，责备他们的各级领导和地方政府的领导。他们承担了很多的任务与责任，压力不断地增加，而他们的努力却总是看不到成效。这类教师不再相信他们的努力能够影响所有学生提高成绩、达到既定的标准。于是，他们退缩到责备他人的境地，甚至包括责备他们自己。

校长需要做的是，提供更多的支持来帮助这些教师，保证他们可以身心愉快地、健康地去工作。首先，应该尽可能地减轻教师的负担。例如将教师的任务结构化，提出非常具体的期望和指导。其次，校长应该尽量抽出时间来与教师沟通交流，并组织教师一起合作，鼓励教师一起规划和开发课程。最后，校长要定期表扬和感谢教师所作出的努力和成绩，给予教师持续的鼓励和激励。

（2）校长解决问题时需要注意以下几个方面：

首先，要想办法与教师建立良好的关系。相互了解是信任的基础。

其次，校长要掌握一些解决问题的技巧。例如：如何认真聆听对方的谈话，[①] 如何让自己镇静处事，[②] 如何理解对方，如何提出建议等等。

第三，在思考解决问题的对策之前，要仔细调查以查明问题的原因。校长要以专业的标准要求自己，敢于反省自己的实践与不足。例如，要反省自己在工作中是否对教师或学生的要求有漏洞。如学生不交作业，是不是作业太难，或者太容易；教师不参加教职工大会，是不是大会的内容对他们的工作意义不大，不能让他们有参与感，他们没有机会发表意见

---

① 详细内容可参见本书第 32 篇中的相关内容。
② 详细内容可参见本书第 27 篇中的相关内容。

等等。

第四，应通过问题相关人之间的面对面交流与接触来解决问题。因为只有问题相关者本人，才知道什么是解决问题的最佳方案。有时候依循规章制度中的处理办法，不一定能从根本上解决问题。

最后，对问题解决的结果和效果要进行跟踪检查。虽然有些问题在当时得到了缓解，但未必是彻底地解决了。经过一段时间后，校长应该检查问题是否完全消除了，类似问题是否再也不会复发了。

在具体运用过程中，需要考虑不同教师的不同处境进行区别对待：

①有的教师感到非常沮丧，是因为他感到失去以往的成效，觉得自己没有办法再控制所发生的任何事情。对待这类教师，要再次赋予一个任务，让他重新体会成功完成任务的成就感。如案例中王校长对女教师的处理办法一样。

②有的教师因为工作负荷过重，所处的学校师资不足、资金不够。对待这类教师，校长应尽可能为之减轻工作负担，通过各种途径提供各种必需的支持。例如通过拉赞助来解决学校资金不足的问题，通过招聘代课教师来缓解师资不足的问题等等。

③有些教师也许是因为暂时的个人问题或抑郁情绪所造成的。对待这类教师，校长应抽时间与之交流沟通，想办法为其提供心理上和其他方面的支持。为教师排忧解难也是校长职责的分内之事。

视点延伸：双语授课教师的抱怨

在一所双语学校，一些负责双语授课的教师向校长抱怨，他们比另一些教师要承担更多的工作。这些人觉得自己承担的工作是其他教师的两倍，因为他们和其他一些教师教一样的学生，但每天要教的是八十人次而不是四十人次，他们要花更多的时间去备课，去和同事、家长沟通，以确保良好的教学效果。

校长深入了解这一情况之后，为这些负责双语授课的教师提供了额外的工作时间和课时补贴，在这个工作时间内，他们可以及时做些学生评估、共同备课和联系家长的工作，并得到额外的报酬。这些教师感到被重视，并很感激校长对他们工作的认可。在他们遇到问题的时候，也愿意主动去与校长交流沟通，校长也总是认真地倾听他们关心的事情，尽可能地予以帮助支持。这以后，教师们的不良情绪逐渐缓解消除，一种新的积极向上的氛围在教师中开始占据了主导地位。

点睛笔:

1. 研究表明，大多数压力过大的教师表现出"无助感和不安感"。这类教师的一个共同特点是容易发怒并喜欢责备人。

2. 校长需要做的是，提供更多的支持来帮助这些教师，保证他们可以身心愉快地、健康地去工作。

3. 校长要与教师建立良好的关系。相互了解是信任的基础。校长要以专业的标准要求自己，敢于反省自己的实践与不足。

4. 校长在思考解决问题的对策之前，要仔细调查以查明问题的原因。对问题解决的结果和效果要进行跟踪检查。

5. 校长应通过与问题相关的人之间的面对面交流与接触来解决问题。因为只有问题相关者本人，才知道什么是解决问题的最佳方案。

15. 欢送不愿干的教师离开

邓校长调到某县一所农村中学任校长。在第一次教工大会上，邓校长宣布：想当官往上走的，学校尽量给你创造条件；想下海挣钱去的，我们欢送你离开；哪也不去想留在学校的，我们就一起好好干。

没过多久，教初三化学的骨干教师李老师就找到邓校长，郑重地和他说，"校长，这是我的请调报告。我大学毕业来这所学校已经五年了。这所学校条件差，没奖金，福利薄。我结婚四年，还没房子住，孩子也无法入托，实在有困难。况且，我校的年轻教师，进城的、改行的都找到了自己的出路。校长，您刚来，我和您无恩无怨，请您给我安排个简单的工作，我边干边调动。"

邓校长听了，先是心头一震，转而深情而诚恳地说："小李啊，你能把心里话说给我听，就是看得起我。你还年轻，大有前途，我同意你调动。虽然我刚来这所学校，但是我了解你。你工作勤勤恳恳，任劳任怨，从来不缺席、早退。自从你教初三化学课以来，教学大有长进，学生很爱听你的课。只是学校经费短缺，多年来欠教师的太多，伤了老师们的心，才迫使有些老师调走！在我任职的五年里，如果不把学校面貌改变，我就自动下台！调动的事情你尽管办，初三的课你照样教。你这个人我知道，不让你上课，你会不舒服！"

这次谈话后，李老师与邓校长之间的距离拉近了。李老师有什么话都愿意跟邓校长讲，有什么想法也愿意和邓校长谈。正如邓校长所预料的那样，李老师虽然在办调动，但从不缺课，而且初三的复习迎考抓得有条不紊。

一次，李老师向邓校长反映：由于学校没有院墙，各种设施不好看管，玻璃总被打碎不说，还经常有不三不四的人进校骚扰；值班室里的被子又脏又破；学校油印机坏了，出套复习题都没法印……李老师没完没了地说，邓校长一一记在心里。

一天，轮到李老师值班。晚上，他来到值班室，一下子愣住了：室内干干净净，床上一床新被子，桌上一瓶热开水……这一夜，李老师感到心情非常舒畅。第二天一早，炊事员师傅就来喊他去吃饭。不久，教研组长告诉李老师，学校新买了一台速印机。今后印材料，一律送到打印室，由专人负责。

中考后，学校放了暑假。估计考试成绩快下来了，李老师在家里怎么也待不住，便来到了学校。只见后勤人员正在建围墙，校园里热火朝天，邓校长也在其中忙着搬砖。见到李老师，邓校长说："告诉你一个好消息，刚才接到县招生办的电话，我们学校打了翻身仗，有35名同学考上了县示范高中。你为我校作出了贡献，就是调走了，功绩也会记在全乡父老的心中。午后你和我一起到县里去取成绩单，我顺便找找熟人，争取假期给你办好调动，一开学你就去新单位报到……"邓校长的话还没有说完，李老师的眼睛已经湿润了，他有些内疚地说："现在，我已经不想调动了。"邓校长听了，一拳打在他的肩膀上："太好了，那我们就一起干吧！"

细节分析：

在很多单位，如果一名员工和他的上级领导说，他想跳槽到其他地方，大多数领导的反应是责怪、愤怒，继而不再重用这名员工，把他逐渐边缘化。这种做法的直接后果是，进一步加速了这位想跳槽员工的离职行为。当然，并不是很多员工都会如案例中的李老师那样，提前把自己的调动意向告诉自己的领导，因为这样做风险很大。应该说，李老师提前告知校长离职意向，本意也是出于好心，对校长而言，也是一件好事，校长可以预先对骨干教师离职后的一些事情有所安排，比如李老师离职后谁来接替李老师的教职等。

骨干教师的离职，对于新任校长而言，无疑也是雪上加霜的事情。本来，刚到一所农村学校，所有事情都需要逐渐熟悉了解，所有事务都需要理出头绪。在这个节骨眼上，原本干得很好的老师突然表达了要调动的意向，这对于校长的管理能力而言，无疑是一个重大的考验。可以说，案例中邓校长的做法，很好地展示了自己的管理能力，并最终挽留了骨干教师的心。

思考透视：

这个案例涉及的两个核心问题是：是什么原因造成了骨干教师的离职，校长应该如何留住骨干教师？

（1）当前中小学中，教师流动现象日益增多，一般都是从边远落后地区流向经济文化发达地区；从工作条件差、收入待遇低的学校流向工作条件好、生活待遇高的学校；高学历、中高级职称教师流动多，中青年教师尤其是骨干教师流动多。究竟是什么原因造成了教师、尤其是骨干教师的流动呢？案例中的李老师的离职原因就很典型，一是李老师的生活条件、家庭经济状况亟待改变，二是李老师的自我发展受到限制，学校无法为其提供自我实现的平台。加上我国市场经济体制鼓励民办学校的发展，争夺优秀教师成为骨干教师流动的重要外部因素。

（2）要想留住优秀教师，校长要善于建立和完善一套有效的管理机制，为教师的自我发展提供充分的空间和良好的环境。在促进教师发展的同时，也促进学校的发展。其中，尤其要注重建立和完善待遇留人的机制，实现优秀教师的个人公平回报，包括给教师提供学习的机会，改善教师的办公环境和生活环境等。同时，校长还要尊重优秀教师，畅通沟通机制，开诚布公，倾听教师的意见，想方设法为教师排忧解难，注重营造温馨的人文关怀和亲和的学校文化氛围，善于用感情留人，如同案例中邓校长所做的那样。

苏霍姆林斯基在《和青年校长的谈话》中谈到，对于绝大多数青年校长来说，最困难的事，就是如何使自己的意图被教师所领会，如何激发教师的首创精神。校长要善于从无穷无尽的细节现象中看出各种问题的相互联系，才会对学校实行真正有效的领导。一些具体的建议如下：

（1）善于激励包括优秀教师在内的所有教师。一所学校的教师成功的关键不在于业务素质而在于态度，努力工作的态度能够帮助教师们一起共同弥补业务素质的不足。集体的智慧是无穷的。

（2）尊重教师，积极帮助解决教师提出的问题。帮助教师分析原因、提供办法。

（3）关心教师的生活与健康。例如，案例中的邓校长在学校经费紧张的情况下还想办法很快为教师提供了免费午餐，学校冬天给教师发围巾，夏天发 T 恤，还做了漂亮的校服。

（4）校长需要身先士卒，以身作则。案例中的邓校长在暑假还和后勤人员一起搬砖建围墙。他的这一行为，也深深地打动了李老师。

视点延伸：骨干教师为什么纷纷调走了

这是一所农村中学，新校长上任一年后，骨干教师又再次调离。该校长翻看了一下该校近十年来的人事调动记录，已有 33 名教师调出，各学科骨干几乎全部调走。这对于仅有 60 名教职工的农村中学，实在是元气大伤的沉重打击。

为了弄清楚骨干教师纷纷调离的原因，该校长以诚恳的态度访谈了一位调走一年的李老师。她谈到了她离开的几个原因：一是学校能让自己发展的空间太小了。二是学校缺乏系统规范的教师培养制度。三是骨干教师在学校就是孤军作战，缺少教师之间的团结协作、友好竞争的氛围。四是骨干教师平时忙于工作、花时间教学生，没时间与其他老师聊天交往，结果不能被其他老师接受。

该校长冷静思考，认真分析了以下一些问题：该校的确在教师发展发明缺乏有效的长期的培养机制，虽然有新教师对老教师的"拜师会"，但是，拜完师后，学校既没有对过程的管理，也没有对效果的考核，使得这项工作有名无实。骨干教师在学校里只是多干、苦干，只是在无限度地付出，而没有得到过及时的"充电"，他们得到的仅仅是在拿年度效益奖时多拿几十块钱。

面对上述问题，该校长深刻认识到：学校必须要制定教师培养计划，尤其是骨干教师培养计划，努力为骨干教师的再发展创设更广阔的发展空间。要为骨干教师拜名师，加强名师对他们的指导，使他们总能处于不断提高的状态。要成立以骨干教师为核心的教师发展指导团，发挥骨干教师传、帮、带的作用，增强他们的责任心和使命感。学校要营造一种使骨干教师能不断体验到作为一名教师自我价值得以实现的组织氛围，在每年9月的"尊师月"，要大力表彰骨干教师的突出业绩，宣传他们在学校教育改革中做出的贡献，并在学校形成人人争做骨干教师的友好竞争氛围。

点睛笔:

1. 要想留住骨干教师，校长要善于建立和完善一套有效的管理机制，为教师的自我发展提供充分的空间和良好的环境。

2. 校长要注重建立和完善待遇留人的机制，实现优秀教师的个人公平回报，包括给教师提供学习的机会，改善教师的办公环境和生活环境等。

3. 校长要尊重优秀教师，畅通沟通机制，倾听教师的意见，想方设法为教师排忧解难，注重营造温馨的人文关怀和亲和的学校文化氛围。

4. 一所学校的教师作为一个集体，成功的关键不在于业务素质而在于努力工作的态度，积极的工作态度能够帮助教师齐心协力发挥集体的智慧，并弥补单个教师业务素质的不足。

5. 校长要尊重教师，积极帮助解决教师提出的问题，帮助教师分析原因、提供办法，同时关心教师的生活与健康。

16. 对"问题教师"的果断干预

　　某中学，范校长发现一位姓刘的教师在洗手间里抽烟，而在校园里任何地方抽烟都是违背学校规定的。

　　范校长没有当场发怒，只是告诉刘老师把手头的烟熄掉，然后把他叫到自己的办公室。在走向办公室的途中，范校长心里在酝酿着如何说的腹稿。等走进办公室，范校长心里已经想好了怎么说。

　　"小刘，你在洗手间抽烟，违反了学校里禁烟的规定，这也是很严重的违背了学校制度的行为。对此，我非常失望，因为学生也会看到你公然违反校规的行为。你的行为已经严重损害了你作为一名人民教师应该是学生榜样的形象，这也是有损我们学校信誉的事情。关于你在学校洗手间抽烟的事情，我已经听学生反映过几次了。但是我选择相信你，认为你只是一时的失误。但是，今天被我亲眼见到，我感到真的非常失望。小刘，你是一位教学能力很强的教师，你的课学生都很喜欢听，希望从这次谈话以后，你能够以教师的形象和责任为重，你看好吗？请你也谈谈你对这件事的看法和以后的一些想法。"

　　小刘对校长表达了歉意，谈了他之所以抽烟是因为自己烟瘾比较大，无法控制自己。他希望校长能够体谅像他一样的教师，可能的话，在一个比较僻静的地方找个小房间，设一个吸烟室。校长在征求了教师协会的意见之后，通过了这个提议，为吸烟教职员工专门开设了一个小的吸烟室，定时开放，使学校禁烟的规定得到了有效的实施。

细节分析：

一般而言，当校长当面遇到一位教师的违规行为时，很难抑制自己的愤怒情绪，很多时候会采取当面指责的方式，责骂该教师抽烟不对，然后要求他下不为例。这种时候，该教师一般会当面承诺，然后离开。但是，以后再犯的可能性还是会比较大的。如何才能让问题教师印象深刻，以后真的不再犯同样的问题了呢？案例中范校长的处理方式是值得推荐的。

思考透视：

学校中每天都会出现各种各样的问题，有的一闪而过，有的潜藏不发，有的缓缓而来，有的突如其来。无论问题以哪一种形式表现出来，校长面对问题的第一步应该是，清楚地辨别问题的性质，然后选择最佳的解决方案。

校长面临的问题一般分为两类，一类是"是与非"的问题，即是非很清楚的问题，校长只要根据政策和法律明确规定的处置办法照章决定即可。只要校长熟悉各级地方政策与法规的内容，就可以依法处置，毫不留情。例如，在美国州教育法中对教师和学生的不正当性关系有明确的规定，违反此项州法律的教师要被立即开除。当某一高中男教师与女学生之间的性关系被揭发出来之后，校长应该很快作出将该教师开除教职的决定，学区将其教师证书吊销。

另一类是"是与是"的问题，即是非界限模糊的难题，冲突双方均有一定的道理。例如，个人利益与集体利益之间的矛盾冲突。解决这类矛盾的一般做法是牺牲少数人的利益，为大多数人着想。但是这种做法却极有可能扼杀暂时处于下风但具有独创性的观点或做法。解决这类"是与是"的矛盾，是对校长道德标准的检验。这也要求一位合格的校长必须是一位有道德的领导，他的职业道德不仅仅是职业所驱，也是校长做人的良心和责任心的表现。一般而言，校长的道德标准也影响着学校的道德取向，校长的符合道德的决定可以吸引大家，为大家所支持与认可，但是，校长的违背道德的决定则会让大家避之不及。

校长果断干预"问题教师"的基本程序，也就是在校长与问题教师谈话时需要注意的几点：首先，明确告诉问题教师需要消除的行为是什么，并对该行为有明确的描述。如案例中的抽烟行为，违反了学校制度规定。其次，明确表达校长对该行为的感受，并解释该行为如何影响教师。如案例中校长表示对该教师很失望，该行为影响了教师和学校的声誉。最后，校长表达想解决该行为问题的意愿并邀请教师一起提出解决办法的建议，而不是强制实施、不问教师的感受和接受程度。

在校长果断干预"问题教师"的过程中，几个要点值得注意：

①不要表现得过于急躁。很多人会冲一名问题教师大喊大叫，然而，一旦愤怒发泄完了，就忘记了问题所在。

②不要试图说服教师去做"正确的事情"，而是要与教师一起商谈具有可行性的解决办法。

③不要羞辱或责备教师，使教师感到内疚或羞愧；不要为教师的行为贴标签或摆出一幅居高临下的架势要求教师如何去做。

④果断干预是一个持续性的过程，如果教师有积极有效的回应，校长和教师就可以共同探究消除该行为的办法，形成一套可行的行动方案。如同案例中范校长和刘老师共同商讨通过设立一个小型吸烟室定时开放的方法，来解决部分教师烟瘾重难控制的问题。

⑤在校长和问题教师谈话之后，要准备面对校长可能会遇到的各种情绪反应。例如：悲伤、生闷气、沮丧、郁闷等等。

⑥要尽可能地经常性地督察问题教师的行为。

视点延伸：如何对问题教师进行及时干预

校长要建立多种便于与教师、学生、家长等相关人员进行沟通的多样化渠道与平台，及时了解情况，争取对问题教师或问题学生进行果断干预，将问题遏制在早期萌芽阶段。例如，2006 年某乡镇小学五年级教师强奸、猥亵 19 名小学女学生（都是 12 岁以下的女童）的案件，居然一两年之后才被告发，尽管该教师被从严从重判处有期徒刑 14 年，但是对这些孩子所造成的身心伤害，却是终生的。在这个案例中，校长负有不可推卸的责任，如果校长能够对教师、学校进行有效的管理，就不会任由这个教师长期如此猖獗。至少会更早地发现，并及时地遏制与处置。

点睛笔：

1. 学校中每天都会出现各种各样的问题，有的一闪而过，有的潜藏不发，有的缓缓而来，有的突如其来。无论问题以哪一种形式表现出来，校长面对问题的第一步应该是，清楚地辨别问题的性质，然后选择最佳的解决方案。

2. 一名合格的校长必须是一位有道德的领导，他的职业道德不仅仅是职业所驱，也是校长做人的良心和责任心的表现。校长的道德标准也影响着学校的道德取向，校长的符合道德的决定可以吸引大家，为大家所支持与认可，但是，校长的违背道德的决定则会让大家避之不及。

3. 校长不要羞辱或责备教师，使教师感到内疚或羞愧，不要为教师的行为贴标签或摆出一副居高临下的架势要求教师如何去做。

4. 校长不要试图说服教师去做"正确的事情"，而是要与教师一起商谈具有可行性的解决办法。

5. 校长要明确告诉问题教师需要消除的行为是什么，并明确表达想解决该行为问题的意愿并邀请教师一起提出解决办法的建议。

17. 唱独角戏的年级组长

　　一天，校长发现三年级的年级组长王老师很晚了还一个人在加班备课。校长心中疑问，怎么没有其他老师一起呢？是王老师一个人把三年级所有的重要任务都承担起来了吗？校长继续跟踪观察了几天，发现三年级的班上没有年级成果展示，也很少有为了集思广益而召开的年级教师会议，基本上都是由教学经验丰富的年级组长王老师在唱独角戏。毫无疑问，这样下去的结果是，王老师会累垮的。

　　校长思虑良久后，找了王老师谈话。

　　首先，校长肯定了王老师的勤恳工作，感谢他为多年来为学校所做的贡献和成绩。然后，告诉王老师，有一个自己亲自参与主导的如何开展团队合作的项目培训的机会，希望他能够参加。王老师欣然答应了。在这个项目培训小组开展工作的过程中，校长给每一位小组成员都做了团队建设的调查表，并亲身示范如何做好团队合作。

　　一段时间之后，王老师逐渐明白，要提高学生的表现、达成学校的目标，需要教师之间的团队合作，需要"二重唱"、"三重唱"甚至"四重唱"，"独唱"已经不合时宜了。他在年级组长的工作中，也逐渐转变了工作方式，经常召开年级教师会议，开展集体备课，讨论各种教学问题，倾听其他教师的观点和看法。

　　一年以后，王老师所在年级的教师队伍逐渐成为了一支优秀的教师团队，他们的年级成果展示也经常更换，而且总是各个年级中最具创意的。

细节分析：

团队是一个所有成员拥有至少一个共同目标的团体，这个团体的存在价值也体现于所有成员通力合作共同实现目标的过程之中。王老师是年级组长，名义上是一个团队的领导，具有带领该年级的教师通力合作做好教学工作的责任。但是他却没有发挥一个团队领导者的作用，没有主动去激励所有团队成员也就是该年级的所有教师一起共同去提高教学质量，只是靠个人的力量默默地工作。校长及时发现了王老师的工作方法问题，并及时采取措施，提供机会让王老师参与相关培训，最终用实际行动帮助王老师提升了团队领导和团队合作的能力。

思考透视：

组建一个团队进行工作，可以帮助团队成员释放创造性和工作热情，在团队里工作可以使成员享受到更多由工作带来的满足，而且，一个运转良好的团队能提高工作效率。研究表明，表现卓越的团队通常会具有以下一些主要特征：

①团队成员之间有效和愉快的沟通；

②团队成员都能熟练地掌握和使用非常有效的工作方法；

③作为团队的一员，每个人都乐意看到目标的达成，乐意看到队友的升迁和个人成功；

④在工作方法和工作绩效方面有持续改进的实际步骤和成功表现；

⑤整个团队表现出高水平的创造性；

⑥团队领导有能力解决最困难、最微妙、最容易引发冲突的问题。

合作是个体或组织之间的谈判、妥协行为。合作是人们为实现共同目的或各自利益而进行的相互协调的活动，也是为共享利益在行动上相互配合的互动过程。合作的目的是"双赢"，就是将存在于传统竞争关系中的非赢即输、针锋相对的关系改变为更具合作性、共同为谋求更大的利益而努力的关系。合作采取的思维方式，是对排他性竞争意识的一种超越，是在互相补充的基础上，通过契约或隐合同对资源进行配置的过程。它的推动力是互补性，实现方式是契约和隐合同等。

构建基于合作的学校组织能够纠正当前学校教育由于过度竞争造成的某些偏差，使学校教育回到正确的轨道。基于合作的学校组织是一种通过学习不断促进师生个体和学校共同发展的组织，学校领导的角色和行为应聚焦在此方向上。

如果你是一个团队的领导（例如校长、年级组长），你可以对自己组织的团队进行以下考核：

①生产力：你的团队成员是否能够全力以赴地投入工作？

②换位思考：你的团队成员之间相处是否融洽舒畅？

③角色与目标：你的团队成员是否明了他们每个人应该去做什么？

④灵活性：你的团队成员是否能对来自外界的信息和建议保持兼容并包的谦虚心态？

⑤开放度：你的团队成员是否说出他们所想的？

⑥认同感：你的团队内部是否经常互相赞赏并公示每个人的成就？

⑦士气：在这个团队里工作的成员愿意继续留在这个团队里吗？

如果你评估的结果是：这个团队有一个脾气很坏的老板，团队会议时连茶水都没有，团队成员对他们应该去做什么常常一脸迷惑，团队外面的人颇为气恼地谈论这个团队内存在的"心理堡垒"，团队成员们习惯于保持沉默，团队成员经常在背后互相中伤，曾经在这个团队里工作过的成员都陆续拂袖离去。那就意味着你有必要冷静地分析一下团队工作中的问题，并用另外一种方式来开展工作。

如果你是一个团队成员（例如教师），你也可以对你所属的团队进行以下简单评估：你在团队工作时是否开心？你对自己所属的团队感到自豪吗？你喜欢团队中的会议和聚会吗？你对你所在的团队最终取得成功有信心吗？如果你对这些问题的回答都是"否"，你也许需要进一步考虑和你的团队领导者沟通，一起看看你所在的团队究竟在哪里出了问题。

新课程强调学科之间的联系，强调科学精神与人文精神的渗透与融合，重视课程综合化的发展，最终促进学生发展。新课程的教学不但需要教师与学生间的沟通合作，更需要教师与教师间的沟通合作。随着中小学新课程的实施，教师与教师间的教学合作显得愈来愈重要。就教师而言，合作无论对其个人进步还是学校发展，都有重要的促进作用。教师专业合作活动低效甚或无效的原因何在？如何改进教师管理以提高教师专业合作活动的实效性？如何最大限度地挖掘教师间的合作潜力？对校长的管理而言，最重要的是构建教师合作机制。

首先，校长可以通过实施有效的观课议课机制，有效促进教师之间的相互合作，打造优秀教师团队。教师的日常生活，是一种"专业学习"，也是"合作学习"。合作共同体的组建一般可以采取这样几种形式：①年级学科备课组：根据所任学科及年级组组建合作体。②青年教师教学沙龙：主要是针对青年教师，组建合作体。③学科教研组：针对同学科教师组建合作体。④课题组：研究同一个课题的成员组建合作体。⑤互助同伴：教师同伴结成互助辅导小组。通过示范教学、课例研究等方式彼此分享新知识，改进教学策略，进而通过教学质量，促进自身专业发展。本篇"视点延伸"所展示的案例就是一种有效的教师合作机制。

其次，校长可以通过营造合作的教研组文化，以此影响教师的行为，激发教师的潜能，促使教师追求更高更快的专业发展。教研组文化是影响教研组中每个教师行为的"潜规则"，是教师成长的土壤，它在深层次上对教师产生影响，或制约或促进教师的发展。校长可以通过各种活动在教师之间营造相互信任的人际关系，促进教师心理健康发展。例如：为教师提供各种个性化的培训学习机会，这些机会包括：有经验的教师与新教师的结对指导、基于教师之间友好对话的交流会等等。

最后，校长的校园走访能有效地支持教师的教学与合作文化的形成。虽然，让校长从繁忙的管理事务和责任中刻意安排时间来进行校园走访对很多校长来说是一项巨大的挑战，但是很多有经验的、高效能的校长都非常重视校园走访。正如一位高中校长所说："通过校园走访，尽管是不正式的，我可以在5分钟内观察很多，教师也会觉得我重视他们，他们也会主动地反思自己的教学。我回到办公室后，会回顾和反思我的所见，然后给教师发邮件，称赞他们所做的某些事情，或者提到我关注到的一些好的地方。"校长在校园走访的过程中，不仅给予了所有学生和老师鼓励和重视，而且也在以自己的言行散播校长所倡导的各种观点和行为，促进学校向他希望的方向转变。事实上，许多高效能的校长都会有意识地安排固定时间段来进行校园巡视、观察，对老师进行教学指导、大纲讨论以及职业培训活动等等，校园走访是校长进行教学领导的重要方式。

视点延伸：教师的"团队成长"模式——以课例为载体的行动学习

课例研究是指以教师专业发展为导向，教师集体对课堂教学的系列研究。其目标在于提升教与学的质量。一般来说，课例研究中通常是由一名教师执行集体的备课方案，然后整个教师团队进行观察和反思。在团体评议的基础上，课被重新设计，教师也重新进行教学和反思，然后再向团队中其他教师展示一节相对精致的课。在课例研究的整个过程中，强调教师要对"内容知识"和"对学生如何更深入地学习"有进一步的理解和学习。

该"团队成长"模式，与"师徒带教"的制度相结合，有助于新教师在教学过程中成长。值得一提的是，新教师上公开课，接受各个有经验的教师和专家的点评，能有效提升自身的教学水平。甚至有老师表示，一个新教师开一次公开课，胜过她自己成长三年。

某学校是远近闻名的薄弱校，师资力量薄弱。面对师资差和教学水平低下的情况，该校长采取了一个学科组的几个教师一起备课的措施，集合多个老师的意见，共同制定教案。一般采用同年级的几个教师分工合作、资源共享的方法，由几位老师主编一节学案，编写完老师们一起修改，最终形成共案，同一年级使用相同的教案，这些标准化的教案能使教师之间取长补短，有助于教师的课堂设计达到最优化、最科学化，使老师的智慧形成合力。

在这个过程中，校长的主要职责是营造民主、开放和合作的氛围。他通过会议、演说的形式来宣传和讲解，赢得教师、家长和学生的认同。通过切实有效的课程实施的培训来引导和支持教师的课程实施，帮助他们排忧解难，使教师产生依赖感和信任感。

此外，校长还以身作则，亲自示范教案的授课，并对老师的授课质量进行实时监控和管理。校长带头给老师上示范课，严格贯彻教师集体备课时制订的讲课方针和标准内容。校长对课堂严格监管，其他老师上课时，他亲自巡回检查，当发现哪个老师讲课偏离共同备课的标准时，他会在课后立即督促其检查反思，组织该教师学习观摩其他合格教师的授课，并练习到合格为止。

该校长非常重视对教师团队合作意识的营建，促使教师们都通力合作，相互督促，相互参照，相互激励，最终使该校教师形成教学能力强、教学质量好的团队效益。

点睛笔：

1. 随着中小学新课程的实施，教师与教师间的教学合作显得愈来愈重要。就教师而言，合作无论对其个人进步还是学校发展，都有重要的促进作用。

2. 校长通过构建教师合作机制，可以有效促进教师间的合作。

3. 卓越的团队具有一些主要特征，如团队成员之间有效和愉快的沟通；每个人都乐意看到目标的达成，乐意看到队友的升迁和个人成功；整个团队表现出高水平的创造性。

4. 在倡导合作的学校里，校长的行为总是在不断鼓励通过学习促进师生个体和学校的共同发展。

5. 校长的校园走访能有效地支持教师的教学与合作文化的形成，是校长进行教学领导的重要方式。

18. 如何考察教师的应变能力

A 校长有意晋升 B 教师为年级组长，因为 B 教师做事认真负责，任劳任怨，但是校长担心他的应变能力不足。一天，他到 B 教师办公室，当着全办公室教师的面，把 B 教师做的一份公开课教案摔在他桌上，大声说，"你怎么这么不小心，你看你做的公开课教案中有很多错误呢！" B 教师非常震惊，他看了一眼那份教案，发现教案虽然署名是自己的，但是其实不是自己写的。B 教师是老实人，心里受不了这么大的委屈，何况是当着那么多同事的面。B 教师冷冷地说，"你再也不是我的领导了。" A 校长一愣，"什么？你说什么？" B 教师说，"我辞职了。你要告就上法庭告我吧！"

后来，当有人告诉辞职在家的 B 教师，A 校长只是有意考察一下他的应变能力之时，B 教师心中愕然。

细节分析：

上述案例中，A 校长是想在考察对象不被告知的情况下，通过虚拟事件的实地模拟，来考察 B 教师在突发情境下的应变能力。如果 B 教师顺利通过了这场考试，结局应该是皆大欢喜的。然而，事与愿违，B 教师由于生性老实，不仅没有识破自己平时敬重的 A 校长的"骗局"，而且还因为一时冲动，丢了饭碗。从 A 校长的初衷看，A 校长此举对 B 教师是好意，有意给 B 教师升职，但是对于 B 教师而言，却导致了失去工作的惨痛结局，代价未免有些太大了。B 教师不仅没有通过这场具有些许欺骗性的

"考试"，而且还成了这场虚拟考试的牺牲品。而同样，对于 A 校长而言，对于这个学校而言，失去了 B 教师这样一位敬业勤恳的好老师，也是一个重大的损失。教师是高级知识分子，自尊心普遍都很强，希望得到领导和同事的尊重。校长应该针对教师的工作特点和心理特点来进行管理，在各种细节处理上充分体现对教师人格的尊重。这种考察教师应变能力的方式，让教师感到不被尊重、受到欺骗，应该慎用。

思考透视：

关于中小学教师的任用标准。根据《中华人民共和国教师法》，中小学教师的资格标准包括：遵守宪法和法律，热爱教育事业，具有良好的思想品德，具备本法规定的学历或者经国家教师资格考试合格，有教育教学能力，经认定合格的，可以取得教师资格。取得小学教师资格，应当具备中等师范学校毕业及其以上学历；取得初级中学教师、初级职业学校文化、专业课教师资格，应当具备高等师范专科学校或者其他大学专科毕业及其以上学历；取得高级中学教师资格和中等专业学校、技工学校、职业高中文化课、专业课教师资格，应当具备高等师范院校本科或者其他大学本科毕业及其以上学历。

国家教师资格考试制度由国务院规定。中小学教师资格由县级以上地方人民政府教育行政部门认定。取得教师资格的人员首次任教时，应当有试用期。受到剥夺政治权利或者故意犯罪受到有期徒刑以上刑事处罚的，不能取得教师资格；已经取得教师资格的，丧失教师资格。各级师范学校毕业生，应当按照国家有关规定从事教育教学工作。国家鼓励非师范高等学校毕业生到中小学或者职业学校任教。

教师任用方面，国家实行教师职务制度，具体办法由国务院规定。学校和其他教育机构应当逐步实行教师聘任制。教师的聘任应当遵循双方地位平等的原则，由学校和教师签订聘任合同，明确规定双方的权利、义务和责任。实施教师聘任制的步骤、办法由国务院教育行政部门规定。

从上述教师法中对教师资格的相关规定可以看出，没有明文要求教师必须具备应变能力。此案例中的 A 校长虽然出于提拔的好意，考察 B 教师的应变能力，但是结果导致教师辞职，失去教师的工作。对于这一后果，校长本人也需要承担一定责任。比较理想的结果是，A 校长事后找 B 教师说明情况，劝说 B 教师收回辞职的决定。

专栏 18.1 美国教师的基本资格

拥有该科（如自然科学）的教师资格证书，表现出各级课堂管理能力：大课讲授，小组安排，个别化教学，以建立一个积极向上的学习环境，运用恰当的纪律程序，建立明确的行为标准，帮助学生自律。问题发生时，应对措施适宜，简洁明了的口头和书面表达能力，愿意学习新事物，与同事合作，能够灵活应变各种任务和情境；正确评估学生的需要，运用不同的教学技巧，满足学生的需要，在行为表现和穿戴上，以身作则，赢得学生、家长和社区的尊重。与学生建立健康的师生关系：善于聆听，关心学生，积极主动地与来自不同家庭背景的学生和家长交流；大学平均成绩优良，了解最新的教育发展和教学方法，相信教育的重要性，关心每一位学生的成长，运用民主程序、非权威手段解决问题；熟知并已经尝试在不同年龄段采用不同的教学方法；愿意并投入业务进修和学生的评估。

对教师的考察和评估是校长管理工作中一个重要部分。长期以来，校长对教师的评估主要聚焦于教师的教学工作，比如运用听课的方式评估一位教师的教学表现和教学能力。然而，如上述案例中那样为了提拔教师承担管理工作而考察教师应变能力的情况并不多见。如何在教师中提拔教学骨干担任管理岗位，这是校长建设学校管理团队所面临的一个重要问题。

校长考察教师管理能力的方式方法可以借鉴人力资源管理中选人用人的技巧与方法。例如：可以通过任务指派、实战模拟、深度访谈等方式来考察和了解教师。任务指派，是指专门指派某教师承担一件挑战性大、创新性强的项目任务，通过观察他完成任务的过程和结果来考察该教师的能力。实战模拟，是指可以模拟一件重要项目的策划、实施过程，通过观察该教师在实战模拟过程中的表现，来考察其能力。深度访谈，是指校长或相关领导者与被考察的教师进行长时间的、多次的谈话，了解他的思想状况、能力水平等。

应变能力是教育管理人员必须具备的重要素质与基本能力。当今信息化时代、全球化时代，学校管理工作千头万绪，作为教育管理人员，需要具备一定的应变能力才能胜任纷繁芜杂的管理工作。上述案例中校长为了提拔骨干教师到管理岗位上，而有意考察该教师的应变能力也属合情合理之举。

什么是应变能力呢？应变能力主要指当事人对临场紧急情况的处理和反应，是一种沉着、灵活、有效地解决问题的能力，这种临场反应，可能是本能的，也可能是经过大量思考后所做出的决策。应变能力主要表现以下几个方面：能在突发情况下处变不惊、保持镇定；能在变化中迅速找到有效的、有创意的应对策略；能审时度势，随机应变；能在变化中辨明合理方向并持之以恒。

要考察当事人的应变能力，主要考察以下几点：一是对事物变化反应的敏捷性和情绪稳定性；二是处理突发事件的理智性、周密性；三是对复杂、矛盾情况的迅速反应能力；四是对自我情绪的控制能力。一般而言，要通过各种考试和面试进行考察。考察的试题一般都是情境性问题，具有紧急性、矛盾性，并能给应试者造成情绪上的压力的场景。取材内容可涉及教育管理人员的工作和生活的方方面面。情景可以是现时情景或假设情景，也可以是应试者过去经历过的情景，这需要应试者陈述他当时的具体做法。

遇到有可能对教师产生负面影响的考核方式，要灵活变通运用。例如本文开篇案例中，A 校长在真实情境下考察 B 教师在受到公开批评（实际上是冤枉）之下的临场应变能力，这种做法风险很大，极易伤害教师的自尊并导致教师的过激反应，如案例中 B 教师愤然辞职的后果。因此，如果校长有意考察教师的应变能力，一种温和变通的做法是：把 B 教师叫到自己的办公室，找他谈话，在谈话中给他出一道情境性问题，把上述真实情境下的现场模拟用口头描述表达出来，让 B 教师用口头表述他在这种情境下会作出什么样的反应。这样，即使 B 教师回答说，我会愤然辞职，也不会对 B 教师的职业发展产生非常严重的后果。在这种情况下，校长既可以在以后的工作中有意识地培养和锻炼 B 教师的应变能力，逐渐把他培养成为一位具有相应能力的教育管理人员，也可以尊重 B 教师的个性，让他一直从事教职，逐渐发展为一位资深教师。

以下介绍几道考察应变能力的精选试题，并对如何评价作出具体分析，以供校长考察教师应变能力时参考。题目中的"你"指被试教师。

精选试题一：在一次重要会议上，由你代为起草的大会报告中有一处数据明显错误，与会者都知道此数据有误，领导的报告刚刚开始，文中要多次提到该数据，你该怎么办？

出题思路：情境性问题。给应试者制造突发意外情景，考察其面对压力的应变能力。

评分参考标准：

好：镇定，认识到问题的严重性，很快找出应变措施予以弥补，比如，可利用给领导倒水的机会带一张纸条提醒报告人的方法。

中：基本镇定，但不能很快找到解决的途径或办法不够巧妙。

差：情绪紧张，不能找到补救措施，被动承受，或只会检讨批评自己。

精选试题二：假设你明天将参加校长主持的一个重要会议，大量的会议材料需要你熟悉，并考虑提出你所负责的部门的意见。你晚上加班时，你的上一级领导（如负责教学的副校长）突然提出了另一项紧急任务，需要你马上协助，并要求当晚完成，你怎么办？

出题思路：情景性问题。给应试者制造一个任务重、时间紧、难以承受的压力情境，考察其面对压力的应变能力。

评分参考标准：

好：镇定，很快权衡出两者轻重和两者对自己本身的依赖程度，实事求是地与领导沟通提出对策，如推荐其他合适的人选来完成对自己本身依赖程度不高的工作。

中：基本镇定，头脑不够敏捷，不能很快找到应变途径或方法不够巧妙。

差：情绪紧张，不能找到补救措施，被动承受。

视点延伸："谢谢你"便条

每逢岁末年关，都是校长考核教师一年工作绩效的时候，这时校长可以运用"谢谢你"便条找出每一位教师身上的优点，这是一种激励型评价的有效方式。

具体做法是：请每一位校长回想一下你学校里的每一位教师，在每一位教师身上找到一项他/她对学校的发展有积极贡献的方面，然后写张便条给他/她表示感谢。这一方面可以是他/她认真负责的工作态度，可以是他一次合理处置学生问题的行为，也可以是他/她诚实守信的品质。校长的这种做法，可以有效地激励到每一位为你工作的教师，让他们感觉到被认可、被肯定。

不过，请记住，如果你作为校长对几位教师不了解，请不要随意写上几条你所猜测的那个教师的优点，你一定要亲自去了解他/她，你的真诚才能真正地激励到这些教师、感染到这些教师，这条方法才能真正为你的学校发挥作用。

点睛笔:

1. 应变能力是现代社会教师和教育管理人员必须具备的重要素质。

2. 应变能力主要指当事人对临场紧急情况的处理和反应，是一种沉着、灵活、有效地解决问题的能力。

3. 应变能力主要表现以下几个方面：能在突发情况下处变不惊、保持镇定；能在变化中迅速找到有效的、有创意的应对策略；能审时度势，随机应变；能在变化中辨明合理方向并持之以恒。

4. 要考察当事人的应变能力，主要考察以下几点：一是对事物变化反应的敏捷性和情绪稳定性，二是处理突发事件的理智性、周密性，三是对复杂、矛盾情况的迅速反应能力，四是对自我情绪的控制能力。

5. 校长可以通过各种考试和面试考察教师或管理人员的应变能力。试题一般都为情境性问题，能为应试者提供具有紧急性、矛盾性的场景，并能给应试者造成情绪上的压力。

19. 与教师闲聊的几分钟

赵校长是一位非常具有亲和力的校长，他经常鼓励教师们有想法可以随便来他的办公室串门。一些老师也会真的带着问题来上门"闲聊"，赵校长总是热情地接待，虽然每次只有几分钟的时间，但是有机会和校长聊上几分钟，得到一些"无言的建议"，对一些教师——有可能是有些沮丧、有些困惑的教师来说，无疑都是莫大的鼓舞。

细节分析：

许多校长都很忙，平时在办公室里都难以见到他的身影。一般情况下，普通教师要与一位校长谈话，至少要提前几天预约才有可能，更不要说是临时性来办公室的上门"闲聊"了，估计大多数教师都没有这个胆量，大多数校长也没有这个时间。然而，赵校长却大胆地运用了常态管理中的有效沟通机制，将许多一线教师心里的问题在演变、爆发之前，就通过轻松的"闲聊"形式予以化解和协调，不能说不是一种学校管理的智慧。

思考透视：

管理学上有研究表明，管理者大多数的问题都是因为沟通不当造成的。而且，管理者每天80％的时间都在用于沟通，通过各种沟通的形式来解决因沟通不当引起的各种问题。如果一位校长能够把这80％用于解决问题的沟通时间，毫不吝啬地分出一些，用于预防各种问题发生的沟通——

例如上述与教师"闲聊"几分钟，可能很多以后会产生的各种问题就不会发生了。通过沟通预防问题，比起通过沟通解决问题，是更有效、更令人愉快的应对问题的方式。

校长听教师宣泄内心的不满和意见，有助于"霍桑效应"的产生。"霍桑效应"是指由于受到额外的关注而引起绩效或努力上升的情况，也称为"宣泄效应"。

霍桑效应的发现来自一次失败的管理研究。美国芝加哥郊外的霍桑工厂，是一个制造电话交换机的工厂。这个工厂具有较完善的娱乐设施、医疗制度和养老金制度等，但员工们仍愤愤不平，生产状况也很不理想。为探求原因，1924 年 11 月，美国国家研究委员会组织了一个由心理学家等各方面专家参加的研究小组，在该工厂开展了一系列的试验研究。这一系列试验研究的中心课题是生产效率与工作物质条件之间的关系。这一系列试验研究中有一个"谈话试验"，即用两年多的时间，专家们找工人个别谈话两万余人次，并规定在谈话过程中，要耐心倾听工人们对厂方的各种意见和不满，并做详细记录，对工人的不满意见不准反驳和训斥。这一"谈话试验"收到了意想不到的结果：霍桑工厂的产量大幅度提高。这是由于工人长期以来对工厂的各种管理制度和方法有诸多不满，无处发泄，"谈话试验"使他们的这些不满都发泄出来，从而感到心情舒畅，干劲倍增。社会心理学家将这种奇妙的现象称为"霍桑效应"。

可见，倾听是对不满的有效治疗。校长多运用倾听的方式，让教师抒发意见和感想，也能够有效激发教师的干劲。

校长的"开门"政策，不只是坐在办公室里接待来访人员，更重要的是有一种开门的氛围，让学生、教职员工都讲实话，报实情，参加到解决问题的过程中来。这要求校长本人要正直、虚怀若谷、知人善用。只有这样的校长，才能够在听到各种"坏"消息时，镇静聆听，不让感情替代理性，不为自己辩护，而是及时地思考应对每一个难题的办法。只有这样的校长，才能够常常对自己说，"作为一名校长，我不是什么都知道，但是我知道如何去请教懂得的人来解决面临的难题。"

运用耐心的"倾听"，提出"无言"的建议。在与教师闲聊的几分钟中，你不需要喋喋不休地对他们的问题提出一些建议，即使这些建议在你看来的确就是他们所说的那些问题的答案。

对于那些陷入困境的、疲惫不堪的教师而言，他们其实需要的不是很多建议，而是需要被认可和接纳。你的喋喋不休和建议，有时候会让他们感到你根本不在乎、不关心他们，或是对他们的问题妄加评论，这会让那些教师再次感到心灰意冷，并在不告诉你问题的情况下就悻然离开。

一位资深校长的多年实践告诉我们，那些来校长办公室说问题的老师，其实并不是来寻求建议，而是来寻求一双同情的耳朵。他们希望校长能够全身心地投入倾听，有思考地应和、点头；喋喋不休只会打消他们诉说的热情，他们需要很好的机会来陈述他们所有的问题。当他们结束问题独白时，他们会感谢校长为他们提供了很好的建议（而实际上这位校长什么也没说），然后他们会回去继续高兴地干他们的工作。

在倾听过程中，需要注意以下几点：

首先，校长要用十二分的"关注"给予教师肯定与激励。一位著名校长总结自己的管理才能时说，"如果我曾经有过什么有价值的发现，那就应归功于耐心的关注，而不是任何其他的才能。"关注意味着将你专注的兴趣给予某个人。这项技能对于所有领域的人际沟通来说，都是很重要的。

当校长与一位遇到麻烦或充满工作倦怠感的教师"闲聊"时，十二分的关注对于这位教师至关重要。这种关注需要校长运用自己的身体、面部尤其是眼睛说："现在，除了你，对我来说没有其他东西了。我的每一点精力和个体的存在都集中在你身上"。

这种十二分的关注需要校长和教师在闲聊的几分钟中，停掉手头的任何工作，消除任何可能干扰焦点的东西。不要做任何事情，除了关注。表现肢体语言上，校长在谈话时最好请教师坐在办公桌对面的椅子上，目光平视，面带微笑，身体前倾，表情专注。

其次，在必要的时候，校长可以邀请教师共同参与解决他自己提出的难题。有时候，教师在"闲聊"中提出看似刻薄的问题，指出校长需要改进的方面时，校长可以尝试要求这位提出问题的教师一起参与，帮助校长共同解决问题。

有位校长发现，他的一名教师，每次走进他的办公室时，总是有想要吵一架的态度。后来，这位校长发现，这位爱挑刺的教师其实内心有一种不安全感，并且希望得到同事的尊重。这位校长后来分派了一个工作让她负责，她的态度慢慢就有所改变了。

最后，基于教师谈话内容的轻重缓急，校长要善于控制"闲聊"的时间，不至于让闲聊影响你的日常管理安排。当然，日常寒暄似的"闲聊"最好不要超过三分钟，但如果涉及一些问题，可以适当延长"闲聊"的时间。

但是，无论何种问题情境下，"闲聊"的时间最好不要超过30分钟。尽量把闲聊的时间让给教师去诉说，而不是校长自己。试想一下，再沮丧的教师，在向校长倾诉半个小时之后，也应该有所满足了吧。

视点延伸：老教师要向校长汇报新教师的问题吗

一个新时代的校长，他的心灵之门永远向大家敞开。为了使学校内的各种问题防患于未然，校长应该在学校倡导并身体力行一种信任和互助的风气。在这种氛围之中，全校教职工都愿意和校长"聊天"，谈问题，交换意见。而且，校长周围的人都愿意向他讲实话，都相信校长能够帮助他们解决问题，能够尊重并认真考虑他们提出的各种意见和建议。例如，一位新教师和老教师分别在相邻的两个班级上课，新学期开始的头几天，老教师经常听到新教师对学生的大声吼叫和教室内学生的喧闹声，并看到学生走出教室时的不快表情。老教师知道校长在决定雇佣这位新教师时，对他的期望很高。这时，老教师是及时向校长反映实情，还是等到学生们向学校抱怨这位新教师，甚至家长向校长投诉时？一个获得信任的校长，会及时得到老教师的汇报，然后向新教师提供适时的督导和指导。

点睛笔:

1. 管理者大多数的问题都是因为沟通不当造成的。管理者每天80%的时间都在用于沟通，通过各种沟通的形式来解决因沟通不当引起的各种问题。

2. 校长听教师宣泄内心的不满和意见，有助于"霍桑效应"的产生。"霍桑效应"是指由于受到额外的关注而引起绩效或努力上升的情况，也称为"宣泄效应"。

3. 校长的"开门"政策，不只是坐在办公室里接待来访人员，更重要的是有一种开门的氛围，让学生、教职员工都讲实话，报实情，参加到解决问题的过程中来。

4. 那些来校长办公室说问题的老师，其实并不是来寻求建议，而是来寻求一双同情的耳朵。

5. 当校长与一位遇到麻烦或充满工作倦怠感的教师"闲聊"时，请用十二分的"关注"给予教师肯定与激励。

20. "三顾茅庐"请名师

在湖南一所民办学校，校长为请到当地有名的语文教师胡老师退休后去该校返聘教书，不惜"三顾茅庐"到胡老师家里请他。被校长真情打动的胡老师，辞去了同学的邀请和每月 3000 元的工资待遇，毅然来到了这所民办学校当一个班的班主任兼语文老师，月薪 1450 元。为什么呢？胡老师后来说："说实话，我到哪里都不止这点工资，但是人的精神是不能用钱来衡量的。这位校长倾尽个人家产办学，目的是把家庭贫困的学生教育好，让老百姓花比较少的钱接受比较好的教育，我们牺牲一点，奉献一点，只要能为他分点忧，怎么都值。"可见，在市场经济条件下，只要你为人民办实事，总会得到大多数人的支持，总会令那些有志之士为之奉献。

细节分析：

当前，我国民办学校要发展，要么选择高端路线，即用高标准的设施设备建设校园，用高薪聘请高水平的教师，吸引有钱人的子女用高学费享受高层次的教育；要么选择低端路线，即用低收费、低质量、低标准来帮助部分贫困家庭子女或是城市打工人员子女来完成学业。然而，案例中的民办学校校长，却怀着一个存在悖论的办学理念——让老百姓的子女或者贫困家庭子女也能以低学费享受高质量的教育。为了这个理想，这位校长自己不得不省吃俭用、倾尽自己并非富裕的家产，为了这个理想，这位校长自己不得不想尽办法用自己的精神去打动名师，聘请他们来校任教。案例中的"三顾茅庐"也体现了校长对教师的尊重和对人才的尊重，体现了校长求贤若渴的精神。

思考透视：

（1）民办学校教师队伍建设的困惑。据调查研究，当前我国民办学校教师队伍现状普遍存在以下几个问题：

一是人员结构两极化。即退休返聘的老教师多，刚刚走出大学校门的年轻教师多；年富力强、经验丰富的中间力量少、专业带头人少，高职称、高学历的教师少。偏老和偏幼的"哑铃式"年龄结构不利于人员之间的思想交流和学术交流，阻碍了新老交替，导致了人员断层的局面。河南多数民办学校兼职教师占有比例在50％以上，有的甚至达80％以上，并且专职教师普遍存在着"几个老头带一群娃娃"的现象。案例中请的"名师"也是退休返聘的老教师。

二是队伍长期不稳定。有的学校一门课程一学期要换好几个教师，教师流动的情况严重。新毕业的青年教师，由于人事关系、职称评定、住房、医疗保险、养老保险等方面的后顾之忧，许多教师很难安心在民办学校长期执教，一旦找到更理想的工作，就会辞职而去。

三是待遇不公平。主要表现为与公办教师相比民办学校教师在社会保障、职称评定、评优评先、培训进修等方面得不到同等待遇。与公办院校的老师相比，民办学校教师缺少提干提升机会。例如：各项改卷如会计资格考试、自考、高考等100％是抽调公办院校的老师参与改卷。

要改善上述问题，除了政府、社会大环境的改善以外，同时需要完善学校的内部管理。例如：第一，建立教师业务培训制度。根据学校不同年龄、不同层次结构的教师的实际情况，根据不同教师的个人职业生涯规划制订切实可行的培训计划，有计划、有步骤、有针对性地开展教师培训工作。民办学校应鼓励教师攻读硕士、博士学位，开展研究生水平的在职进修，到企业实习锻炼，参加社会实践活动，参与科学研究，提高他们的业务素质。第二，完善民办学校教师聘用制度，科学合理设立聘任岗位，公开招聘优秀人才，提高聘任教师的工资水平，签订合法聘任合同。第三，规范民办学校校本管理制度，民办学校应营造尊重人的氛围，改变"家族式"的管理模式，遵循共同协商的原则，鼓励全体教职工参与到学校的建设中来。应完善校内管理机制，营造一个"以人为本"和谐共事的人文环境，建立有效的激励机制，激发教师的创造活力。如目标激励、科研项目激励、知名度激励、情感激励以及物质奖励、精神奖励等等。

（2）愿景领导与说服的力量。用制度来引导人，用纪律来教育人，用目标来激励人，实现以"事"为本的行政约束向以人为本的自我约束转变，建立民主的管理机制，把学校的发展内化为教职工认同的理想，把管理纪律内化为教职工自觉的行动，实现规章制度和教职工的思想、理想、追求、情感的同一。

（3）教师聘用的问题。校长的管理工作中最为敏感的职责就是人事管理，尤其是人员的雇用。在美国，许多学区采用先内后外的程序。根据需要，首先在本学区内现有的人员中选择，再向外出示招聘广告。无论是内部或外向招聘，招聘条件都要公布于众，人人都知道，人人都有同样的机会申请。候选人的挑选过程要高度透明，经得起检验。根据招聘资格，往往是挑选前三名优秀候选人参加面试。每年学校都要由学校管理人员和教师组成招聘小组，帮助接待和安排候选人的面试活动，例如试讲一节课，与学校中的各方面人员见面，包括在教职工会议室半个小时，让教职工有机会随时进来与候选人交谈。面试的安排会对候选人的当场表现存在很大的影响。所以校长应该认真督促面试的筹备和面试当日日程的具体安排。

专栏 20.1　优秀教师具备的六种素质

教师必须具备有效教学的先决条件（如专业知识、交际能力、证书）。

教师必须合乎标准（如有积极的态度、善于思索）。

教师应善于组织课堂管理（如制定学生守则、利用素材、维持课堂秩序等）。

教师应擅长组织教学（如制订计划、运用时间、适应能力以及对学生成绩有高期望值）。

教师能有效力地从事教学工作（如教学策略、提问策略、维持学生参与）。

教师能了解学生的进步情况和学生的潜力所在（如运用作业和考试数据区别对待不同需要）。

校长在聘用教师时需要注意以下几点：

①高质量的教师对于提高学生的成绩至关重要。校长在招聘过程中要仔细地筛选，仔细查看应聘者材料，要仔细聆听，要慢慢做决定。招聘的秘诀是没有捷径可言。如果聘用了有正确目标和期望的人，校长的工作也就会倍感轻松。

②校长对高质量教师所必须具备的特点要了如指掌。校长在招聘过程中会谈论学校的构想和使命，会直接或全程参与招聘过程，会按照自己的意思做出最终的聘用决定。

③在招聘教师时，不仅重视应聘者的教学素质，也重视他们的团队合作能力和领导潜力，这也是教师胜任教学工作和未来专业发展的必备素质。

如何通过面试选到合适的教师呢？

首先，面试时，校长要让候选人最大限度地表现，让他/她多讲话，多接触学校的各个人群，注意他/她的言谈和举止，包括说话的声调、个性和情感特征。注意候选人的肢体语言，可以增加对候选人的了解。例如交谈时，候选人若不善于注视对方，这样的语言交流方式可能会造成学生和他接触时产生疏远感。

其次，为了全面深入地了解候选人，一定要邀请了解本学科特点的教师参与面试。面谈时，要尽量做到招聘小组全体人员在场，事先准备好面谈问题，让同一职位的所有候选人回答同样的问题。

最后，提供一些在招聘教师面试时可供参考的问题：

●你认为学生们怎样才能学得好？

●你所记得的优秀教师的特点是什么？

●到你的课堂来听课的人会听到、看到和经历些什么？

●如果我请了解你的朋友描述你，你认为他会怎么描述你？

●什么是你最大的职业优点？如果你能返回学校，你最希望在哪一方面得到进修？

●有的学生比其他学生容易教，你是如何看待这个现象的？

●你的课堂管理理念是什么？

●学习动力高的学生应该如何教？缺少学习动力的学生又应该如何教？

●你如何看待在职进修？

●如果你不当老师，你会选择另外哪一项职业？

●你会把哪些新的教学思想和教学方法带到我们学校来？

●你对教育的哪些方面最感兴趣？

●与其他的候选人相比，我们为什么应该录用你？

●希望你今天离开这里后，不要后悔有话还没讲到。因此，请想一想还有什么事情你愿意告诉我们，而我们还没有提到呢？

此外，有条件的情况下，可以让候选人带上几张以前课堂教学的照片，因为照片上学生的面部表情和课堂布置可以告诉我们很多候选人的情况。也可以让候选人看一段教学录像带，然后做教学分析。还可以让候选人带来他曾教过的课的录像带。多种资料综合起来，候选人的确定就比较容易了。

视点延伸：突然安排的公开课

没有什么事情比计划安排的临时变动更让人难受的了，尤其是对于那些每天工作繁忙、压力重大的教师。

一个周五的中午，一位校长突然接到分管教育局的安排，说这个周末有一位大领导要来视察，要求学校在周六安排一个下午的公开课。当时，这位校长一下子就蒙了，上哪里去找在周末上公开课的教师呢？校长想到了上一次上公开课的老师，但是那位老师正好生病，该老师推荐了另一位老师，另一位老师正好要出差参加一个会议。实在没有办法了，这位校长只好又找到一位青年教师，要求他一定要接受这个突袭性的任务安排。这位教师虽然接受了并完成了这次任务，但是他脸上的不快、抱怨以及熬夜带来的满脸疲惫，都让校长印象深刻。

这位校长也深深感到，任何事情都一定要提前做好计划，并坚守预定好的时间期限，这样才能尊重教师们的时间和私人生活。他也准备把这个意见，以恰当的方式向分管教育局反映。

点睛笔：

1. 当前我国民办学校教师队伍普遍存在人员结构两极化的问题，即退休返聘的老教师多，刚刚走出大学校门的年轻教师多。

2. 民办学校教师队伍偏老和偏幼的"哑铃式"年龄结构不利于人员之间的思想交流和学术交流，阻碍了新老交替，导致了人员断层的局面。

3. 民办学校应鼓励教师攻读硕士、博士学位，开展研究生水平的在职进修，到企业实习锻炼，参加社会实践活动，参与科学研究，提高他们的业务素质。

4. 民办学校应完善校内管理机制，营造一个以人为本、和谐共事的人文环境，建立有效的激励机制，激发教师的创造活力。如目标激励、科研项目激励、知名度激励、情感激励等等。

5. 在招聘教师时，不仅重视应聘者的教学素质，也重视他们的团队合作能力和领导潜力，这也是教师胜任教学工作和未来专业发展的必备素质。

四、 关爱学生的管理细节

  当前，大部分的中小学校都会宣称自己的教育理念是以人为本、以学生的发展为本。但是仔细考察之下，可以发现有些学校的制度、有些教师的行为却背离了以学生为本的原则。例如：学校为了规避责任而禁止学生课间十分钟的游戏活动，有些教师惩罚表现不好的学生戴"绿领巾"等等。

  可见，在一所学校的管理过程、管理行为和管理制度中，都蕴含着该学校的教育理念、伦理精神和道德价值。有时，上述管理过程、管理行为和管理制度所体现出的教育理念和道德价值与学校所宣称的并不一致。当违背学校教育理念和道德价值的行为成为一种学校集体的无意识行为，并且被学校制度与学校管理行为公然包装时，其危害比学校内某些个体的同类行为的危害更大。

　　校长应善于发现和纠正上述在制度包装下的集体危害行为，完善和健全相应的组织制度，通过制度伦理，展示以学生为本、关爱学生的教育理念和道德价值。

21. 被"圈"住的课间十分钟

出于好奇，一名小学生在课间十分钟时从窗口伸出小手接雨水，竟然遭到老师一顿批评，并被要求以后下课时不能"乱说乱动"。而且，该老师还联系家长，要求家长指导孩子以后课间必须安静坐着写作业，不能"乱说乱动"。这位家长为此困惑无比。

家长将此事通过校长信箱反映到了校长那里，并抱怨说，"孩子如果一天没体育课，岂不是就要从早上 8 点一直坐到下午 3 点多？这样，孩子的体质怎么可能好？孩子的健康成长又从何谈起？"家长在信中表示对此非常担忧，而且孩子已经开始产生了厌学情绪，觉得在学校里不快乐，怎么办？

校长得知此事，也陷入了沉思……

细节分析：

据调查，上海市小学生课间十分钟被"圈"在教室内的现象十分普遍，在受调查的家长中，有超过半数的家长表示，孩子所在小学下课十分钟不让学生出教室门，除了上厕所。笔者也有不少同事的小孩上小学，从与他们的闲聊中了解到，他们的孩子所在小学也没有课间十分钟的游戏时间，课间休息时间只有上厕所的孩子才被允许出教室门，其他孩子都安静地坐在自己的位置上。有部分同事还表示，自己的孩子上小学一年级还不到 1 个月的时间，就已经表示出不愿意去学校的意愿了。

究其原因，学校把孩子"圈在教室"最主要是出于免责心态。正如一些教师所说："我们害怕孩子在游戏时打闹受伤，万一出事谁负责？如今的孩子很"金贵"，一旦出现意外伤害，家长都会要求学校承担责任。"

思考透视：

学校为了规避责任，制定了一些从校方利益出发的制度，例如课间十分钟只允许学生安静地坐在自己的座位上，不允许到教室外的走廊或操场上去玩。这一制度的结果在一定程度上是保障了学生的安全，使他们避免受到游戏活动的意外伤害。但同时，也给学生带来了如下危害。

（1）不可避免地导致中小学生身体素质的明显下降。运动不足、缺乏必要的锻炼，必然会带来一系列的身体健康的问题。上海市教委的一项近期调查表明，上海学生的身体状况与十年前比有明显下降。7～18岁的学生，反映力量素质的引体向上、斜身引体向上，反映爆发力的立定跳远，反映耐力素质的往返跑、800米跑、1000米跑成绩均有所下降；上海城市男生肥胖率和女生肥胖率均高于全国，学生视力不良检出率也为全国最高。同时，身体素质的下降，也会影响智力、心理等各方面综合素质的发展。调查表明，上海青少年知识面广、接受的信息量大、思维活跃的优势正在消失，这是2010年首次进行全国五大名校联考结果呈现出的信息。

（2）违背了劳逸结合的学习原则，极易导致学生厌学情绪的产生。课间活动是调节学生生理、心理的必要手段，利用课间时间进行放松和调节对于青少年的身心大有裨益。从心理学上分析，小学生在每节课40分钟的长时间学习中，无论身体上、心理上都已经很疲劳，如果再不充分休息，青少年必定会有逆反心理，变得烦躁不安，产生厌学情绪，甚至具有攻击性。

（3）不利于孩子的全面发展和素质教育的深入展开。素质教育倡导孩子的全面发展，"爱生学校"倡导以学生为中心、从学生的利益出发制定学校发展规划和相应的各种管理制度。为了保证孩子的全面发展，让孩子真正体会到素质教育的愉悦，一名关爱学生的校长一定会想办法把课间十分钟还给孩子。

如何既保证学生的全面发展、健康成长，又能在课间十分钟保证学生的安全，尽可能避免各种意外伤害呢？

①开展切合小学生学校生活、游戏实际的安全教育。利用情景模拟、实例分析、小组讨论等形式，开展形式活泼、实用性强的生活安全常识教育，培养学生自律、自我保护的安全意识。这是解决安全问题的根本。把学生圈在教室里，只能保证他们一时的安全，而教给他们安全活动的基本知识和自我保护技能，则能够使他们受益一生。

②加强校园各个场地的安全维护，定期排查校园内每一个角落的安全隐患，尽可能为孩子们提供安全无忧的游戏场所。有一位校长，每天早上上班的第一件事情就是围着校园走一圈，每一个角落都尽量走到，看看存在什么问题，如果发现问题，就立即找人解决；如果没有问题，就回到办公室开始这一天的工作。中小学校校长的长期的走动管理，对于排查校园内存在的安全隐患非常重要。如果在学生规模比较大的学校，校长难以每天担负此责任，建议至少安排一个认真负责的学校中高层管理人员每天负责此事。

③建立全时段无缝隙管理制度。在学生课间十分钟的游戏时间，安排专门的老师负责，为学生游戏时提供安全指导和巡视。遇到有学生作出危险的举动和危险的活动，负责教师会及时上前制止，然后提供安全活动的指导。

视点延伸：全时段覆盖的"无缝隙"管理

为有效排除校园安全隐患，某校校长积极探索并完善"全时段覆盖"校园管理机制，做到24小时"无缝隙"覆盖管理，事事有人管、时时有人管，消除和化解了各种隐患，及时解决各类突发事件，受到学生、家长和社会的广泛好评。

该校是一所寄宿制的九年一贯制中小学校，该校 24 小时"无缝隙覆盖"校园管理将学生在校活动划分为：早操时段、上课时段、课间时段、午休时段、课外活动时段、晚自习时段、就寝时段、双休日和节假日时段以及学生外出活动等八个时段，每个时段都确定相应的责任部门和责任人。例如：课堂上任课教师是第一责任人，课间时段则由班主任负责，在公寓里由公寓管理员负责。

与全时段"无缝隙覆盖"管理相适应，该校进一步完善了值班巡视制度。学校每天都有一名校领导带队、两名中层干部负责白天的校园巡视和夜间值班工作，保卫、学生、后勤等部门相关人员以及各班班主任等各司其职，为学生的学习、生活及安全提供各种服务保障，及时处理各类突发事件。值班巡视人员将学生每天的安全信息及存在的问题，在早晨 8:30 以前，汇总通报到学校领导及责任部门，并限时处理。

该校全时段"无缝隙覆盖"的校园管理，不但有效保护了学生的人身安全，更对学生的人格塑造和能力培养起到了积极作用，使学生的安全意识、心理素质以及对社会的适应能力得到了明显增强。多年来，该校从未出现过安全责任事故，各类突发事件均能在第一时间得到妥善处理。

点睛笔:

1. 中小学生缺乏足够的运动，必然会带来一系列的身体健康问题，也会导致中小学生身体素质的整体下降。

2. 剥夺孩子课间休息十分钟的游戏时间，违背了劳逸结合的学习原则，极易导致学生产生厌学情绪，甚至具有攻击性。

3. 学校应开展切合中小学生学校生活、游戏实际的安全教育；培养学生自律、自我保护的安全意识，是解决学校安全问题的根本。

4. 校长应加强校园各个场地的安全维护，定期排查校园内每一个角落的安全隐患，尽可能为孩子们提供安全无忧的游戏场所。

5. 校长应建立全时段无缝隙管理制度。在学生课间十分钟的游戏时间，安排专门的老师负责，为学生游戏提供安全指导和巡视。

22. 幽默的"以牙还牙"

一次，校长到全校纪律最差的一个班级去训话，刚走进教室，就看见一个男生正在黑板上画画，仔细一看，竟然是丑化自己的头像。校长什么也没说，把该生留在讲台上，顺手抓过一支粉笔，照着这个男生的侧面也画了一个头像，最后还故意在画像的鼻子上涂满了红点，为男生补了个酒糟鼻，台下学生顿时发出一阵哄笑。该生脸上也有了点羞愧神色，转身跑回了自己的座位。

之后，校长照例开始了已经准备好的讲话。

细节分析：

校长到一个"差生"云集的班上训话，走进教室时，却遭遇到学生的各种"暗算"……这一幕在很多学校都曾上演，我们也都似曾相识，如同发生在自己的身边。一般来说，校长会采取怒斥、教导或处罚等方式，来对这些搞恶作剧的学生进行严厉处置。而案例中的这位校长，却以一种"以其人之道，还治其人之身"的手段，对捣蛋学生进行了成功的还击。这种幽默的处置方式，既给了学生相应的"教训"，让他也遭到了同学的嘲笑，又同时保持了校长的体面，让学生对校长肃然起敬，并且多了一层亲和力。

由于东西方文化的差异，与东方人相比，西方人似乎更愿意也更能够用幽默的方式解决一些问题。美国一位心理学家说过："幽默是一种最有趣、最有感染力、最具有普遍意义的传递艺术。"幽默的语言，能使社交气氛轻松、融洽，利于交流。

思考透视：

苏联教育家斯维特洛夫曾说过："教育家最重要的，也是第一位的助手是幽默。"的确，幽默的语言可以使知识变得浅显易懂；幽默的动作可以使人精神放松，使课堂气氛和谐。幽默地应对一个突发事件，足以缓解当时的紧张氛围。在对陌生学生的第一堂课上，刚开始的几句幽默风趣的话就能打破紧张的气氛，拉近师生的距离，为下面的课堂教学铺垫良好的轻松氛围，激发学生的思维火花，促进师生的默契配合。

（1）幽默的心理效用。心理学家凯瑟林告诉我们："如果你能使一个人对你有好感，那么，也就可能使你周围的每一个人，甚至是全世界的人，都对你有好感。只要你不是到处和人握手，而是以你的友善、机智、风趣去传播你的信息，那么空间距离就会消失。"

现代幽默理论认为，幽默能在参与者之间产生一种强烈的伙伴感和一致对外的攻击性。幽默能一下子拉近两个人之间的感情距离，因为一起笑的人表明他们之间已经有了共同的兴趣、爱好，这是社交成功的第一步，也是很关键的一步。

在心理防御机制中，幽默化是一种高级的防御方式。当一个人感到不快时，运用幽默可以有效化解尴尬的局面。

校长在管理过程中多一点幽默，体现出的是对他人的多一点宽容，多一点智慧，换取的是他人对自己的多一点尊重，多一点敬爱，多一点认可。幽默还可以化解人际矛盾。幽默会使人显得更容易接触，让他人可以平视你而非仰视，和你接触感觉快乐。

校长多运用幽默，可以增加校长对学生的亲和力，让学生更愿意和校长接触，听校长说话，更愿意听从校长的训导，遵守学校的制度规章。而且，幽默也是一种积极个性的表现，能反映出一个人的开朗、自信和智慧。校长多运用幽默，可以增加校长个人的领导魅力，也有利于校长个人的身心健康。

（2）幽默是一种宽容的表现。如何应对调皮的孩子，这是让很多校长头疼的问题。案例中校长的幽默处置，体现出他对调皮孩子的宽容，体现出他对孩子的爱与人性关怀。

有关研究表明，一直持续一种相同的刺激在心理上很容易产生一种"不敏感"，到后来也就感觉不出那是一种刺激了。调皮儿童本身就经常受到教师的批评，如果教师每次批评的话都一成不变，他们就会当作耳旁风；如果把教师批评的话换成另一种说法或做法，或许能给他们一点新鲜的刺激，从而能收到意想不到的效果。如案例中校长的幽默处置方法那样。

（3）幽默是高情商的表现。一个校长的高情商有助于学校管理工作的成功。校长每天都有可能面对各种"突发事件"（如案例中被调皮学生所嘲笑的情境），一位优秀的校长能够处乱不惊，他不仅有主见，而且可以调动人心，最大限度地发挥团队精神和功能。

（4）校长的幽默有助于创建一个愉快的学习氛围与环境。已有研究表明：愉快的环境比舒适的环境更能促进学生的学习。校长多运用幽默，有助于创建一个愉快学习的良性循环，即心情愉快的校长创设心情舒畅的教职工团队，提供心情舒畅的教学环境，学生的舒畅心情提高学生的学习动力和成绩。

（5）幽默是一种优美的健康的品质，也是现代人应该具备的素质。那么，应当怎样培养自己幽默谈吐的能力呢？首先，要有渊博的知识和宽阔的胸怀，对生活充满信心与热情。其次，要有高尚的情趣、丰富的想象、开朗乐观的性格，才能成为幽默风趣、自然洒脱的人。幽默的本质就是有趣、可笑和意味深长。幽默是人类智慧的结晶，是一种高级的情感活动和审美活动。最后，教育者还要秉承一颗深爱孩子的心，对孩子的爱能让一个人内心丰富而充实，而且也更能宽容对待孩子的一些看似"可恶"实则"好玩"的言行。

此外，校长平时也可以多看些幽默笑话，在适当的情境下也借鉴运用。提供一个以供参考：深受美国人民爱戴的美国前总统林肯的容貌很难看，这本来是讨人喜欢的一个障碍。林肯认识到这一点，但并没有回避它，反而利用它拉近了与人们的距离。一次，林肯的政敌说林肯是两面派。林肯以平和的态度说："现在，让听众来评评看，要是我有另一副面孔的话，我还会戴这副难看的面孔吗？"幽默，显示了林肯对自己的达观态度，体现了他的真诚，赢得了人们的理解，更表露了人们所需要的人性和人情味。

（6）高情商是一位优秀校长的必备素质。为了提高自己的情商，建议校长可以尝试下列活动：每天挤出 5 分钟，专门用来听配偶或亲密朋友讲述他/她一天的生活；寻找和发现在困难时可以依赖的人员；多读人物传记或电影，向他们学习与人交往的技能；积极参加校外的义务服务，例如讲学、辅导等等；和一个与自己兴趣相同的人做些事，例如写篇文章、养花、做家务活等，参加一些社会组织，以提高自己的社交能力等等。

校长要了解自己的情感，也要了解学校各位同事的性格特长，这样的校长往往善解人意，能恰到好处地处理和调动大家的情绪。当一个学校的教职工感到他们的校长是真诚相待、尊重大家时，校长的凝聚力就构成了团队的核心，人人都会努力地为学校的目标和荣誉、为学生的成功作贡献。校长的工作自然就容易成功。

视点延伸：当校长的许诺没有实现时

幽默感是高情商的最佳表现，它既代表校长的镇静心态，也显示其领导魅力，有时候能够化干戈为玉帛，把突如其来的紧张气氛温和地化解掉。

例如，某区教育局主管领导向该区教师保证，新学年开始时，为了加快教育信息化建设，为教师的教学科研提供硬件支持，每一位教师可以得到一台笔记本电脑。但是，新学期到了，该区教育局领导没有实现他们的诺言。校长也感到非常尴尬，不好向教师交代。这时，校长想了一个主意。他在新学期开学的第一次教职工大会上，为每一位教师发放了一盒粉笔，然后幽默地说，"看来，还要再过些时候，笔记本电脑才能来。我们还是坚持使用旧科技吧。"大家顿时爆发出了一阵阵笑声，由此导致的不快与消极情绪也随之减轻了。

点睛笔：

1. 苏联教育家斯维特洛夫曾说过："教育家最重要的，也是第一位的助手是幽默。"幽默地应对一个突发事件，足以缓解当时的紧张氛围。

2. 校长多运用幽默，可以增加校长对学生的亲和力，让学生更愿意和校长接触，听校长说话，更愿意听从校长的训导，遵守学校的制度规章。

3. 校长多运用幽默，可以增加校长个人的领导魅力，也有利于校长个人的身心健康。

4. 校长多运用幽默，有助于创建一个愉快学习的良性循环，即心情愉快的校长创设心情舒畅的教职工团队，提供心情舒畅的教学环境，学生的舒畅心情提高学生的学习动力和成绩。

5. 校长对孩子的爱能让自己的内心丰富而充实，而且也更能宽容而幽默地对待孩子的一些看似"可恶"实则"好玩"的言行。

23. 校长被飞来的足球打中了……

校长走过校园操场时，一群学生正在踢足球，突然，横空飞来的足球重重地打在了校长的身上，学生们都跑了来，惊恐的眼神看着校长。校长先是怒气冲冲地拿着球，瞪着眼前这群如同惊弓之鸟的孩子们，停顿几秒钟之后，他突然面带微笑地拿着球冲进了孩子们中间，一起踢起了足球。操场上，重又响起了孩子们的呼叫与欢笑。

细节分析：

当一个普通的人突然遭遇异物击打时，他的第一反应是因为疼痛而发怒。校长也是一个普通人，当校长被飞来的足球重重地打了一下之后，因为剧痛而产生的不快，是人之常情。然而，当校长看到身边学生惊恐的眼神之时，作为校长的他对于学生的爱护之情占了上风，停顿几秒钟后，他似乎忘掉了刚才的疼痛，和孩子们一起玩起了足球。他的这一举动说明，他已经原谅孩子们的失误了。

思考透视：

以积极的态度处理突发事件。对待孩子们的失误，校长没有发怒去处罚孩子们，而是瞬间以融入孩子们之间的行动表示不介意他们的失误行为。这反映了案例中的这位校长具备积极处事的态度。积极处事的态度是校长作为成功领导者的最为重要的习惯。积极处事的人遇到事情不会轻易地发怒，他会为自己的行为负责，在采取行动之前会先考虑清楚，而且，在失败之后不轻易抱怨、责备他人，积极地想方设法卷土重来，主动促使事情解决，并集中注意力于自己能做的事情，不去为自己无能为力的事情而烦恼。相反，消极处事的人遇事容易发怒，喜欢责备别人，感觉自己是牺牲品，发怒之时会说些日后又后悔的话，喜欢埋怨、发牢骚，喜欢被动等待事情的发生，只有到了不得不改变的时候才去改变。消极处事的人不具备成功校长的必备特征。

榜样作用对孩子的教育影响。榜样的作用是无穷的，当校长以积极的态度处理各种问题之时，这种积极处事的态度也无形之中给孩子们形成了榜样作用。一个成功的学生，也必须具备积极处事的态度。如果校长的目标是让每一个学生都获得生活和学习中的成功，那他已经向那个目标迈出了一步。因为积极处事的态度，是每一个迈向成功的人的必备素质。

采取幽默的方法可以减缓学生对学校和学习的敌对情绪。其教育理念的内涵是以仁爱和理解为基础的尊重型管理模式。校长以善待自己的态度善待学生，保持和学生的紧密交流与合作关系。

校长在面对突如其来的事情之时，如何冷静应对呢？以下几点可供参考：

（1）"暂停键"理论。当你对自己的情绪无法控制时，在发作之前先按一下"暂停键"，给自己几秒钟的时间停顿，让你的大脑清空一下，这能够帮助你重新回到理智的状态。案例中的校长没有顷刻间发怒，而是停顿几秒钟后，再作出反应。就是运用了这一"暂停键"理论。这几秒钟，给出了清空负面情绪、重新理智地思考合理的应对方式的机会。

（2）主动出击。作为校长，面对问题应该主动出击，而不是被动等待。即使错误不在你，如同案例中孩子们的失误，校长可以主动出击，表示原谅。如果自己也有责任，则主动道歉，显示领导者的宽容大度。作为校长，如果对事情被动反应，那就等于是把控制学校问题的遥控器交给了别人，而积极处事则意味着校长自己对一切问题进行主动掌控。

（3）定时休整。作为校长，每天的管理生活中都会产生许多的负面事情，而这些事情会导致自己不可避免地产生一些负面想法和情绪。每次发现自己有负面想法之时，可以用一个小本子记录下来，并找一些可能的正面想法来替换这些负面想法。有时候，也可以听音乐放松一下，或是走出办公室，到校园里走一圈。用这些方法可以适时调整一下自己的负面心情。

视点延伸：校长的新西服被学生打翻的菜汤弄脏了

某中学校长，平时都到学生食堂与学生一起进餐。有一次，该校长和其他老师一起在学生食堂吃饭，正吃时，突然进来一群刚刚打完篮球的学生，他们蜂拥而至，嬉笑打闹之间将一碗菜汤打翻了。不巧的是，打翻的菜汤溅了在旁吃饭的校长一身，校长当时正穿着一身新西装，因为下午要接待教育局领导的重要检查。看着校长身上被弄脏的新西服，学生们都被吓得鸦雀无声，一旁知道内情的教师们也有些着急了，这可怎么办才好？

这时，校长不仅没有怒斥学生，反而和蔼地笑着安慰受惊的孩子们："没关系，没关系，虽然这套西服是我新买的，但是我办公室还有一套常备的旧西服，看来，就是为了防备你们这些小鬼头而准备的啊！""哈哈哈……"大家都释然地笑了起来，紧张的气氛一下子就烟消云散了。

点睛笔：

1. 校长应以积极的态度处理突发事件，这种积极处事的态度无形之中给孩子们形成了榜样作用。

2. 校长采取幽默的方法可以减缓学生对学校和学习的敌对情绪，其教育理念的内涵是以仁爱和理解为基础的尊重型管理模式。

3. 当校长对自己情绪无法控制时，在发作之前先按一下"暂停键"，给自己几秒钟的时间停顿，这几秒钟能帮助自己清空负面情绪、重新理智地思考合理的应对方式。

4. 作为校长，如果对事情被动反应，那就等于是把控制学校问题的遥控器交给了别人，而积极处事则意味着校长自己对一切问题进行主动掌控。

5. 作为校长，每天的管理生活中都会产生许多的负面事情。定时休整与放松，能有效调解自己的负面情绪。

24. 惩罚学生做好事

一次，一个全校有名的"差生"又搞了恶作剧，导致他班上新来的一位教师摔成右腿骨折，需要住院治疗一段时间。校长把这个学生叫到办公室，告诉他，他的恶作剧导致了非常严重的后果，导致这个教师不能走路、在医院需要人照顾。这个学生很害怕，他也没有想到会这样，他恳求校长给他一个弥补过错的机会。校长犹豫再三，答应了，但是，他要求这个学生必须去医院向该教师诚恳地道歉，并承诺每天会利用课余时间照顾该教师直到他康复出院。这个学生愉快地答应了，并认真地实践了他的诺言，每天都去照顾那个老师直到他康复出院。

细节分析：

在教育管理的过程中，教育者对未成年的学生进行惩罚，根本目的是为了教育学生戒除已有的坏行为，而向好的行为方式转化，并发展为好的行为习惯。这位校长创造性地利用这个可以进行严厉惩罚的契机，将一个有名的"差生"转化为一位能够遵守承诺、照顾他人的好学生。当然，还需要对该学生的后续发展进行严格的监督和适当的教育跟进，以保证该生的良好行为方式得以固化。

思考透视：

关于学校对学生的纪律管理模式，最根本的出发点应该是："学生管理的模式是为了学生还是为了学校？"教育工作者对学生纪律问题的处置有两种不同模式，一种是惩戒型模式，一种是合作型模式。

惩戒型模式以行为管理学为基础，主张一旦学生违反纪律，就必须受到相应的惩罚。这也是我们对惩罚的一般思维模式，实质上其根本出发点是为了学校，为了使学校内部有良好的纪律和秩序。但是这种模式有一个危险，就是它最终的目的和效果是把学生培养成为学校和教师希望的人，其更为严重的后果是逐渐消除学生自觉的社会责任感。这样的学生，当不被监视时，很难保证他/她可以始终如一地遵守社会道德和规范。这种模式下的学生，没有个性发展的空间，不给学生犯错误和改正错误的机会，结果不少学生遵守纪律，只是为了不被抓住，不受处罚，或者学会钻规章制度的空子，找理由不被处罚。这种管理模式，压抑了学生的是非判断力，鼓励学生的绝对服从，而牺牲学生的社会意识、社会责任感和自主意识。这种管理模式，培养的是遵循大人旨意的学生，重复着老一代印记。这与我们倡导的教育目的——培养有独立思考能力的创新人才，培养促进社会精神文明的合格公民——是相违背的。

为此，有不少人倡导另一种"合作型性模式"，其根本出发点是为了学生，即为了学生的发展与成长。该模式的一个典型做法就是"学生选择法"，即：当学生不遵守纪律时，教师提供给学生选择，"你是愿意被送到校长办公室，还是遵守课堂纪律，不再在老师讲课时随便讲话？"让学生自己作出选择，并承担自己选择的后果，这样可以培养学生的责任感和自觉意识。开篇案例中的校长，就是在学生犯下严重错误之后，允许他选择了处罚自己的方式，给了该生一个改正错误的机会，其结果有利于该生的人格发展。当然，这种模式的运用还有一些值得注意的地方，详见下文中"如何合理恰当地运用惩戒"。

当前，在实施新课程教学的大背景下，许多学校都提倡赏识教育、快乐教育、成功教育、无批评式教育等。学校的校纪班规里没有了惩戒的条文，教学中少有教师愿意选用惩戒教育，害怕一不小心就祸从"惩戒"出，以至谈"惩戒"色变。从教育学角度说，教育通过两种形式来影响人：一种是表扬、奖励，一种是批评、惩罚。惩戒并不等同于简单的说教和体罚、辱骂，惩戒的本质是一种教育手段。在提倡表扬、奖励、赏识的同时，校长也不应该忽视"惩戒"在教育中的积极作用。但什么样的惩戒方式才易于孩子接受、对孩子的错误能起到矫正作用、对成长能起到促进作用呢？

没有惩戒的教育是一种不完整的教育，是一种脆弱的不负责任的教育。古人言"惩者，以正其心也"。惩戒作为常规的教育手段之一，其实质是对违纪学生心理或生理实施不愉快的刺激，从而遏止其不良行为的再次出现，是一种强制性的纠正规范行为。惩戒教育能够培养学生敢于担当、勇于负责的道德品质及遵守社会文明规则的行为意识，能锻炼学生的心志，有利于学生的心理素质的提高。惩戒有养成、矫正、威慑的教育功能。正如著名苏联教育家马卡连柯所说，"凡是需要惩戒的地方，教师就没有权利不惩戒。在必须惩戒的情况下，惩戒不仅是一种权利，而且是一种义务。"

惩戒绝不等于体罚。惩戒是在学生身心完全能够承受的前提下采取的教育措施，对学生能够起到戒止和警示的作用；而体罚是个别教育者对违反纪律的学生所实施的身心上的严重伤害，是有悖于伦理道德的，甚至是违法的。

运用惩戒教育，让孩子感受到责任并勇于承担责任。惩戒的一个基本出发点和目的，应该是让孩子为自己的过失负责。合理的惩戒是使学生学会负责的重要手段。学生由于自己的错误言行而受到了惩戒，学生就会深刻地体悟到哪些事情是该做的，哪些事情是不该做的，哪些界限是不能逾越的，逾越了就会造成不良的后果，就会受到相应的惩戒。有一个 12 岁的少年，在院子里踢足球，把邻居家的玻璃踢碎了。邻居说，我这块玻璃是好玻璃，12.5美元买的，你赔。这个孩子没办法，回家找爸爸。爸爸问玻璃是你踢碎的吗？孩子说是。爸爸说，那你就赔吧，你踢碎的你就赔。没有钱，我借给你，一年后还。在接下来的一年里，这个孩子擦皮鞋、送报纸、打工挣钱，挣回了12.5美元还给父亲。这个孩子长大后成了美国的总统，就是里根。这是他在回忆录中写到的一个故事，他说正是这样一件事让他懂得了什么是责任，那就是为自己的错误负责。

孩子易于接受的惩戒教育方式一般具有以下特点：

①充满爱心。教育者无论采取何种教育手段，都要从对学生的关爱和扶助之心出发，着眼于孩子的身心健康和发展。任何违背此原则的教育手段都将是冷酷的、危险的。

②因材施教。能被孩子接受的惩戒教育方式，必然是能针对学生实际、走入学生心灵的方式。教育者应该针对孩子不同的情况作深层次的分析，找到学生犯错的原因，从对孩子负责、对孩子成长有利的角度去设计惩戒教育方式，力争实现对孩子错误的有效矫正和对孩子成长的真正促进。比如，同样是犯一种性质的错误，对缺乏耐心的孩子可以罚拼七巧板，对缺乏亲情的罚写一封家书，对不爱体育活动的罚跑步，对不爱阅读的罚朗读一篇美文，对有暴力倾向的罚他背诵法律条文，等等。

③合理合法。合理就是惩戒有因，充分考虑到孩子的承受能力；合法就是教师在实施教育惩戒权的同时，必须切实尊重和保证孩子的隐私权和家长的监护权。有的教师因为学生犯错就惩罚家长，有的教师用罚款代替惩戒，有的教师让有偷窃错误的学生公开亮相，等等。这些惩戒教育方式都是不合分寸的，也是极容易引起学生反感的。

校长在运用和分析教育惩戒的过程中，也需要了解导致教师惩戒过度的以下几种不良心理，从而及时洞察和预防学校中教育惩戒不当的各种行为或事件。

以下是教师的几种不健康心理及表现：

①职业倦怠心理：长期承受职业带来的压力，渐渐失去工作热情，对学生常持有消极看法，动不动冷嘲热讽，情绪波动大，工作效率也明显下降。

②控制学生心理：缺乏以人为本的管理理念，总想让学生完全受自己控制，听自己的话，对学生要求十分苛刻，不允许学生犯错。

③做事急躁心理：急功近利，缺乏教育者应有的耐心，见不得学生存在错误，总想让学生立即改正错误，一旦不如愿时，便对学生大发雷霆。

④权威心理：总是喜欢恪守师道尊严的古训，决不允许学生挑战教师的权威地位，一旦有学生与自己顶撞，威胁到自己权威时，便对学生采取极其严厉的惩戒。

⑤拿学生出气心理：与同事有了矛盾、对家长有了意见、不满学校领导管理、与家人发生冲突等，无处发泄，极易将这些不良情绪带到课堂，带到学生管理中来。学生只要犯了错误，便将所有怒气发向学生。

⑥报复心理：学生背后说了自己的坏话，家长打电话对班级有些管理问题提出了不同看法，自己难以接受，恰逢学生又违反了纪律，正好进行打击报复。

⑦泛化的不良学生观念：某些情况下，在班级管理中受到挫败或者被某些调皮学生弄得很无奈，于是慢慢觉得所有学生都不听话，都需要严惩才能解决问题。这种错误的极端观念让自己对学生缺乏尊重，惩戒措施也不人道。

⑧侥幸心理：个别教师也知道体罚学生不对，但心存侥幸，认为自己不会因此出问题，认为许多老师体罚过学生，只要打一巴掌再给个甜枣吃，学生就不会告发自己。于是，为了追求所谓的个人教学成绩，动不动

就对学生采取不合理的惩戒方式。这是一种法律意识淡薄的表现，最终会毁在自己的侥幸心理上。

专栏 24.1　国外教育惩戒的相关规定

国外的教育惩戒规定很细、很规范。

韩国通过了《教育处罚法》，准许使用长度不超过 100 厘米，厚度不超过 1 厘米的戒尺，如对女生打小腿 5 下，打男生小腿 10 下等，规定十分详细而明确。

日本法律规定，必要时可以依据监督机关的规定，对学生实施惩戒，但不得实施体罚，并对哪些行为属于体罚做了较明确的说明。

在欧美国家，美国教师的惩戒权包括：言语责备、剥夺某种特权、留校、惩戒性转学、短期停学、开除。英国教师的惩戒权包括：罚写作文、周末不让回家、让校长惩戒、停学。瑞士政府对学生要求很严格，如果有人无故旷课，瑞士法院就要对他提出诉讼，因为学习是学生应尽的义务。对旷课的学生，一般都要处以罚款。在美国一些地方，如果学生不努力读书，要判刑入狱，曾有 7 名学生因学业成绩差，被判刑坐牢两个月。同样是在美国，学生如果将学校认为不宜带进的东西带进学校内，学校将一律没收，并且不再还给学生。英国中小学生如无故旷课，不仅会受到严厉批评，还将对其父母处以 5000 英镑以下的罚款。

惩戒是柄双刃剑，是一种危险的、高难度的教育技巧，一次善意的惩戒也许会改变一位学生的人生，而处理不好则会伤害学生。如何合理恰当地运用惩戒？以下几点可供参考：

①摸清情况：学生犯了过错，教师一定要冷静查明情况，切莫冤枉、伤害学生。

②及时处罚：学生确实有了过错，批评、惩罚要及时跟上。一般来说，在学生刚犯错误时，及时处罚，容易引起学生的自责，加深其对错误的认识和记忆。

③惩戒要适度，使用惩戒教育手段必须始终着眼于孩子的可接受性、能发展性。让孩子能够接受。一般而言，把惩戒融入具体的活动中，让孩

子在情境和活动中体验、反思、感悟，往往能收到较好的教育效果，如案例中校长处罚学生照顾受伤的老师那样。在惩戒教育中注入人性关怀，让学生顺畅地接受并对教师心怀感激的惩戒教育才是最成功的。

④惩戒要注意场合，应在尊重和信任的前提下进行。教育家马卡连柯说过："确定整个惩戒制度的基本原则，就是要尽可能地尊重一个人，也要尽可能多地要求他。"无论任何形式的惩戒，都不得损害学生的人格尊严。惩戒要注意保护孩子的个人隐私权和自尊心，否则容易引起孩子的对抗情绪甚至导致他们做出极端的行动。

⑤和学生商量惩戒措施：把惩戒方式的选择权交到学生手里。必要时，让学生从两种处罚方式中选择一种，给学生选择权，学生对于自己选择的方式更容易主动去完成，更容易心服口服。这样，自然而然也就达到了教育学生的目的，同时也照顾到学生的心智发展。

⑥在让学生选择的过程中，要注意：这种选择是学生真正发自内心、自己做出的选择，还是在老师提供的有限条件下被迫做出的让步？如果是后者，也会导致学生遵守纪律只是表面现象。

⑦校长应该在学校中建立一种宽容的氛围，允许学生在错误中成长。一旦学生违反了学校纪律政策，校长和教师不要急于下"对"与"错"的结论，而是给学生机会，让他分析和反思：自己哪里做错了？出现问题了，怎么一起解决呢？只有学生真心接受行为规范，这些规范才能由文字变为他们自己的真正行动。当学生对政策条文存在异议时，不能压抑学生的争辩，强迫他变为口服心不服的"两面派"，而应该鼓励学生的独立思考能力，校长与学生进行辩论，并把这种辩论交谈看作是提供给学生的教育机会，加强学生的责任感。每一条适用的纪律条文都应该是经得起不同意见的挑战的。

视点延伸：惩戒的教育艺术

惩戒是一种教育方式，更是一门高超的教育艺术。有这样一个孩子，在上小学时候，有一天，他忽然想亲眼看看狗的心脏是怎样的。于是他邀了几个男孩偷偷地套住校长最喜欢的狗并宰杀，把内脏一件一件地割离、观察。校长很恼火，决定惩戒一下：让这孩子画一幅人体骨骼图和一幅血液循环图。这个孩子画好后，校长和老师看了都觉得他画得很好，对错误的认识比较诚恳，杀狗事件就这样了结了。后来这个人成了有名的解剖学家，获得了诺贝尔医学生理学奖。可以说，这个人后来在医学上的成就，与这位校长恰当地运用惩戒是分不开的。

点睛笔：

1. 惩戒是柄双刃剑，是一种危险的、高难度的教育技巧，一次善意的惩戒也许会改变一位学生的人生，而处理不好则会伤害学生。

2. 惩戒的一个基本出发点和目的，应该是让孩子为自己的过失负责。合理的惩戒是使学生学会负责的重要手段。正如马卡连柯所说，"凡是需要惩戒的地方，教师就没有权利不惩戒。在必须惩戒的情况下，惩戒不仅是一种权利，而且是一种义务。"

3. 惩戒要适度，使用惩戒教育手段必须始终着眼于孩子的可接受性、能发展性。把惩戒融入具体的活动中，让孩子在情境和活动中体验、反思、感悟，往往能收到较好的教育效果。

4. 惩戒要注意保护孩子的个人隐私权和自尊心，否则容易引起孩子的对抗情绪甚至导致他们做出极端的行动。

5. 校长应该在学校中建立一种宽容的氛围，允许学生在错误中成长。一旦学生违反了学校纪律政策，校长和教师不要急于下"对"与"错"的结论，而是给学生机会，让他分析和反思自己的错误行为。

25. 校长与学生分享一个被扔掉的馒头

张校长每周都要去好几次学生食堂，与孩子们一起就餐。有一天，一名学生把馒头咬了一口便扔了，张校长走上去，捡起来，小心地剥去弄脏的表皮，对扔馒头的学生说："勤俭节约是做人的基本道德，你糟蹋馒头有责任，我没有把你教育好也有责任。这样吧，我吃一半，你也吃一半，好吗?"说着，张校长掰下半个馒头吃了起来，这位学生也羞愧地把另外半个馒头吃了下去。

一个被扔掉的馒头体现出这位校长对育人工作的责任感和对学生的真诚态度。

细节分析：

在21世纪的中国，温饱问题已经基本解决，物质已经比较丰富。即使是比较偏远的农村，吃饱饭也已经不是问题，农村的孩子再也不用像他们的父辈那样经常忍饥挨饿地去上学了。案例中的学校就是一所普通的农村小学，孩子们对待粮食已经不再像过去那样珍惜，正因如此，学校中的节俭教育才显得尤为必要，案例中张校长的言行才愈加值得倡导。

思考透视：

（1）节俭教育对人的发展的重要性。首先，节俭是一种理财方式。从最直接的意义上来说，节俭，可以帮我们省下更多的余钱，把金钱用到更正确的地方，发挥更大的作用，最大限度地提高我们的生活质量。其次，节俭更是一种生活方式。节俭，也可以使我们从以往那种物欲横流的沉迷中抽身出来，去除生活中多余的枝枝蔓蔓，回归生活的本真。最后，节俭是一种生活中的价值观。节俭的本意是，为了更长久的富足与安稳克己、自律，过一种有远见的生活。真正厉行节俭的人，往往都是喜欢简约而理性的生活的人，他们不会为了一点小小的虚荣和冲动而付出昂贵的代价。上述这些，都有助于每一个学生养成健康、积极、合理的行为习惯、生活方式和价值观，有助于每一个学生的健康发展和未来生活的成功。

（2）张校长的行为有效地避免了"破窗效应"的产生，避免了破坏性的不良行为对其他人的暗示性或诱导性影响。所谓"破窗效应"，是关于环境对人们心理造成暗示性或诱导性影响的一种认识。"破窗效应"理论是指：如果有人打坏了一幢建筑物的窗户玻璃，而这扇窗户又得不到及时的维修，别人就可能受到某些暗示性的纵容去打烂更多的窗户。在这个案例中，一个学生扔掉馒头的这种不良行为，极有可能对其他孩子造成不良影响，看到地上这个被扔掉的馒头的学生也会效仿随地扔馒头甚至其他食物。我国的调查研究也表明，中小学生中同伴的浪费行为存在负面影响。案例中的张校长立刻以正确的行为纠正这种不良行为，及时阻止了其他学生的效仿行为。

（3）身教胜于言教。张校长的行为对学生所产生的教育影响，反映了身教胜于言教的经典理论。我们常说的"身教"是以自己的实际行动做榜样，对他人进行教育。而"言教"是指用言说的方式进行的教育。"身教胜于言教"源于《后汉书·第五伦传》，其中有"故曰：其身不正，虽令不行；以身教者从，以言教者讼"一句。张校长运用自己的行为细节对学生的教育达到了"润物细无声"的境地。而当前学校道德教育的困惑在于，我们的德育"言教"过多，脱离现实生活的说教过多，而以校长、教师的行动作为"身教"的育人行为相对而言太少了，有的不是真诚的行为，而是故意做作的虚伪行为，教育作用也很有限。

校长在学校开展节约教育之时，以下几点可供参考：

①培养中小学生的节约意识，重视和强化价值观教育。学校教育旨在培养合格的公民，"合格"包括拥有正确的人生价值观。在学校教育中，应明确包含与节约意识有关的"劳动观"、"金钱观"、"财富观"、"消费观"、"资源观"等教育内容，应明确坚持"劳动光荣"、"勤俭节约"、"以艰苦奋斗为荣、以骄奢淫逸为耻"的价值导向。学校可利用学科教学或专题教育活动渗透价值观教育。从小事着手，严格要求，逐步培养小学生勤俭节约的好习惯。

②规范中小学生的节约行为，重视言传与身教并重。中小学校可以以宣传栏、表扬或批评学生的浪费行为、分类垃圾桶和节水提示牌甚至广播及电视的形式开展节约宣传教育活动，帮助学生养成节约的习惯。明确节约的资源主要是水、电、一次性物品、粮食。与家长、社区联手共同进行，效果更好。

③发挥学生干部检查监督作用，开展学生成果评比展示活动。充分发挥学生干部的带头作用，倡导学生在"自我教育、自我管理、自我服务"中提升素质。在小学可设置"节约中队长"、"节约小队长"，任务是督促同学养成节水、节电的好习惯，组织大家交流节约信息，开展节约活动等。在中学可利用学生会干部监督学生的节约行为，发动学生开展资源节约监督活动，对身边的浪费资源现象进行及时举报和纠正，杜绝"长明灯"、"长流水"等浪费现象，形成"节约光荣、浪费可耻"的良好风气。另外，采取激励机制，每学期开展学生的节约成果评比展示活动。要针对不同年龄的学生，因校制宜地设计和开展富有特色、喜闻乐见的活动，充分调动广大学生参与活动的自觉性和主动性。如在学生中开展征集"节约资源、保护环境、做保护地球小主人"的书法、绘画作品活动，让学生在

参与中受到教育，还可在高年级中开展征文演讲等活动。

④对不同年级的学生有不同要求，加快相关教材和制度建设。国外开展节约教育非常强调针对性，避免千篇一律。他们针对儿童、少年和青年等不同的群体，选择各具特色的教育内容和方法。比如英国制定的《公立学校德育大纲》，就对不同年级学生的"节约教育"内容做了明确规定。对小学五年级要求开展三方面的"节约教育"：一是科学使用金钱，不得浪费；二是任何小东西都必须经济性使用；三是必须懂得节约性消费，避免各种奢侈浪费。对小学六年级要求开展两种"节约教育"：一是养成储蓄习惯，学会正确储蓄的方法；二是懂得饮酒的危害和造成的浪费。到了中学一年级则要求开展三种"节约教育"：一是生活要简朴；二是不轻易借贷；三是懂得赌博这种不劳而获坏习惯的危害。其他年级也都有类似的规定和要求。由此可以看出，英国政府非常重视节约教育的针对性和有效性。日本在开展节约教育方面，也强调要根据不同年级、不同年龄段学生的特点循序渐进地对学生开展节约教育。如日本中小学德育指导纲要明确规定：在节约教育方面，对一、二年级学生要注重"爱惜钱与物"、"爱护公物"的教育，对三、四年级学生要注重"有节制地生活"的教育，对初中和高中学生则要培养他们自觉的节约理念、养成节约的习惯。我国也应借鉴国外的这些有益经验，加快制订节约教育的教育目标和相应教材。

视点延伸："好管家"项目建设节约型学校

湖南省娄底市第三小学实施"好管家"项目，开展校园环境管理，把节约型教育落到实处。"好管家"方法包括一系列措施。这些措施的目的在于避免原材料的损失、减少废物的产生、保护水资源、节约能源、妥善处理危险、改进教学过程、提高学校的组织管理水平，特别符合节约型学校的建设的要求。

在校长的支持下，组织了以班级为单位的"寻找校园浪费现象"的研究性学习，对校园环境管理进行了为期一周的周密调查和分析。通过调查，他们发现学校的用电量非常惊人，2006年9月份，学校耗电量（包括家属区和门面）达16950度，10月份学校耗电量（包括家属区和门面）达16290度。笔者分析除了家属区因天气热开空调和风扇外，增加耗电量的原因是饮水机的使用，因为开学初，为保证全体师生的饮水健康，在学校29个办公室、46间教室、19间功能室共装了94台饮水机。笔者查阅了每一台饮水机的说明，发现其中有44台饮水机24小时耗电量（可加热可制冷，加热功率是550W，制冷功率是75/90W）是1.3度，50台饮水机24小时耗电量（可加热不制冷，加热功率是550W）是0.8度。

根据调查结果分析，教室和办公室的饮水机在下班后会消耗大量的电，而这些都是不必要的消耗，如果采取措施减少耗电量肯定能取得不错的效益。同时，他们还对学校食堂水、电、成本浪费也进行了周密的调查，得出了一组组准确的数据。有了这些具体的数据，在学校召开的行政人员会议上，研究组递交了《娄底三小校园环境管理调查报告》、《娄底三小校园环境管理的优势和潜力分析报告》和《娄底三小校园环境管理项目实施计划》，确立了"关电闸"（每天下午配合静校行动6点准时将各楼层的电闸关掉，每天早上8点之前把电闸合上）这一节约措施，得到了全体行政人员的认可和支持。计划制订好后，又多次利用红领巾广播站对全体师生再次进行"四节约"教育，教育学生节约水、电、粮食和纸张；并对食堂工作人员进行了节约水电和成本的教育。

通过半年多的实验，实施"好管家"方法产生的经济效益和环境效益是惊人的：由于师生环保意识增强了，什么时候都能做到人走灯灭、人离风扇关，不到非常炎热或寒冷时不开空调、不打风扇；水龙头坏了，马上有人向学校报告，见到水龙头没有关紧，有滴水的情况，马上有人跑去关紧；文印室在打印时坚持双面打印和废纸回收，用纸量大大减少。关电闸这一简单措施的实施，使校园里每天 14 小时所有电器断电，仅 11 月份一个月，就比 10 月份节约用电 2190 度，同去年 11 月比较，减少用电量 2010 度。原本只是想通过关电闸节约饮水机用电，却达到了减少全校耗电量的效果，让人感到惊讶的同时又十分欣慰。此后，配合静校工程，这一措施一直沿用至今，每年为学校节约上万元的经济支出。

点睛笔：

1. 节俭是一种生活中的价值观。节俭的本意是，为了更长久的富足与安稳克己、自律，过一种有远见的生活。

2. 真正厉行节俭的人，往往都是喜欢简约而理性的生活的人，他们不会为了一点小小的虚荣和冲动而付出昂贵的代价。

3. 培养中小学生的节约意识，重视和强化勤俭节约的价值观教育，有助于每一个学生养成健康、积极、合理的行为习惯和生活方式，有助于每一个学生的健康发展和未来生活的成功。

4. 开展节约教育，应强调针对性，针对儿童、少年和青年等不同年龄的群体，选择各具特色的教育内容和方法。

5. 开展节约教育，应充分发挥学生干部的带头作用和检查监督作用，充分发挥每一个学生的积极性和主动性，倡导学生在"自我教育、自我管理、自我服务"中提升勤俭节约的生活素质。

26. 对后进生的"一日三问"

某农村中学校长，对待后进生有绝招。

学生邓某来校报名时，其父对校长说，"我的小孩很顽劣，在原来的学校谁都说要不得他，为此，他打烂过三块黑板。听说您有绝招，就送过来了。好，就让他留下了，不好，我也不要求退学费。"

校长一听就说，"烈牛子有三脚犁。小邓总有和别人不同的长处，我相信他会进步。"校长的话让小邓的心里格外舒服。

接下来的日子里，校长再忙也不忘一日三问小邓：饭菜合不合胃口，学习赶不赶得上，要求自己严不严格。每当听到班主任老师告诉他小邓的进步消息后，校长比中了头彩还要高兴。第二次月考后，听到小邓的成绩由第一次月考的倒数第一名进入班上前十名时，校长高兴得像一个小孩子，按捺不住心头激动，迫不及待地带上奖状、奖金和试卷，和班主任一起，用自行车驮着小邓去他家家访。

三个小时后，他们到了小邓所在的村子。邻居们纷纷传话："那个小邓又被送回来了。"小邓的妈妈听到了，一边往家里赶，一边骂小邓不争气。但是，当她看到贴在墙上的奖状和戴着大红花的照片时，两行热泪止不住流了下来："我孩子读了七八年书，从未得过奖状，校长，老师，你们是我们的恩人啊！"小邓的父亲听到这个消息，一路小跑赶回家，他要杀鸡杀鸭款待校长和老师。

自此，小邓一天一个样，一期大变样，期终考试名列班上第二名。

细节分析：

如何对待那些调皮捣蛋的后进生，这不仅是一个让教师头疼的问题，也是一个让校长头疼的问题。案例中的周校长用事实证明了每一个孩子都是可以培养好的。他们深信：把学生的一点点进步，放大10倍20倍，在校内宣传，特别是在家访中肯定，让学生所在的村组都知道，这比什么思想工作都管用。人性最深层的需求，便是渴望别人的欣赏，这些令人头疼的孩子也不例外。

思考透视：

日本心理学家多湖辉说，在每个孩子身上都蕴藏着巨大的、不可估量的潜力。每个孩子都是天才，宇宙的潜能隐藏在每个孩子心中。美国成功心理学大师克利夫顿认为，教育就在于发现学生的优势并利用这些优势。这些话蕴含的原理都是赏识教育。

"赏识"，词典的解释为：给人赞扬肯定，以调动人的积极性，它使作用对象的生理和心理产生快感。所谓"赏识教育"就是教育者以信任、尊重、理解、激励、宽容、提醒的心态和思维方式对被教育者实施教育，并且在教育的过程中，紧紧抓住被教育者所要发展方向上表现出来的优点、进步给予客观公正的肯定和赏识，让被教育者在"我能行"、"我是好学生"的感觉中走向成功。正如苏联教育家苏霍姆林斯基所说，要让每一个学生在学校里抬起头来走路。

赏识教育是当前新课改倡导的教改方向。如果一位校长不相信赞赏和肯定的力量，为他工作肯定会让人感到有压力。而他所在学校的学生一定被严加管束，苦不堪言。

（1）"罗森塔尔效应"是赏识教育的理论基础。美国哈佛大学教授罗森塔尔等人为首的许多心理学家进行过一系列研究，实验证明，学生的智力发展与老师对其关注程度成正比关系。在实验中，罗森塔尔等人提供了一份随机组成的学生名单，他们告诉该班的老师们，这份名单上的学生都是聪明的孩子。由他们提供的"假信息"最后出了"真效果"，8个月后，这些名单上的学生真的都成了好学生。究其原因，是罗森塔尔等人的"权威性的预测"引发了教师对这些学生的较高期望，就是这些教师的较高期望在8个月中发挥了神奇的暗示作用。这些学生在接受了教师渗透在教育教学过程中的积极信息之后，会按照教师所刻画的方向和水平来重新塑造自我形象，调整自己的角色意识与角色行为，从而产生了神奇的"罗森塔尔效应"，也称为"期望效应"。美国心理学家詹姆士曾经说过："人最本质的需要是渴望被肯定。"赏识符合学生的心理发展特征，马斯洛的"需要层次"理论告诉我们，人类除了最基本的生理和安全需要外，最重要的需要就是被尊重的需求，希望得到他人的欣赏，得到社会的肯定性评价。这种由外到内的正向激励能满足人内心的积极因素，形成肯定自我的意识。这种肯定自我的多次沉淀，就会积累成功感，就会种下自信的种子，最终促进学生走向成功。

（2）赏识教育是承认差异、允许失败的教育，它更充分地考虑到受教育者的个体差异，主张对于那些成不了爱因斯坦而又最大限度地发展了个人潜能的学生给予同样的赏识，同样的赞扬。陶行知指出："教育孩子的全部奥秘，在于相信孩子和解放孩子。"赏识教育的特点就是注重发现孩子身上的优点和长处，进而"小题大做"，给他们以鼓励信任、理解宽容，让他们自助自励、完善自我。苏霍姆林斯基曾说过："请记住成功的欢乐是一种巨大的精神力量，它可以促进儿童好好学习的愿望。"因此，在教育教学过程中，教师的赏识是引导学生走向成功的阶梯。

赏识教育如果运用不当，也可能会带来不良后果。因此在实施过程中应注意以下几点：

①赏识教育要因人施赏。赏识教育要求针对学生的个性差异因材施赏、因人施爱，不同的学生施以不同的赏识。对于学习好表现也好的学生不宜过于频繁表扬，否则会降低表扬的实际价值。对于学习好易自负的学生不能过分赏识，在肯定他们能力的同时，进一步让他们明确努力方向以增强他们学习的动力。对于学习困难、性格内向的学生要加大赏识力度，多给予他们积极的评价。对于自尊心强、学习成绩差、性格外向的学生，则不宜不当的赏识，也不能对他们冷落和置之不理，而应在肯定他们点滴进步的基础上鼓励他们，给他们信心，激励他们取得更大的进步。对于学习和表现都一般的"中间生"亦不可忽视，要时刻关注他们的进步，调动他们的积极性和主动性。

②赏识时要学会宽容、耐心、真诚地善待每一位学生。很多时候，我们对困难生的教育一开始总是热情较高，鼓励、帮助。但当付出一定劳动而得不到回报时，就开始失望、怀疑学生的能力，甚至对学生挖苦、讽刺，从而挫伤了学生的自尊心，降低了学生对自我的评价，并对学生自信心的形成产生不良影响。因此，对学生的教育要有耐心、信心，并要有作持久战的心理准备。

③赏识要恰到好处，不能滥用、过度。要细心地观察每个学生，掌握他们的学习和思想状况，对他们进行有效的"赏识教育"。要正确客观地分析，要了解学生的身心需要，要了解学生心理状态，根据真实需要进行表扬、鼓励。赏识不能过度，这样会导致学生对自己认识不足，会产生自满自傲的心态，稍遇不顺就会一蹶不振。"赏识教育"实效性的关键在于，选择适当的时机及时表扬或赞赏，在最佳时机肯定学生上进的表现，能强化和巩固他们的上进愿望。

④赏识教育要讲究方法艺术。表扬要具体，不能信口开河；表扬态度要诚恳，不能口是心非，不能明褒实贬；表扬的方式要灵活，不能千篇一

律；表扬的语言要创新，不能陈词滥调。

视点延伸：陶行知四块糖果的故事

我国著名的陶行知校长，也曾经用过这种以"积极思维"取代"消极思维"的赏识教育方式，对学生的不良行为进行了成功转化。

有一天，在育才学校，陶行知校长在校园里看到一个名叫王友的学生用泥块砸自己班上的男生，陶行知当即斥责了他，并责令他放学时到校长室去。放学后，陶行知到校长室时，王友已经等在门口，准备挨训了。可一见面，陶行知却掏出一块糖果递给他，并说："这是奖给你的，因为你按时来到这里，可我却迟到了。"王友惊异地接过糖果，随之陶行知又掏出一块糖果，放到他手里，说："这块糖果也是奖给你的，因为当我不让你再打人时，你立刻就住手了，这说明你很尊重我，我应该奖励你。"王友更诧异了，他眼睛睁得大大的。陶行知又掏出第三块糖果，塞到王友手里，说："我调查过了，你用泥块砸那些男生，是因为他们不遵守游戏规则，欺负女生。你砸他们，说明你很正直善良，有跟坏人做斗争的勇气，应该奖励你啊！"王友感动极了，他流着眼泪后悔地说道："陶校长，你打我两下吧，我错了，我砸的不是坏人，而是自己的同学呀！"陶行知满意地笑了，他随即掏出第四块糖果，递过去说："为你正确地认识错误，我再奖你一块糖果，可惜我只有这一块糖果了。我的糖用完了，我看我们的谈话也该结束了吧！"

陶行知校长的上述做法，不仅用奖励的方式保护了一个学生的自尊，而且通过事后调查的方式，充分了解了事实的真相。

点睛笔:

1. 陶行知指出:"教育孩子的全部奥秘,在于相信孩子和解放孩子。"

2. 人最本质的需要是渴望被肯定。"罗森塔尔效应"是赏识教育的理论基础。

3. 赏识教育是承认差异、允许失败的教育,是充分尊重个体差异的教育。对于学习好易自负的学生不能过分赏识,在肯定他们能力的同时,进一步让他们明确努力方向以增强他们学习的动力。对于学习和表现都一般的"中间生"亦不可忽视。

4. 赏识时要学会宽容、耐心、真诚地善待每一位学生。

5. "赏识教育"实效性的关键在于,选择适当的时机及时表扬或赞赏,在最佳时机肯定学生上进的表现,能强化和巩固他们的上进愿望。赏识要恰到好处,不能滥用、过度。

27. 运用自己的特殊"气场"征服学生

在一所"差生"云集的学校，学生威胁老师、殴打居民是常有的事情。

一天，两位老人看到几个高年级学生欺负小同学，便上前制止，不料被那几个高年级学生打得鼻青脸肿，遍体鳞伤。事后，学校处分了这几个学生。这几个胆大妄为的学生居然纠集了一批人跑到校长办公室门口，扬言不撤销处分就把学校铲平。转眼间，一时失去理智和良知的学生与气愤之极的校领导出现了肢体冲突。校长一看情形不对，立即摆开架势，大吼一声："谁敢动？谁动我就先放倒谁！"

这些学生没想到校长会来这一手，一时间愣住了。看着身材不高却很敦实的校长一脸怒气，一身正气，身边的几个老师也个个眼里冒着火，几个学生悻悻地离开了。

学生离开后，校长心里很难过，他觉得，这些学生的嚣张行为并不是他们的本性，而是受到社会上恶势力的不良影响、家长教育失当所致。遇到这种情况，教育者必须运用自己的特殊个性能量形成的"气场"针锋相对地控制他们、征服他们，只有这样，才能保证学校的正常管理。

校长在学生离开后，又立即与学生家长取得了联系，通报情况，请家长配合做工作。第二天，校长又把这几个学生叫到自己的办公室，和颜悦色地与他们沟通，向他们承诺，如果他们以后表现不错，不再有打人行为，学校可以撤销对他们的处分。为了让学生吃定心丸，校长还答应，到时候他们可以亲自来查看自己的毕业鉴定。校长认为，这样做的目的不是服软怕学生，而是要让学生知道，学校给他们处分是为了教育他们，不是整人。

细节分析：

学校是一个公共场所，每天都会有意想不到的事情发生。案例中差点发生的校园暴力事件，就是其中典型的一种危机事件。校长在关键时刻，处乱不惊，沉着冷静及时地出面大声呵斥，有效制止了学生的暴力行为，保证了学校的正常管理秩序。随后，校长又迅速将事件通知了学生家长，请家长配合做工作。在第二天，校长还亲自与学生进行沟通，采取说服教育的方式尽量转化学生的不良行为，而不是用负面的惩罚强化学生的负面行为和情绪。这位校长应对危机情况的这一系列措施和做法，都值得肯定与借鉴。

思考透视：

危机是一种产生创伤的事件，是无法预测的、突发的，还可能威胁到我们的生存。它严重地影响我们处理和解决问题的能力。校长作为一所学校的首要负责人，是全校师生安全的第一责任人，也是学校危机时刻的主要决策人。同时校长也有责任教育全校师生了解有关危机时刻应对的具体措施。

紧急时刻是对校长情商的考验。校长必须能够在混乱中保持镇定，敢于并善于作出决定，在危机时刻可以冷静思考、分析问题，置安全和生命于第一，事发后能尽快让学生返回学习状态。一般而言，危机现场比较令人紧张，一般人难以沉着应对。而激动的情绪会阻碍大脑中枢神经的正常思考。一位镇定的校长在危机时刻能够成为全校师生的"镇静剂"，同时平衡全校师生情绪和学习的关系。但是，这里说的表现镇定并不等同于沉默或平静，如案例中的校长那样适当适时地表达自己的愤怒，用突然的愤怒镇住学生的暴力，也是一种冷静应对危机的方式。

预防学校暴力事件时，校长要非常重视学校与社区、家庭三者之间的合作。相关建议有：

（1）保持学生间、师生间、学生和家长之间的长期和谐关系，有助于减少人际隔阂和矛盾冲突。

（2）校长和教育工作人员要注意暴力行为的前兆，它包括学习兴趣降低，无原因的行为改变，避免与人接触，受排挤感，言语、画画或写作时表现出来的暴力迹象。

（3）加强学生的社会责任感教育。让学生们参与学校制定预防暴力行为措施的过程。请社区的社会活动家或警方到学校来做客。

（4）建立一个安全的环境。加强对学生行为的督导，消灭事故多发点，例如增强阴暗角落的照明，在学生常聚合的地点加强巡视，午餐时关闭校门，经常在校园周围巡视，学校举行大型活动时请警方协助等等。

（5）学校建立行之有效的应急行动计划，其中包括学校的安全地带、紧急行动时的指挥体系、即时启动的警方联系和医务急救服务等。

专栏 27.1 法国教育部遏制校园暴力的努力

2010 年 4 月 7 日至 8 日，法国教育部在巴黎索邦大学就学校安全问题召开大会，重点讨论法国校园暴力问题的成因及发展变化，号召社会各界共同行动为建设安全校园提出切实可行的建议。大会提出三项原则：认识——认识校园暴力的成因、表现和影响；预防——借助现有一切措施保护人员和财产的安全；行动——最终落实到短期、中期和长期的行动中。

法国教育部部长夏岱尔在大会发言中提出法国政府遏制校园暴力的 5 个努力方向：

加强学校安全监测。早在 2001 年，法国就启用了校园暴力监测软件，其统计项目非常细致，包括诸如在校园内丢石块等具有暴力倾向的行为共 26 项。每年法国有近 95% 的学校向该数据库汇总校园安全信息。2007 年，法国推出新的校园安全监测系统，其标准有所简化。此次大会提出，要完善新软件的统计标准，每学期公布一次监测结果。

防范暴力进入教师课程。法国将在师范教育、教师实习及教师在职教育中增加防范暴力的课程，教授如何应对校园暴力、处理危机现场，在一些问题集中的学校还将开展现场教学。

安全机动小组护校园。从 2009 年开始，法国各学区区长下设安全顾问，并组建"安全机动小组"。小组由 10 至 50 人构成，成员既有教育界代表，如校长、教师，也有内务部雇佣的安全专家，如防爆人员、调解员、退休警察或宪兵等。夏岱尔强调，要在问题突出的学校加强校园安全治理，学校将完善电子监控设施，增加学区"安全机动小组"的人数，负责校园巡逻、在校园开展防暴力课程以维护校园安全。

家长配合严格校纪。为了减少学校内部学生之间、学生与教师之间可能存在的冲突，法国教育部提出应进一步强调校规及基本行为规范。对于不能承担教育责任的家长，可能将受到取消社会补助的惩罚。

在问题学校展开行动。在继上世纪 80 年代初推出"教育优先区"之后，法国教育部意欲对暴力问题突出的学校进行新的归类，即"光亮计划"（clair）。"clair"是法语缩写，意思是建设上进、创新、成功的初中和高中。该计划希望保证"问题学校"教师队伍的稳定性，鼓励他们实行教学创新。

美国中小学有学校危机反应行动指南，其中的一些规定值得我们借鉴，如要求学校在紧急情况发生后的前 30 分钟，要做到：

①确定专人负责本项危机的处理。

②尽可能准确地确定危机的性质，保证学生和教职工的人身安全永远是首先要考虑的因素。

③将事件通知教工、学生、家长和媒体。

④如果可能，避免学生聚集在一起，可以让学生们停留在各自的教室里等通知、听指挥。

⑤按照紧急情况评估和情况报告表（各学校应该预先有此类表格存档备用）中的要求，在危机发生时，学校要向有关方面报告以下内容：对紧

急情况的详尽描述，采取的初步行动，人员伤害描述，财产损失，是否有关闭校园的必要，遭受危险的学生或财产，要联系的媒体，所需人员和物资（如心理辅导员、医务人员、食物的需要和交通工具）以及今后几个小时内的行动计划。

必要的时候，校长和心理咨询员需要亲自进每一个教室进行宣讲。例如，某一个时期，打架斗殴现象增加，校长、心理咨询员和各个班主任分别到各个教室，用20～30分钟的时间和学生沟通，谈矛盾和问题的多种解决办法。这种目光对视的近距离交谈，使学生感受到学校领导对他们的直接的、人性化的关心，比较容易收到好的效果。

有时，也可以培训拥有领导力的学生来担任冲突协调人，帮助校长和教师解决同学之间的矛盾冲突，而校长和教师则在旁担任辅导员。这样做的好处，一是有助于矛盾问题的沟通与解决。由于协调员是他们的同龄人，矛盾各方对调解员的顾虑较少，愿意谈出他们的问题。一旦问题讲明了，同学之间的猜疑消除，其他问题就迎刃而解了。二是有助于提升担任调解员的学生的解决问题能力。学生在多次担任调解工作后，解决问题的程序在头脑里扎根，不仅能够自如地帮助他人解决冲突，同时也使自己变得遇事成熟老练，有理性，更具领导力。

视点延伸：临危不乱的校长

一位镇定的校长可以使危机处理得紊而不乱，甚至转危为安。某校一名初中生，手持尖刀，站在校门口威胁要行凶时，和蔼的校长面带笑容，一边慢慢地向学生走近，一边轻声地劝告学生，"我们可以谈谈，一切都好说，都可以解决。"最终，校长在该学生放松警惕的一刹那，伺机迅速夺走了学生手中的凶器，把他带进了办公室。值得一提的是，这位校长平时经常与教师和学生接触、交谈，与师生建立了良好的人际关系，深得师生的拥护和爱戴。他在学生中建立的信任成为危机时刻的润滑剂。

点睛笔:

1. 危机是一种产生创伤的事件，是无法预测的、突发的，还可能威胁到我们的生存。它严重地影响我们处理和解决问题的能力。

2. 校长作为一所学校的首要负责人，是全校师生安全的第一责任人，也是学校危机时刻的主要决策人。同时校长也有责任教育全校师生了解有关应对危机的具体措施。

3. 紧急时刻是对校长情商的考验。一位镇定的校长在危机时刻能够成为全校师生的"镇静剂"，同时平衡全校师生情绪和学习的关系。

4. 预防学校暴力事件时，校长要非常重视学校、社区、家庭三者之间的合作。

5. 学校应预先建立行之有效的应急行动计划，包括学校的安全地带、紧急行动时的指挥体系、即时启动的警方联系和医务急救服务等。

28. 批评学生不许超过 1 分钟

与一些学校奖励"加班"的教师不同，魏书生在担任校长管理学校时非常强调效率管理。他要求每一位教师在工作任务量明确之后，在工作时间上尽量压缩，并按照每天 6 小时工作制的时间评估每一位教师的工作过程及工作结果，借以增强大家的效率意识，提高工作能力。如果在每天的 6 小时之内不能完成，就很难被评为优秀教师，而这将影响以后的职称评定或其他荣誉。

在效率管理的理念指导之下，学校规定在课堂上批评学生不许超过 1 分钟，这限定了教师在课堂上一定要控制情感、避免与学生发生冲突。一旦有的学生调皮，教师也必须尽快在 1 分钟内解决问题，绝不能拖泥带水，影响学生的课堂学习时间。魏书生常常对自己这样提问：每天能不能再多干一件事？每小时能不能再抓紧点？每件事能不能干得再好一点？能不能创造别人意想不到的成绩？

细节分析：

在课堂上遇到调皮的学生，老师会因为生气，而停止教学几分钟，甚至十几分钟，用来惩罚这个调皮学生，结果影响全班学生的学习时间，也影响了教师的教学进度。这种情况在很多学校都是司空见惯的。笔者在学生时代也曾经历过多次。要求教师在课堂上批评学生不超过 1 分钟，这不仅是效率管理的体现，也是教师对其他大部分学生教学负责任的体现。魏书生作为当代著名的教育家，他在推行效率管理之时，并不是靠简单的规章制度去约束每一位教师，逼迫他人必须遵守各项制度，而是靠自身的示范影响，以及教师的模范带头作用，经全校教职工通过民主讨论后，制定出分门别类的各项计划、职责和制度，然后公布于众，让大家按时、保质保量地完成自己的任务。

思考透视：

（1）效率管理：魏书生用效率管理学校，他认为做每件事情都要事先想好此事有几种办法，哪种办法最切合实际、节省时间、效率最高。一般而言，要做到四点：一是减少犹豫时间，明确任务；二是持之以恒，形成习惯；三是利用生物钟的规律；四是定计划做总结。

（2）时间管理：做好时间管理是做好效率管理的基础和前提。魏书生的时间管理经验如下：

一是每天早晚向自己强调几遍座右铭：明天的事要今天做，今天的事要马上做。

二是打消完美主义心理。如果凡事要想到尽善尽美了再干，则永远不会有开始的一天。事情总要从自己不完善的基础上开始做，在做的过程中一点一滴地提高。

三是克服犹豫拖拉心理。如果两件事情孰先孰后关系不大，而又犹豫不决时，自己便扔硬币选择。

四是不放过5分钟。只要没到休息时间和锻炼时间，就不轻易白扔5分钟，问题不仅仅在于白捡了5分钟，更重要的是养成了充分利用"边角余料"时间的习惯。

五是尊重大脑始动原则。无论做任何事情，只要开始了就是胜利。就难和易而言，刚开始做，先挑容易的做；就大和小而言，刚开始做，先挑小事情做；就擅长和不擅长而言，刚开始做，先挑自己擅长的做；就喜欢和不喜欢而言，先挑自己喜欢的做。大脑开始动的时候，就会形成思考的惯性。

六是有"生命最后一天"的紧迫感。假设今天是生命的最后一天，一个人会更加珍惜每一分、每一秒，并会想方设法让每一分、每一秒都更加有价值、有意义。这样想的结果是，这一天的效率会比平常高得多，心情也容易愉快。

魏书生多年在实践中运用时间管理和效率管理的经验可以总结出以下几点：

①坚持每天写日记。在日记中记录每天所做的工作及其占用的时间。根据时间记录。具体分析做了哪些工作，各花费了多少时间，是否与计划相吻合，并进一步分析哪些工作劳而无功，必须省略；哪些工作事倍功半，可以简化；哪些工作事功相当，应该坚持；哪些工作事半功倍，足以发扬。通过分析比较，明确自己时间利用率的高低，从而探索出时间运用的规律，消除浪费时间现象，有效提高了工作效率。

②建立学校管理常规，让所有教师都变成他管理上的"助手"，节省自身管理学校的时间，同时，训练学生的自学能力，让所有学生都变成他班级和教学工作的"助手"，从而节省自身教学管理和班级管理的时间。

③校长主办周报、日报、板报等三报，设立校长信箱、家长信箱两个信箱，开办一个校园广播台，把校内外、班内外的一些教育教学信息及时准确地通过文字的形式传递给全校的师生员工和家长，确保信息沟通渠道的通畅，为信息沟通和合理决策提供保障，避免了因信息沟通不畅导致各种误会，浪费不必要的时间。

视点延伸：让每一个人都知道自己的职责

前苏联的帕夫雷什中学，因为著名教育家苏霍姆林斯基曾担任过校长并以该校为书名著书而声名远播。

该校的一位新校长刚来到学校的时候很不适应，那是因为有一件事情让他百思不得其解：已经到岗上任两周了，竟没有一个干部或教师来找过他。在其他学校，向校长请示问题、汇报工作、征求意见的人总是络绎不绝的。于是他主动找到一名副校长，那位副校长回答道："我们学校的每一名教职员工都知道自己该干什么。自己都有事情做，没有特殊的情况是不会找你的。"

原来，这是老校长苏霍姆林斯基留给帕夫雷什中学的一个优良传统。苏霍姆林斯基认为，最有效的管理应该是让每一个人都知道自己的职责，都能够认真地履行自己的职责，该做什么、怎么做应该是一种习惯，不需要督促。

点睛笔:

1. 魏书生用效率管理学校，他认为做每件事情都要事先想好此事有几种办法，哪种办法最切合实际、节省时间、效率最高。

2. 做好时间管理是做好效率管理的基础和前提。坚持每天写日记，通过分析与反思，明确自己时间利用率的高低，从而探索出时间运用的规律，消除浪费时间现象，有效提高工作效率。

3. 建立学校管理常规，让所有教师都变成管理上的"助手"，节省自身管理学校的时间，同时，训练学生的自学能力，让所有学生都变成班级和教学工作的"助手"，从而节省自身教学管理和班级管理的时间。

4. 建立校长信箱、家长信箱等多种形式的沟通渠道，确保信息沟通渠道的通畅，为信息沟通和合理决策提供保障，避免因信息沟通不畅导致各种误会，浪费不必要的时间。

5. 苏霍姆林斯基认为，最有效的管理应该是让每一个人都知道自己的职责，都能够认真地履行自己的职责，该做什么、怎么做应该是一种习惯，不需要督促。

29. 公开支持学生早恋的校长

一次，笔者去某市一所示范性高中参观，在与学生座谈时，负责接待的教师轻声地对我说，在这所高中，校长对待本校学生早恋问题的态度是公开支持的，鼓励学生在男女朋友的交往过程中共同学习、共同进步。一旁的女学生听到后也有些脸红地默认。

这让笔者非常惊异，于是进一步询问这种做法下学生们的表现，结果老师们回答说，学生们在这种轻松、鼓励的氛围下，到目前为止，并没有做出什么过激的表现。相反，男女同学之间你追我赶、互帮互助、合作学习的氛围更浓了。

细节分析：

这是一所市示范性高中，与一般学校相比，学生的素质相对较高，学生的自律学习之心相对较强，学习氛围相对浓厚。校长的这种公开支持早恋的态度，不仅没有放任学生分心，反而释放出一种尊重学生、信任学生的信号与氛围，更加激励学生融入协同共进的学习气氛之中。

思考透视：

（1）处理早恋问题时，如果一味禁止、干涉，则会导致"罗密欧与朱丽叶效应"。莎翁的名著《罗密欧与朱丽叶》的故事许多人都知道：罗密欧与朱丽叶相爱，但由于双方世仇，他们的爱情遭到了极力阻碍。但压迫并没有使他们分手，反而使他们爱得更深，直到殉情。心理学把这种爱情中的人儿"越是艰险越向前"的现象称为"罗密欧与朱丽叶效应"，即，当出现干扰恋爱双方爱情关系的外在力量时，恋爱双方的情感反而会加强，恋爱关系也因此更加牢固。

这是有关爱情的一种"怪"现象。心理学上的认知失调理论很好地解释了这个颇具罗曼蒂克色彩的效应。当人们被迫做出某种选择时，人们对这种选择会产生高度的心理抗拒，而这种心态会促使人们做出相反的选择，并在实际上增加对自己所选择对象的喜欢。因此，人们在选择恋爱对象时，由于人们对父母反对等恋爱阻力的心理抗拒作用，反而会使双方的感情更牢固。当这种恋爱阻力不存在时，双方却有可能分开。

（2）校长应该理解和尊重学生的"早恋"倾向，将之视为学生在青春期的情感发展过程中必然会出现的一种健康心理。

事实上，学生早恋现象在我国已经非常普遍。据一家权威网站调查结果显示，13～17周岁的在校学生中，大约有32%的学生承认有关系密切的异性朋友，其中有7%～8%的学生坦然承认自己正在谈恋爱。这成为学校不得不面对的问题。而且，在当前，早恋还呈现出低龄化的趋势。

每一位学生在步入青春期的时候，性心理、性意识悄然萌发，这使得他们十分渴望和异性接触，而且容易对异性产生亲近和爱慕之情。这是处于这一时期的少男少女的一种健康心理。

如果能正确看待早恋情感，适当地与异性交往，保持男女同学之间的纯真友谊，不仅有利于智力上的取长补短，还会增强学生的自信心和人际交往能力，促进学生的学习效果，如同案例中学校的学生情况那样。

（3）处理早恋问题，应注重积极疏导和正确引导，注意从学生的角度出发，处处表现出对学生的尊重。案例中学校的校长之所以公开支持学生的早恋，是因为他对学生的态度是建立在把学生假设为具有自主性、能够作出正确决策的个体之上的。这样，教师就能平等地对待学生、理解学生、信任学生，并能在平等的对话沟通过程中对学生的情感发展加以正确的引导。

在对待有早恋倾向的孩子时，有以下几点值得注意：

①不能一味地斥责学生，否则容易让他们产生紧张情绪和逆反心理，甚至有时会加速使他们陷入早恋的泥潭。

②与学生谈话要有技巧，本着尊重、理解、引导和感化的原则，在宽松和谐的氛围下，选择学生能够接受的方式，态度诚恳地与他们谈心，并耐心地倾听学生的心声，让学生感到老师是尊重并信任他们的。

③选择适当的时机进行性心理教育，让学生了解必要的性知识，帮助他们认识早恋行为的各种误区和严重后果，加强他们的自我约束力，引导学生将注意力转移到学习中来。

视点延伸：当男女生交往过密时

一天放学后，刘老师在回家的路上无意间看到小刚和小颖肩并肩地走在一起。已经放学一个多小时了，他们还没有回家，刘老师在心中打了一个大大的问号。在弄清楚状况之前，刘老师只是走上前去说，"你们俩怎么现在还没回家？"小刚说："我想买一本参考书，不知道哪本好，想让小颖帮我去看一下。"站在一旁的小颖一句话都没说。刘老师从他俩局促不安的神情中感觉出一丝异常。

出于对学生的尊重，刘老师心平气和地把小刚叫到了一间空会议室，与他朋友式地交谈着。小刚最终将自己的想法毫无保留地告诉了刘老师。刘老师静静地聆听着，并不时用真诚的目光鼓励小刚的倾诉。听完小刚的话，刘老师没有责怪小刚，而是将心比心，并告诉小刚自己在他们这个年龄时也有这样的感受。接着刘老师与小刚交流了这个年龄段男女间的"喜欢"是怎样的，这种"喜欢"是钦佩，是仰慕，是对别人的认可，这是友谊的开始。如果能够互相激励，你追我赶，才能成为真正的友谊。小刚在听完刘老师一番话后，明白了很多道理，正确地认识了自己和小颖的关系，最终没有让这份纯真的感情影响两人的学习。

点睛笔：

1. 校长应该理解和尊重学生的"早恋"倾向，将之视为学生在青春期的情感发展过程中必然会出现的一种健康心理。

2. 处理早恋问题，应注重积极疏导和正确引导，注意从学生的角度出发，处处表现出对学生的尊重。

3. 对待有早恋倾向的孩子，不能一味地斥责，否则容易让他们产生紧张情绪和逆反心理，甚至有时会加速使他们陷入早恋的泥潭。

4. 与学生谈话要有技巧，本着尊重、理解、引导和感化的原则，在宽松和谐的氛围下，选择学生能够接受的方式，态度诚恳地与他们谈心，并耐心地倾听学生的心声。

5. 选择适当的时机进行性心理教育，让学生了解必要的性知识，帮助他们认识早恋行为的各种误区和严重后果，加强他们的自我约束力，引导学生将注意力转移到学习中来。

30. 孩子是学校的"底线"

一所学校的"底线"就是孩子。

一天，校长看到该校一个充满怒气的教师在体罚一个调皮的孩子。而且，据他所知，这位老师最近总是把她的不满发泄到她的同事或班里的孩子们身上。这一回，校长再也不想沉默了。他平静地把这位教师请到了办公室，平静而郑重地对这位教师说，"孩子是学校的'底线'，关爱每一个孩子是学校每一位教师的工作'底线'。每一个孩子每天来到学校的时候，都应该有体贴的老师关心他，并对他寄予很高的期望。虽然很多时候实现这一点并不那么容易，但作为一名学校的领导，我有责任让学校做到这一点。我们的目标是教好每一个孩子，而不是体罚孩子。当我们坚持这么做的时候，我们会在孩子们的脸上，看到我们努力的结果。"

校长的这一番话并没有直接批评这位教师，而只是模模糊糊地提到了这个教师对学生有体罚行为。结果，校长的这种处理方式并没有如他所期待的那样发生作用。为什么呢？

细节分析：

很多校长都会深有体会，有时候对一些教师的不良行为，不忍心那么直白地、毫无掩饰地说出其问题，只好加一点"糖"好让这些教师更容易把"苦药"吞下去。因为，这些校长总觉得，如果说了一些刺耳的话，一定要同时说些悦耳的话，这样才能让人心理上更加容易接受些。但是，事实上，这种管理学上称作"三明治"式的处理方式（即"好话＋坏话＋好话"），在某些情境下并不起作用。如案例中校长对待喜欢体罚学生的教师。而且，如果校长运用了三明治的方式，但却没有任何改善或者需要进一步对其实施惩处措施的话，之前运用的三明治方式只会导致更加糟糕的结果。对于案例中积重难返的教师，如果校长不明确地告诉他们，他们就听不到校长真正想说的话。

思考透视：

处理案例中那些问题严重的教师时，需要遵循以下原则：

①立即去处理这个问题教师。不要认为拖延时间可以看到教师自行改善的奇迹出现。回避问题无助于解决问题。

②直接、明确地对问题教师进行处理。不要拐弯抹角，是什么就说什么。

③调查问题的根源，然后寻找解决问题的办法。

④不要为了减轻愧疚感，在开始时试图运用三明治式的解决办法，这只会使情况更加糟糕。

⑤有计划、有条理地处理问题教师，不要漫无边际地闲聊，要让他为自己的不当行为负责。

⑥最重要的一点是，要记住，你这样做都是为了孩子们，孩子是一所学校的底线。

在应对问题教师之时，以下几点值得注意：

①要基于对问题教师个性的了解，基于对问题形成的原因和所造成的影响的调查结果，决定是否对问题教师采取委婉的还是直接的处理办法，谨慎选择处理问题教师的方案。

②在决定处理问题教师之时，不要跟其他人谈论这个问题，也不要向其他教师或你的上级抱怨这个问题教师。这样可能会扰乱你解决问题的决

心、计划与步骤。

③直接指出问题不等于你要用愤怒的语气指责问题教师。应该尽量平和、镇静地处理问题教师。不要一说话嗓门就提高了，血压就上升了，或者用防卫性的、指责性的语气说话。

视点延伸：伤害孩子的"有色教育"应及时遏制

2011年对于很多学生来说是五颜六色的一年，"有色教育"层出不穷。大家可以通过"绿领巾"、"红校服"这些醒目的标识，来了解一个学生成绩的好坏：作为教学改革试点的陕西省西安市某小学，尝试让成绩差的学生戴"绿领巾"，老师要求上学、放学都不能解开，不然就在班上点名批评；在内蒙古包头市，一所学校在企业的赞助下，为成绩好的学生发放了"红校服"；在山东省，一所学校将学生成绩按高低分成三个等级，出现了"三色作业本"。

著名教育家夏丏尊先生说："教育之没有情感，没有爱，如同池塘没有水一样。没有水，就不成其池塘，没有爱就没有教育。"我们的某些教育工作者，缺的岂止是爱？还缺乏尊重，缺乏宽容，缺乏理解，缺乏人性，缺乏教育的艺术……教育，尤其是基础教育，应该以健全人格的公民为培养目标，教育孩子"成人"的重要性远远大于"成才"。

如今，一些学校已经惯性地把学生按成绩分成三六九等，用这样的手段分类，深深挫伤了孩子的自尊心。出现这样的教育现象，根源在于当前一些学校仍在奉行唯分数论。这种标签式的做法很容易最后被解读成为就是一种按好坏来做的分类。虽然我们很欣慰地看到，经过媒体曝光之后，"绿领巾"、"红校服"、"三色作业本"等被收回去了。不过，要从根源上杜绝这类现象，还需要各方面转变思想，让教育回归到教书育人的本质上去。

正面的强化和负面的强化这两种教育方法对于一个孩子来说都是需要

的，但是作为一个老师来说，在实施负强化——也就是批评的、否定的、处分的方法时要特别谨慎，也就是说必须要在尊重和保护学生的个人权利，尊重他们的人格尊严的基础上来帮助他们、要求他们。尊重孩子的人格与自尊是一个学校育人的底线。只有这样，才能实现教育的最终目的。

点睛笔：

1. 对问题教师进行及时、果断的处理，就是对孩子的保护和关怀。

2. 要基于对问题教师个性的了解，基于对问题形成的原因和所造成的影响的调查结果，决定是否对问题教师采取委婉的还是直接的处理办法，谨慎选择处理问题教师的方案。

3. 直接指出问题不等于你要用愤怒的语气指责问题教师，应该尽量平和、镇静地处理问题教师。

4. 著名教育家夏丏尊先生说："教育之没有情感，没有爱，如同池塘没有水一样。没有水，就不成其池塘，没有爱就没有教育。"

5. 尊重孩子的人格与自尊是一个学校育人的底线。只有这样，才能实现教育的最终目的。

五、 学校变革的管理细节

办好学校是一位校长的基本任务。当前变革时代，是否能够有效地推进学校变革是衡量当代校长是否具备优秀管理能力的重要标准。

将一所不怎么好的学校转变为比较好甚至很好的学校，是体现校长能力的最重要方面。要对学校进行变革，首先需要改变学校的不良风气。要改变学校风气，可以从很多方面着手，例如学校卫生工作——把学校变得更加干净、整洁、舒服，是学校变革的一个重要切入点。除此之外，校长管理风格的改变、后勤食堂的改善、校门口摊贩的治理、师生随地吐痰的行为改变等等，都可以作为改变校风的一个转向舵。一旦上述改变形成，并为全校师生所认可并追随，整个学校的校风就会因之转变，学校变革的历程会由此启动，在校长的带领下，在全校师生的努力下，整个学校将会沿着一个共同的变革方向逐渐从原有的差的状态一点点向好的状态转变。一旦这个转变的趋势启动，学校的变革就会逐渐深入延续下去，学校的各方面状况也会随之好转，学校变革的效果也会日益明显。

31. 转变校风从打扫厕所开始

问你一个问题："被尿泡了十年的男厕所还可以打扫干净吗？"

我想大多数读者可能会回答："没办法清除！"

而接下来要说的这个故事中的主角却认为，可以，而且她做到了。

这是一个真实的案例。

某小学张校长初上任时，发现该校又脏又乱，学生散漫无纪律，家长对此也都漠不关心。全校师生似乎也都适应了这种情况，觉得没有什么不好。事实上，如果张校长就这样听之任之下去，也不会有人责备她。

有一天，她经过学校的男厕所，发现厕所很臭，臭味很远就能闻到。她把清洁工叫来，让他打扫一下。

清洁工说："校长，我已经打扫过了。"

张校长说："但是厕所还是很臭啊！"

清洁工说："地面已经被尿泡了十年了，没办法清除。"

张校长说："拿一桶热水和一把刷子给我吧！"

清洁工诧异地问："什么？热水和刷子？"

"是的。"张校长坚定地说。

接着，张校长亲自蹲到地上，用刷子打扫男厕所。两个小时后，厕所彻底打扫干净了。

张校长问清洁工："还有臭味吗？"

"没有了。"清洁工回答。

"你看，被尿泡了十年的厕所地板还是可以清除的。"张校长说。

此后，该校的所有学生、教师、家长甚至社区里的人都对此津津乐道。

如果张校长想告诉人们，学校正在发生变化，她已经做到了。

自此，全校师生都主动参与学校的各种活动，都力求把学校变得更为干净而整洁。

细节分析：

在案例中，可以看出这所学校是一所薄弱学校，这位校长是一位新任校长。对于一个新任校长和一所薄弱学校来说，需要采取一些能够很快见效的措施，让教职工、家长看到新校长的管理风格和能力，看到学校的变化，进而振奋精神，树立对新校长的信心。这位新任的张校长把最平常的清洁卫生工作作为推动学校变革的突破口和转向舵，显然是非常明智的。抓卫生工作见效快、成效明显，而抓公认重要的教学工作则要很久才能见到成效。良好的环境可以振奋人心，提高师生的工作和学习效率。在校园环境脏乱不堪、已经严重影响到学生和教师的教学工作时，只有解决好卫生问题，才能使教学工作逐渐步入正轨。

思考透视：

管理学大师柯维说过，凡事要从点滴做起，要当好一个转向舵，首先要确定目标，然后朝着那个方向不断努力。学校变革，首先需要一个转向舵，促使学校从原有的文化氛围中逐渐转向你所需要变革的方向。张校长就以自己的实际行动充当了一个转向舵，她通过自己亲自打扫男厕所的行为，以身作则，树立了一个榜样，告诉人们，她希望把脏的学校改变为干净整洁的学校。她以自己的实际行动也做到了这一点，教职员工和学生、家长都受到她的行动的影响，也参与到建设干净整洁的学校这一个行动中来，认同了张校长树立的这一学校变革的愿景。

心理学上认为，人在干净的环境中会自然感觉到心情愉快，而人在心情愉快的情况下，学习工作的意愿会增强、效率也会随之提高。从这个意义上看，建设一个干净整洁的学校，有助于促进学生的学习意愿和学习效率，同时也有助于提高教师的教学工作意愿和教学效果。

一所学校的风气，也是一所学校的文化。在成功的学校里，师生们感受得到这种文化的冲击。一个成功的校长致力于带领大家营造这种校园文化。校长要有"敢于变革"的远见卓识和胆量，同时又要有组合和强化产生"变革"的领导力量和聚合力。

优质学校文化的建立是一个长期的过程，需要足够的时间、全校教职员工的共同合作和忍受平淡过程的耐心。一所学校的校风建设和最终的推广践行，有赖于这所学校的校长能否以身作则和身体力行。

专栏 31.1　学校文化的一种分类①

坎特皮特森把学校文化分为两种：一种是优质的健康的文化，另一种是毒害的不健康的文化。

在毒害文化当道的学校里，经常会出现以下表征：（a）说坏话，互不信任；（b）"小道消息"的传播者当道，他们偏颇，具有破坏性；（c）反真正英雄的人被误认为英雄；（d）对所在社区没有归属感，对未来没有信心；（e）教职工互不往来，各自为政；（f）中游就好，没有上进心。在这种文化下，教职工之间都以自保为主，各自为政，没有合作。

在具备优质文化的学校里，具有明确的学校使命和目标，教职员工都以此为目标奋斗不懈。其主要表征有：（a）以学生和教师的学习为建校使命；（b）富有崇高的历史感和目的性；（c）大家共享的道德价值是齐心合力、努力工作和不断进步；（d）坚

---

① ［美］刘京秋、哈维·奥威著：《校长管理手册——美国中小学校长成功管理之路》，北京：中国财政经济出版社，2007 年 7 月版，第 50 页。

信每个学生和教职工的潜力；（e）大家彼此之间互相鼓励；（f）学校是一个学习的社区；（g）校园内人人尊重别人，关心别人。

新任校长如何转变学校风气，以下几点可供参考：

（1）在创立一种新文化前，校长可以通过正规和非正规的方式，先感悟现有的文化，分析正在发挥作用的文化。校长可以组织"本校文化调查"的大讨论，带领全体教职工体会现存的文化，让大家用语言表述学校的风气。校长可以准备以下问题，供教职工讨论：我们的学校文化是什么？什么是学校里现存的道德标准，它们有助于大家的合作吗？咱们学校里同事间的关系怎么样？我们现在是如何开展工作的？哪种组织结构是为大家合作设置的？教职工之间相互信任吗，有哪些现象反映这种信任？我们的教职工会议顺利吗？——校长可以在会议前把这些问题发下去，请大家准备，也可以用两三次会议的时间让大家各抒己见。

为了充分调查学校的文化，校长还可以仔细观察下列现象：大家到学校后，首先在哪里停留？是直接进自己的教室/办公室吗？教职工之间的交流渠道是什么？谁和谁交流得多，或者很少交流？大家的交谈话题是什么，教学、体育比赛、朋友聚会？赞扬多还是批评多？谁是大家闲谈的"中心"人物？大家爱找谁聊天？教职工把工作当事业还是一份工资？大家闲谈的是什么事情，是真是假？教职工重视的是什么？上课之外的时间是如何利用的？教室里、楼道里展示的是什么，赞扬的是什么？学校里有哪些活动，重点是什么？什么是大家都认可的活动？什么是大家都认可的说法？什么是大家都认可的当前任务？外人是如何看待这所学校的？教职工大会是什么样的，谁和谁坐在一起？什么是会议的第一项？什么是会议的最后一项？有人开会"开小差"（如说话、读报纸、判作业）吗？新计划、新想法是如何处理的？大会之后是否在停车场还有"小续会"？——这些现象都反映着一个学校的现存风气。它可以成为发生变化的动力，也可以成为阻力。

（2）清楚地用言语和行动表达自己变革学校的意愿，并争取得到全校教职员工和学生的认同和追随，如同开篇案例中的张校长通过亲自打扫男厕所的实际行动来告诉所有人，她改变学校的决心。取得全校师生改革学校的愿景认同是学校变革成功的第一步。在本文末尾的案例中，新任校长初期的失败，就在于没有充分地说明自己实施学校卫生工作变革的理由，因而没有获得全校师生的认可与重视，导致初期改革成效不大。

（3）如果选择了从学校卫生工作入手，则要持之以恒，做好常规的检查和督促工作。

（4）有了好的开始后，要及时地全面规划学校发展蓝图，把工作的重心逐渐从学校卫生工作转向教学工作，让学校卫生状况的改善成为促进学校全面变革发展的转向舵。

视点延伸：新官上任的第一把火：从学校卫生工作抓起

某校新任校长初到学校，看到学校卫生状况非常差，整个校园也凌乱不堪。经过一段时间的调查，他发现有不少学生学习马虎，品行也较差；老师们也是各扫门前雪，扭不成一股劲。怎么办？思考了一段时间，也跟一些老师交换了意见，最后校长决定：从卫生工作抓起。

于是，在一次行政会议上，校长提出了工作思路。本以为不会有人反对，所以未加太多的说明。谁知，领导班子中有人当场就说："学校的主要问题是教学上不去。抓工作，首先应该是教学，而不是卫生。"虽然这样，大扫除的工作还是布置了，但大扫除过后，校长发现，很多老师、同学只是在例行公事，情况并没有根本改观。怎么办？他分析了一些老师与学生的意见和想法，深感自己把问题简单化了。于是，他拟定了一份校园环境整顿计划，并在行政会议及教师大会上说明了其缘由并加以强调，通过反复讨论，大家的想法逐步统一。最后，校长决定实施清洁卫生周计划。

一学期下来，学校的卫生工作取得了极大的改观，其他工作也得到了长足的进步。

点睛笔:

1. 学校变革，首先需要一个转向舵，促使学校从原有的文化氛围中逐渐转向你所需要变革的方向。校长要有"敢于变革"的远见卓识和胆量，同时又要有组合和强化产生"变革"的领导力量和聚合力。

2. 一所学校的校风建设和最终的推广践行，有赖于这所学校的校长能否以身作则和身体力行。

3. 建设一个干净整洁的学校，有助于促进学生的学习意愿和学习效率，同时也有助于提高教师的教学工作意愿和教学效果。

4. 校长要清楚地用言语和行动表达自己变革学校的意愿，并争取得到全校教职员工和学生的认同和追随。从学校卫生工作来看，要持之以恒，做好常规的检查和督促工作。

5. 有了好的开始后，校长要及时地全面规划学校发展蓝图，把工作的重心逐渐从学校卫生工作转向教学工作，让学校卫生状况的改善成为促进学校全面变革发展的转向舵。

32. 没有人打瞌睡的会议

这是一所民办学校，在这个学校里，校长除了在重大决策时，开一次征求大家意见的民主讨论会以外，一年到头都很少开会，目的是要把时间留给老师们踏踏实实地做实事。

为了提高民主讨论会议的效率，校长让办公室的负责人事先分发会议议程和有待讨论的相关文件资料。在这次重要的民主讨论会上，校长亲自主持会议，鼓励教师们踊跃地献言献策，同时确保会议的准时召开和结束，决不让会议时间拖沓冗长。为了给接下来的决策提供备忘录，会议还有专人对会议要点进行清晰的记录。会议结束前，校长会有一个十分钟的总结发言，以概括会议取得的收获和共识。在这样的会议上，没有人迟到、打瞌睡，教师们参与热烈，气氛生动活泼，意见精彩纷呈，会议节奏明快，大量的问题都经过了大家的充分讨论，而这样的决策也更容易被贯彻执行。

细节分析：

在会议上打瞌睡是司空见惯的事情。而且，开会迟到，会议进程拖沓，不按照规定时间结束，会议内容空洞乏味，参会者心不在焉，开会时看书或是玩手机，几个重要领导人的冗长讲话就是会议的全过程。所有这些，都是会议无效且糟糕的重要标志。糟糕的会议不仅会给所有参与者带来挫折感、厌恶感等消极情绪，而且，这些消极的情绪还会感染所有人，并且影响着整个学校的组织文化。案例中的学校校长，很明显是一个实干家，他把会议的数量减少到最低，并且尽量提高会议的效率和质量，充分利用会议来解决问题，营造积极的组织文化，而不是制造问题。这一点值得借鉴。

思考透视：

一个校长开会方式的差异，将直接影响一个学校的组织文化。许多校长都常常感叹，为什么自己总有开不完的会？会议不仅多，而且总是那么长。本打算开一个小时的，最后两个小时也解决不了问题。如何做才能摆脱这种开会长且效果差的状况？

（1）要做好会前准备。对于校长来说，即使是小型的会议，也不能疏忽会前准备工作，这直接影响着会议的效果。

首先，设计好会议议程和议题。议题比如：总结上周工作、汇报下周工作，沟通重要项目的实施情况、提出新项目等。同时，也要注重在会前明确议程采取何种形式，换言之，就是要提前考虑好会议需要达成的目标、需要决定的要点、采取什么样的沟通形式，比如：头脑风暴的形式。头脑风暴法是指一群人一起在尽可能短的时间内提出尽可能多的想法，尽管大部分提议不具备付诸实施的条件。有效运用头脑风暴法来开会，有助于与所有参会者形成一种简洁的交流形式，并保证所有参与者高效地、充分地进行交流。总之，校长在会前要做加法，尽可能将议题细化：讨论什么议题、达成什么结果、实施方案、完成时间等都要有明确的设定；而在会中，则要做减法，要把议题清晰地引向你设计的方案中。

其次，会前几天要公布议题。校长不但要自己明晰议题，更要让大家知道。许多教职工会议，教师在会前对要讨论什么都一无所知。没有准备之战，又如何打得胜呢？校长要尽可能在会前两三天，哪怕是前一天通知大家会上要讨论的内容，可以让大家做一个较充分的预习和准备，必能使效率倍增。

再次，确定参加者。有的校长会说，学校教师总共就这十几个、几十个人，所有内容都大家一块讨论，也能多些参考意见。但事实上，让许多与议题无关的人参会，只会让会议效率变得更低。比如：非相关人在不明情况下发言，其意见的参考价值会大大减弱，甚至会误导相关人的看法，同时会议时间也必然增长。事实上，对于那些非相关人，不如干脆不要浪费他们的时间。或者，对于有必要让更多人了解的决议，可以由主管进行会后通报，或者用简报的形式去通报亦可。

（2）会中控制好议程，避免"跑题"。

首先，明确会议讨论方向。在会议中，常会出现讨论层面不清晰的状况。比如：有的人在讨论战略层面，而有的人已经在讨论战术层面的问题了。最让人遗憾的，有时会议看似开得很热闹，可总结时才发现，连最基础的战略问题其实都没有确定下来，其他不都是徒劳吗？因此，会议到底是要讨论战略层面，还是战术层面，校长首先一定要清晰，切不可眉毛胡子一把抓。

其次，抓住会议核心人物。在任何团体和活动中，都会有核心人物，而他并不一定是位高权重者，但他一定是最具有影响力和说服力的人。因此，盯紧他们的表现和言论，随时引导和纠正他们的讨论方向，就能使会议效果事半功倍。

再次，会议主持人一定要明确自己的立场，不可把自己当成个局外人：让他们去讨论吧，自己只是组织者和教练的角色而已。但也不能相反。主持人一定要明确：开会的目的是为了汲取更多人的智慧和意见，而不是校长个人的演讲会。要知道，如果你太多地发表意见，很容易限制和误导大家的思维。

最后，不要让气氛淹没实质。有时，校长为了营造一种沟通的气氛，偶尔会抛砖引玉，但是有时砖难免会抛得"远"了一点儿。或者是有人在发言中，说了句笑话，接下来的发言者，可能一不自觉就引申到了其他内容上。其实，"跑题"很多时候都是不由自主发生的。因此，主持人此时就要及时"喊停"，如果一个话题，被四个人说跑了题，那么离题就已经十万八千里了，这完全是一个级数效应。

（3）会后做好总结。

首先，别忘总结。在一个会议中，通常会对几个议题进行讨论。有很多会议都是虎头蛇尾，只要所有议题都讨论过，会议也就随之结束了。这看似节省了时间，而实际上却不可取。校长或管理人员在会议结束前，一定要适当地总结要点，再次明确每项任务的责任人、工作要点、完成时间等，要将会议上达成的一致成果加以总结。这不仅能让教职员工再次明确自己的责任，还具有很强的提醒功能。

其次，要做好会议纪要。也许校长会说，每个参会者都做了记录，还用多此一举吗？事实上，会议纪要是一个很重要的部门资料，尤其对于达成了明确目标、责任人、注意事项、完成时间等内容的成果，都是对项目、个人、成果进行考核的依据。

最后，会议结果不要有模糊字眼。在许多会议结束后，都常常没有确切的结果，比如："基本上同意"、"大致通过"这样的话，要尽可能减少甚至拒绝。因为这样的话根本没有意义。因此，会议一定是要有明确结果。哪怕没有明确结果，也要给出达成结果的时间。

以下提供一些开好会议的技巧，供校长或教育管理人员参考：

①小型会议尽量在30分钟内完成，重要会议尽量控制在1小时内，最多不超过1.5小时。因为专家称：一个成年人集中精力的时间，不超过两个小时。

②运用头脑风暴法开有效的会议。运用头脑风暴法的原则如下：一是

所有的想法都要记录，即使是那些显而易见的事物和观点，有时候最明显的解决办法是最好的。二是不要对任何想法进行评论，如表达认同或反对的意见。所有想法都是有价值的。主持人要不加评判地接受各种观点，尽量对各种观点持中立态度，这样才能让每一个人都敢于表达自己看似不怎么高明的观点。三是不害怕重复。同一个想法可能会在不同时间引发不同的反应。四是鼓励每一个人随心所欲地说出自己的任何想法，跟着感觉走。五是鼓励每个人尽可能多地提出观点和想法。六是鼓励每一个参与者认真倾听别人的想法，看自己是否能在此基础上有所整合或提升。其他人的各种想法可能激活你深层思维中深埋的记忆或沉睡的脑细胞。

③周三不开会。因为这一天，无论是员工的工作状态还是业务，都是处于最高潮的时候，一定要抓住这个良好的状态服务于工作。

④为了避免闲谈或因无关的事浪费会议时间，建议在短小的会议中采用可使效率提高两倍的站立式会议形式。因为，据说人的大脑活动最活跃的时间是在站立的状态下，并且是确定好了结束时间的时候。

⑤会议结束后立即将会议内容整理在一张纸上。有时只要一说会议结束了，至于谈了什么、结果是什么、必须实施的内容就记不清楚了。因此，建议规定：会议内容要由专人整理好，发给参会者和相关人员，同时，这份记录一定要是简洁的一张纸。

⑥一旦发现会议中有人在打瞌睡，就要考虑会议是不是进行得太长了。这时候可以休息五分钟，或者把会议议程加快。

⑦做好会议主持人的几个技巧（会议主持人可以是校长、副校长或其他教育管理人员）。沟通漏斗告诉我们：如果一个人心里想的是100%，那嘴上说的就是80%，别人听到的则只有60%，别人听懂的变成40%，而别人行动，最后只有20%。沟通的效率是如此之低……而这20%是否能保证，还取决于主持人能否引导大家真的说出80%，又能让其他人真的听懂40%。

主持人究竟需要怎样的管理会议技巧？

首先，要学会倾听。主持人要做到真正的"中立"地听。把自己的思想、期待、成见和愿望暂时全部抛弃，全神贯注地来理解讲话者的内容，和他一起去体验，感受整个过程。这是一种管理技巧。要知道这看似简单，实际上未必能做得到。倾听本身就是一种互动。来点儿眼神的碰撞，点头，简短的"不错"、"是的"等反馈，或者把身子稍微前倾，如此可以增强对方的被尊重感，激发他的发言热情。最关键的是重复和总结。重复和总结既是对发言者最有效的反馈，也有助于帮助大家准确理解发言者的意思，提高沟通效果。倾听还是一个排除"杂质"的过程。比如：有些发言者天生就是个"跑偏的人"。他可能在讲与主题无关的故事，很久才进入主题，或者讲得太模糊。还有些人则喜欢攻击别人，总是给予消极的意见。主持人真正去全神贯注地听，就会迅速发现这些偏离点，马上采取对策，比如：给予一些非语言性的暗示，低头看看手表，或者提议"能给点具体的建议吗"。此外，非常常见的情况还有"上面开大会、下面开小会"，一旦出现这种情况，最有效的办法是主持人"不说"，示意发言者也"不说"，想想看什么效果？会场突然安静下来，"开小会"的人自然就不开了。

其次，要学会说话的技巧。一个很重要的说话技巧是探询。有的教职员工发言常常是不假思索的，或者过于激动或者表达能力欠佳，往往使其他人不知所云。这时候主持人要了解他的真实意见，例如："那结果怎么样呢？""你能再给我们讲清楚一点吗？"不过，探询之后并未结束。在发言者回答之后，主持人还需要继续呼应确认，比如："我明白你的意思了"，"我认为问题是……"如此，一个完整的沟通过程才算完成。

会议中，总难免有反对意见。对于反对意见，主持人尤其要确保自己和大家都明白。这时候可以采用"测试"的问话方式，来测试一下大家的理解情况。例如："刚才某某的发言大家都清楚了吗?"或者说:"你刚才是说的这个意思,对吗?"在测试之后,再把大家的意见集中,例如:"刚才大家讨论得非常好,我来总结一下你们说的是一……二……三……"使与会者一目了然。

在会议中,把大家的意见集中是主持人的一项重要功能。这也需要很高的技巧。在会议进行到一个阶段时,主持人需要将大家表达的思想按照层次逐级归纳,从低到高,并引导大家达成一致;下一个阶段也如此,再引导大家进一步达成一致,如此递进,最终达成整个会议的一致。在这个过程中,也有几句常用的说法可以借鉴,例如:"现在第一个问题讨论完了,接着我们再进一步,第二个问题你怎么看?""那我们再深一步,你如何看待这个问题的成因呢?""我们进一步具体怎么解决这个方案呢?"

视点延伸: 校长可以这样开会

一所中学的年级组长、教研室主任会议将在 5 分钟后开始。王校长在室内一角正热心地与一位教研室主任交谈。四点零三分,校长看了一下室内说:"我们可以再等宋老师一会儿,我知道他对这个议题很感兴趣。"四点零八分,王校长建议会议开始。大家随即围成一个圆圈坐好。王校长说,"我想了解一下各位对教委提出的学校内部管理体制改革试点计划,以及我们学校是否争取成为试点单位有什么看法,请大家发表一下意见。"大多数与会者都发表了意见。大家都同意学校争取试点,并提出了改革试点的建议。王校长正要说话,宋老师进来说:"抱歉,迟到了,我与家长谈话,多用了一些时间。""没关系,倒杯茶,拉把椅子来坐,我们告诉你刚才谈了什么。"校长说。宋老师坐好了,会议开始谈论校长提出的问题:"我们如何拟定学校的改革计划……"

这样的会议在平等、尊重、和谐、愉快的氛围中进行,不仅有效地发挥了集思广益的作用,而且也体现了王校长的"以人为本"的管理风格。

点睛笔:

1. 一个校长开会方式的差异，将直接影响一个学校的组织文化。

2. 糟糕的会议不仅会给所有参与者带来挫折感、厌恶感等消极情绪，而且，这些消极的情绪还会感染所有人，并且影响着整个学校的组织文化。

3. 要做好会前准备。对于校长来说，即使是小型的会议，也不能疏忽会前准备工作，这直接影响着会议的效果。

4. 会中控制好议程，避免"跑题"。明确会议讨论的问题层面，抓住会议核心人物，盯紧他们的表现和言论，随时引导和纠正他们的讨论方向，就能使会议效果事半功倍。

5. 在会议结束前，校长一定要适当地总结要点，再次明确每项任务的责任人、工作要点、完成时间等，要将会议上达成的一致成果加以总结。这不仅能让教职员工再次明确自己的责任，还具有很强的提醒功能。

33. 让每一个学生都能穿上干净的衣服上学

一名小学校长上任不久后发现，她的学校里很多孩子每天穿脏衣服上学。

这位校长认为，如果孩子每天穿脏衣服上学，也会影响学习、影响心情。于是，她带领学校筹资买了洗衣机，找了一间不用的小房间做洗衣房，并安排专门的人员每天负责清洗孩子们换下来的脏衣服。在她的带动下，社区也有好心人捐赠了一些不穿的衣服给学校的孩子们。现在，如果孩子们的衣服脏了，他们可以到洗衣房换上干净的衣服去上课，到了下午，就可以拿回叠得整整齐齐的干净衣服了。

这位校长把领导变革中的转向舵原则应用得很好。在学校里，很快大家都参与进来，在全体教职工之中渐渐形成了一种人人参与、积极转变的风气，校园文化在无形之中也得到改变。

接下来的日子里，这位校长和全校所有师生一起，共同解决了影响孩子们学习的各种大大小小的问题，并且为孩子们提供了基本的营养午餐和简单的医疗护理。学校成为了孩子们安全成长的避风港。

这位校长知道，如果能够满足孩子们的基本生活需求，他们就可以安心地学习，家长们也能安心上班。

最后，整个社区都积极地进行配合，孩子们的学习成绩获得了显著提高，学校发生了巨大的变化。

细节分析：

正如管理大师柯维说的：要领导变革，领导者凡事要从点滴做起，要当好一个转向舵，首先要确定目标，然后朝着那个方向不断努力。

案例中的校长在变革学校的过程中并不是从大事抓起的，而是从"让每一个孩子穿上干净的衣服上学"这样的小事抓起。可见，校长进行学校变革，不一定非要做那些既充满挑战又宏观的工作才能获得成功。事实上，学校管理过程中的每一天，校长在工作中都会遇到一些小的选择，这些机会有可能使校长发现一个可以成为转向舵的变革细节，正如案例中的校长那样。这个案例也告诉我们，校长变革学校也不必局限于校长日常管理的具体工作，只要是致力于孩子发展的事情，都可以成为变革学校的关键性事件。但是，校长一定要通过这个关键性事件，充分发挥自己对学校、教师、学生的影响力。

思考透视：

马斯洛的需要层次理论认为，人的需求由以下七个等级构成：生理的需要，安全的需要，归属和爱的需要，尊重的需要，认知的需要，审美的需要，自我实现的需要。

马斯洛认为这七种需要都是人的最基本的需要。这些需要都是天生的、与生俱来的，它们构成不同的等级或水平，并成为激励和指引个体行为的力量。并且需要的层次越低，它的力量越强，潜力越大。随着需要层次的上升，需要的力量相应减弱。只有低级的需要得到了满足，才能产生更高一级的需要。而且只有当低级的需要得到充分的满足后，高级的需要才显出激励的作用。已经得到满足的需要不再起激励作用。

上述案例中，穿干净的衣服上学是人的基本需要，属于保持健康身体状态的生理需要，在需要层次中属于低级层次的需要。读书学习是认知的需要、自我实现的需要，在需要层次中属于高级层次的需要。如果低层次的需要没有得到满足，高层次的需要也缺乏激励作用。反之，如果低层次的需要给予满足，就会增强高层次需要的激励作用。如同案例中显示的结果那样，当每一个孩子能够穿着干净的衣服上学之时，当学校为孩子们提供了基本的营养午餐和简单的医疗护理之时，大大小小的学习问题解决起来效果才会更好，学校才能最终成为孩子们学习成长的安全港湾。

变革型领导理论认为，"变革型领导"通过树立榜样、激发员工工作动机、对员工个人化的考虑等方式，使得员工高效率的完成个体目标，同时完成组织目标，增强团队意识。案例中的校长根据本校的实际，灵活地运用了变革型领导理论，以身作则，带动员工一起共同工作，并最终通过变革学校的各种努力，成功地促进了学生们更好地生活、学习与发展。

"变革型领导"作为一种重要的领导理论是从政治社会学家伯恩斯（Burns）的经典著作《Leadership》开始的。在他的著作中，伯恩斯将领导者描述为能够激发追随者的积极性从而更好地实现领导者和追随者目标的个体，进而将变革型领导定义为领导者通过让员工意识到所承担任务的重要意义和责任，激发下属的高层次需要或扩展下属的需要和愿望，使下属为团队、组织和更大的政治利益超越个人利益。伯恩斯等人最初将变革型领导划分为六个维度，后来又归纳为三个关键性因素，阿华利在其基础上将变革型领导行为的方式概括为四个方面，理想化影响力（idealized influence）、鼓舞性激励（inspirational motivation）、智力激发（intellectual stimulation）、个性化关怀（individualized consideration）。具备这些因素的领导者通常具有强烈的价值观和理想，他们能成功地激励员工超越个人利益，为了团队的伟大目标而相互合作、共同奋斗。

第一，理想化影响力：使他人产生信任、崇拜和跟随的一些行为。它包括领导者成为下属行为的典范，得到下属的认同、尊重和信任。这些领导者一般公认具有较高的伦理道德标准和很强的个人魅力，深受下属的爱戴和信任。大家认同和支持他所倡导的愿景规划，并对其成就一番事业寄予厚望。

第二，鼓舞性激励：领导者向下属表达对他们的高期望值，激励他们加入团队，并成为团队中共享梦想的一分子。在实践中，领导者往往运用团队精神和情感诉求来凝聚下属的努力以实现团队目标，从而使所获得的工作绩效远高于员工为自我利益奋斗时所产生的绩效。

第三，智力激发：鼓励下属创新，挑战自我，包括向下属灌输新观念，启发下属发表新见解和鼓励下属用新手段、新方法解决工作中遇到的问题。通过智力激发，领导者可以使下属在意识、信念以及价值观的形成上产生激发作用并使之发生变化。

第四，个性化关怀：关心每一个下属，重视个人需要、能力和愿望，耐心细致的倾听，以及根据每一个下属的不同情况和需要区别性地培养和指导每一个下属。这时变革型领导者就像教练和顾问，帮助员工在应付挑战的过程中成长。

从上述细节，我们可以得到如下几点启示：

①领导一个学校变革最重要的是什么？首先，校长要从关心学校内的每一个细节做起，从小事做起，从校长自己行为的改变做起。其次，要把最重要的资源集中在迫切需要改变的地方和能快速产生效果的地方。最后，要注重学生基本需要的满足，重视由此产生的对学习的激励作用。

②如何做一个变革型的校长？以当前中小学的新课程改革为例，变革型校长在学校开展变革时通常可以借鉴以下几个步骤：

第一步，通过转变观念，使新课程改革的理念深入人心，建立起一种变革的紧迫感。中小学校长必须充分意识到新课程改革的必要性和紧迫性，不断增强自己领导学校变革的主体意识和主体精神。

第二步，把抓师资队伍建设作为工作重心，形成一个强有力的指导联盟和实施团队。中小学校长要带领学校行政人员以身作则，使全体教师通过培训了解新课程改革的目标和意义，把握新课程的理念；要有计划地开展好对骨干教师（特别是教研组长、学科带头人）的培训，内容包括课程标准和教材的培训，做到"先培训，后上岗；不培训，不上岗"；还要组织全体教师针对课程标准的培训，帮助教师用新课程理念指导现行的教育教学工作，为后续的课程改革打下坚实的基础。

第三步，通过因地制宜、积极开发体现新课程理念的课程体系，开发具有学校特色的校本课程，形成具有特色的学校战略目标。中小学校长要对当地的政治、经济、文化乃至地方风俗进行分析研究，组织科研人员开发校本课程，开发出一套有自己学校特色的课程体系，作为深入贯彻落实新课程改革的载体。建议校本课程的开发以校长为领导，以教师为主力，以课程专家为指导，包括家长和社区人员共同参与，在国家课程和地方课程的基础上，以学校为基地，以学生发展为课程开发工作的目标，充分调动全体师生及社会各界的积极性和能动性，合理利用学校内外的教育资源。

第四步，通过营造科研氛围，转化评价制度，为教师创造轻松自由的课改环境。新课程的实施要求教师不能再凭教材来讲课、凭经验来教学，而要靠科研、凭自己对学科课程理念的理解和把握来教学，这就需要教师要在不断研究、不断解决问题中完成教学任务。多年来，教师一直被学生考试成绩死死地纠缠着、束缚着。新一轮课程改革的目标之一就是尽可能释放教师的自由创造精神，要"建立促进教师不断提高的评价体系"，要"建立促进课程不断发展的评价体系"，中小学校长要在众多的课程评价模式中找到适合本校实际的评价模式，为教师实施新课程改革松绑放行，让教师没有后顾之忧，全身心地投入到新课程改革中。

第五步，通过各种媒介，与教师进行广泛沟通并且利用校长自身的榜样发挥模范带头作用。通过赋予教师更多自由发展的机会与空间，去鼓励教师的行动，并创造机会及时奖励获得教学成果的教师，让教师利用成功的积极作用去争取更多的发展和改变。同时，校长把各种新的评价机制和激励方法写入制度中，成为常规的评价和激励制度，鼓励教师的长期积极发展。

视点延伸：乒乓球成为深受学生喜爱的特色校本课程

某初中是一所有着乒乓球运动历史的学校。在学生和教师的倡议下，校长把乒乓球列入学校变革的特色校本课程。学校成立了乒乓球课程开发和实施领导小组，由校长亲自任组长，定期召开会议，把乒乓球校本课程列入学校课程改革计划之中，并建立了由校长、教导主任、教研组长、年级组长、班主任、乒乓球教练员组成的分层管理网络，把此项工作列入学校行政议事日程，成为学校和教导处工作计划和管理目标之一。

该校利用校园电视台、黑板报、橱窗等途径对全校师生进行了乒乓球知识的介绍和培训，积极承办组织各级各类的乒乓球比赛，请乒乓球专家来校考察并指导课程的进一步开发和建设，添置了一系列的硬件来保证乒乓球项目的教学、训练和比赛的开展，选派体育教师参加省、市体育局组织的乒乓球培训学习，熟练掌握乒乓球的教学和训练方法。

学校根据教材编写原则和学生实际情况，在广泛征求各方面意见的基础上，经专家组反复论证，编写了《乒乓球运动技术》的校本课程教材。从开始的两周1节乒乓球课，逐步过渡到每周1节，保证了乒乓球课程的授课时数。同时，还把乒乓球教学向课外延伸，组建校级、班级乒乓球代表队，定期开展活动。要求全校师生人人参与乒乓球运动，能掌握一定乒乓球基本技术，同时能出尖子人才。

该校乒乓球校本课程的实施，对增强广大师生的身体素质产生了积极影响，同时，师生奋发向上的精神面貌也得到极大提升。该校的校本课程开发，有效地依据了学校和学生的实际情况，充分挖掘了校内外资源，恰当地利用了已有经验和社区文化资源对课程进行了整合开发，使学生和教师都得到了很大的发展。

点睛笔:

1. 领导学校变革最重要的是，校长要从关心学校内的每一个细节做起，从小事做起，从校长自己行为的改变做起。

2. 校长要把最重要的资源集中在迫切需要改变的地方和能快速产生效果的地方。

3. 校长要注重学生基本需要的满足，重视由此产生的对学习的激励作用。

4. 作为变革型领导的校长，善于依据本校的实际，以身作则，带动员工一起共同工作，并最终通过变革学校的各种努力，成功地促进学生们更好地生活、学习与发展。

5. 校长通过转变观念，使新课程改革的理念深入人心，建立起一种变革的紧迫感；通过因地制宜、积极开发体现新课程理念的课程体系，开发具有学校特色的校本课程，形成具有特色的学校变革目标；通过各种媒介，与教师进行广泛沟通并且利用校长自身的榜样发挥模范带头作用。

34. 限价六角钱的学生食堂窗口

在一所湖南农村的民办学校，有不少困难家庭的农村孩子，学生来自周边 10 个市县，一般都在学校住宿。孩子们的伙食是该校校长操心的一个大问题。如何让孩子们花最少的钱吃得饱吃得好呢？校长着实动了一番脑筋。他先是要求后勤的负责人，要以最低的成本保证学生餐餐吃饱。然后，在学生食堂窗口实施了限价消费。学校食堂分六个窗口，有两个窗口专门是六角钱一餐的，六角钱一餐能够吃到两份小菜，堆起来有一大碗。为了保证小菜里面有油水，校长要求学校每天都杀一头猪，要多溶点猪油，放到学生的小菜里，保证学生有足够的营养。这里六角钱一餐的小菜总是色泽光艳翠绿，非常可口。当然，限价消费也有高于六角钱的，但最高只能是两元钱。校长每天端着饭盒，到六角钱一餐的窗口与学生一起排队吃饭。

细节分析：

这是一个真实的案例。在这所农村民办学校，校长为了保证学生以最少的钱尽量吃好、吃饱，想了很多办法。他与附近几个村的农民签订了送菜合同，要求蔬菜不打农药。另外，学校每年喂几百头猪，校长也要求饲养员不要放太多的人工饲料，因为人工饲料里面含有太多激素，不利于学生的生长发育。在这所民办学校，每天早晨给学生免费提供稀饭，学生吃饭没有限制，还实行了 IC 卡制。该校的食堂伙食即低廉又实惠，学生一个月只要五六十元就可以吃到较好的饭菜。上级主管部门曾经来该校做过一次无记名测验，100％的学生对学校伙食满意。据调查，目前中西部贫困地区中小学生每顿饭消费的金额约在1.8元左右，13.3％的孩子表示自己一顿饭的花费不到1元，花费在1～2元的孩子所占比例为46.6％，此外还有27.8％的孩子的花费在2～3元，花费较高的达到5元以上，所占比例为7.0％。案例中校长的限价六角钱一餐的标准则远远低于中西部贫困地区的最低消费水平，真正让孩子们得到了实惠。

学校午餐有利于提高儿童入学率、出勤率、认知能力和学习成绩等教育指标，已经被很多国家或国际组织研究证明。事实上，让学生吃好午餐，不仅关系到他们的身高、体重、学习成绩，也能让他们体会到社会关怀和社会责任。孩子的总体饮食质量对孩子的学习成绩具有独特的重要性，营养不良和不健康的饮食习惯将极大影响学生的学习成绩和智力的开发。

营养不良是发展中国家最常见的儿童疾病之一，对少年儿童的生存和健康构成重大威胁。有研究表明，儿童时期的营养不良将对儿童在校期间的学习成绩以及日后的成就产生显著的负面影响：身高低1％，劳动生产率减低1.38％。发展中国家由于营养不良造成的智力发育障碍、劳动能力丧失、免疫力下降以及各种疾病造成的直接损失占国民生产总值的3％～5％。营养改善措施的效益为成本的5倍甚至数倍。

专家指出，如果小学生的饮食搭配合理，营养调剂科学，将有利于小学生的身体健康和智力开发。各种鱼和肉类含有丰富的钙、铁、锌等微量元素，锌、钙及促进这两大元素更易被人体吸收的赖氨酸对正在发育的儿童极为重要，被业界称为核心营养。缺锌的孩子会出现厌食、挑食、反复感冒、智力发育不全等症状；缺钙则可能导致骨骼发育不良、免疫力下降。因此，孩子的核心营养应从肉食里面摄取，适时适量地在孩子饮食中添加鸡、鱼、肉、蛋等富含营养物质的食物是非常必要的。据调查，贫困地区只有不到五成的孩子表示自己每天都能吃到肉食，19.8％的学生则表示一周才能吃到一次肉食，更有近一成的学生表示很久才吃一次。

为了改善贫困地区农村学生的营养状况，2008 年 10 月，中共中央十七届三中全会通过的《中共中央关于推进农村改革发展若干重大问题的决定》中提出"改善农村学生营养状况"。2010 年，"逐步改善贫困地区农村学生营养状况"首次写入中央一号文件。在 2010 年 2 月 28 日公布的《国家中长期教育改革和发展规划纲要（2010～2020 年)》公开征求意见稿中，也明确提出"改善学生营养状况，提高贫困地区农村学生营养水平"。

但就目前情况来看，我国儿童营养不良问题依然存在，贫困农村地区尤其薄弱。据调查，受访中西部贫困地区 6～12 岁儿童普遍偏瘦，儿童身高和体重与城市儿童相比要低 1～2 个年龄，这是营养不良最直接的表现。同时，两成的学生属严重营养不良；营养不良现象在 6～8 岁学生身上表现最为明显，营养不良率超过八成。可见，由于受到各种条件的制约和限制，我国贫困地区小学生营养不良现象还普遍存在，在部分地区表现尤为突出。在城市儿童肥胖症患儿越来越多的同时，在贫困地区，还有一群孩子得不到最基本的营养保障。

思考透视：

案例中校长运用行政命令对食堂消费进行了限价，其实质是一种最高限价的行政行为。最高限价本意是指政府规定某种产品或服务的价格不得超过某个水平，如规定某种医疗服务的价格不得超过 80 元。有效的最高限价一般都低于自由市场价格。国家实行最高价格的目的，是为了保持市场物价的基本稳定，保持人民生活的基本安定，并且体现国家的价格政策。政府制定最高价格的原因一般是出于对公平的考虑，为了保护穷人等弱势群体的利益，使他们负担得起基本的生活需求，以利于社会稳定。

案例中的校长规定食堂午餐中最便宜的一餐的价格不得超过六角钱，其做法与上述最高限价的国家指导价的形式类似。校长此举的目的是让家庭贫困的孩子也能花最少的钱吃得饱、吃得好，维护的是学生的利益，尤其是贫困学生的利益，保障了贫困学生的营养健康，为孩子们健康成长打下了基础，同时也让他们有更好的条件安心学习。

办好学校食堂、管好学生的伙食，涉及千家万户，关系到民生，关系到社会和谐与稳定。2008年初，随着新《劳动法》的实施，我国不少中小学校为规避用工风险，化解劳务矛盾，将学校食堂委托给社会餐饮企业管理。以某区为例，全区中小学学校食堂形成以下三种运营形式：自办、托管、配菜；其所占比分别为7.14%、42.86%、50%；而在托管中还分全托、半托。在会计核算方面：学校自办食堂的自行核算；学校食堂托管的是由托管企业核算或委托学校核算。可见，托管的形式占了很大一部分。

总的来看，无论是学校自办的食堂管理还是企业托管的食堂管理，当前都存在一些普通的问题。自办食堂的学校，总体上说食堂管理制度、管理措施比较健全，食堂日常管理工作做得较好，有关记录也较全，但是在材料索证、菜谱审核、午餐质量定期评价上还不够细致。食堂托管的学校，有些学校思想上有所放松，认为食堂托管了，自己没有什么大的责任了，致使有关制度不够健全，日常管理工作也不到位。而托管后的学校食堂作为托管企业是以盈利为目的，其交纳的营业税5%和其他税费等各种税负、食堂人员工资、其他人员的工资（如驾驶员、检验员、会计人员、其他管理人员等）、其他成本（如水、电、煤，运输费用，体检，易耗品等），最终都要转嫁到在食堂吃饭的教师和学生头上。事实上，偏远学校的学生午餐，在扣除各项成本和托管企业的一定利润后，学生能真正吃到的很少，花5元真正能吃到饭菜可能只有2~3元；如果是花2元，在上述托管体制下，偏远农村的学校学生就只能吃到几角钱的饭菜了。这就是为什么案例中限价六角钱一餐的学生午餐，在偏远农村根本就看不到。

如何让学生的午餐尽可能实现低成本、高营养，以保证学生的健康成长呢？以下几点可供校长参考：

（1）农村学校可以采取"校农挂钩"等直供直采方式。这样做的好处，一是可以降低成本，二是可以从源头上有效地保证食品的安全。例如案例中的校长和菜农直接签订送菜合同，要求蔬菜不打农药，学校自己养猪，要求饲养员不要放太多的人工饲料等。这样有效避免了很多不法商人、不法生产厂家、不法种植场（养殖场）对学生午餐质量的影响，加强了对食品安全卫生的管理，为青少年学生的健康成长保驾护航。

（2）学校食堂不论采用何种运营管理模式，学校法人代表始终是本校师生食品安全卫生管理的第一责任人。校长平时应该多想办法、多征求意见，应对学校食堂管理工作高度重视，将之视为关系学生健康成长的头等要事，切实保护学生的利益，给予必要的财力支持。如果食堂是企业托管的，要加强对托管企业的监督、检查工作，把各种风险控制在萌芽之中。建议中小学食堂实行校领导轮流自费陪餐的制度，及时发现和处理食堂管理中存在的问题。例如，上述案例中校长每天端着饭盒，到六角钱一餐的窗口与学生一起排队吃饭，就是对六角钱套餐质量的最好监督。

（3）牢固树立为学生服务的意识。例如，在菜谱审核上，要提前审核营养结构，再根据市场调查的结果做好每周菜单审价，最后要对当日午餐的数量、质量、原料成本进一步做好复审工作，如果质次量少，必须要进行交涉，切实维护学生利益。

此外，在国家和地方政府层面，也要加大教育投入，围绕以学生为本、以非营利为本的理念，积极探索完善学校营养配餐的相关制度。例如，日本政府从1946年开始推行营养餐。他们相信，一顿营养餐能够强壮整个民族。日本的学生营养餐，价格便宜，只按成本40％的费用向家长收取餐费。美国学校营养午餐已实行了五十余年，供餐学校已有九万六千多所，就餐学生已达两千六百万名，其中一半为免费，等于全美国四分之一的中小学生得到免费，还有 10％为减免、40％为付费。

而且，校长可以呼吁国家和地方教育行政部门尽快出台相关立法。1992 年国际营养会议通过《世界营养宣言》指出：所有人的营养福利是社会发展的一个必要条件，而且是人类取得进步的一个关键目标。它必须置于我们社会经济发展计划和战略的中心。原卫生部部长陈敏章对《世界营养宣言》和《世界营养行动计划》两个文件做出承诺，表明我国政府对全民营养健康水平改善与提高的重视。

新中国成立以来，中央和地方各级政府对儿童营养的重视程度在逐步加强并且也制定了一系列计划和纲要，但我们翻阅了众多资料发现我国目前为止还没有制定一个关于儿童营养方面可以依据的法律法规。尽管一些地区制定了区域性的政策，但其实施效果（特别是在农村）却不尽如人意，反观那些对于学校营养管理较为成功的国家，法律——是他们得以成功的关键因素。

许多国家很早就意识到营养立法对国民营养改善和国家长远发展的重要性。美国先后于 1946 年颁布《国家学生午餐法》，1966 年颁布《国家学生早餐法》，1990 年颁布《全国营养检测及相关研究法》。日本在 1947 年经济极端困难情况下颁布《营养师法》，1952 年颁布《营养改善法》，1952 年颁布《学校供餐法》。这些法律的实施对增强国民体质、提高国民素质起到了决定性作用，今天，日本人的平均身高已经超过中国人。21 世纪国家间的竞争必将成为人力资源的竞争。与发达国家相比我国的营养立法工作远远落在了后面。由于缺乏法律保障，近年来我国的营养专业队伍正处于萎缩状态，政府发布的有关营养干预政策与措施难以落实，所有这些都将对我国营养健康事业的发展产生长期的消极影响。因此我国营养立法是解决全民（特别是中小学生）营养现状的必然前提。

专栏 34.1 泰国学校的营养餐项目

泰国政府将营养不良问题与消除贫困和农村发展的问题直接挂钩。在泰国，每年约有 180 万名小学生和近 70 万名幼儿园儿童免费享有学校午餐，相当于所有在校儿童的 30％左右，涵盖了所有营养不良的学生和接近半数的贫困学生。泰国 1992 年颁布了《小学学校午餐基金法》，2007 年政府额外拨款达到 50 亿泰铢。

泰国校园午餐项目由教育部率先实施，2001 年，省级和地方行政机关也参与其中。教育部负责管理校园午餐基金的利息，地方行政机构负责管理额外的中央政府资金和提供地方的补充资金，以承担为经济贫困生提供免费午餐所需的费用。卫生部门根据泰国国民的饮食习惯，专门为学校制定了图文并茂的学生菜谱和制作方法。在学校方面，校方全权负责拨款的实际应用和校园午餐项目的实施，包括购买、烹制、供应食物等方面的事务。充分利用地方资源和食物是该项目的突出特点。90％左右的学校通过当地市场从当地生产者那里购买新鲜蔬菜和肉类等产品，从这个方面说，校园午餐项目在很大程度上是一项潜在的"本地"计划。

校园经济是泰国营养餐项目的一个特色。泰国很多学校都与当地的农业学院、企业等合作兴办校园经济，比如养鸡、养鱼、种植蔬菜水果等，这些产品主要用于增加学生的营养餐品种和提高质量，多余的产品还可以进行销售，增加学校收入。开展校园经济的学校午餐都超过政府制定的 10 泰铢的标准，而且增加了免费享受午餐的学生比例，减轻了学生家庭的负担。

视点延伸：6 元钱一份的学生营养可口大餐[①]

中小学食堂如何管理是公众非常关心的话题。很多学校食堂通常的做法是"外包"。应该承认，这样的做法有积极的一面。比如，学校从各种纷繁复杂的社会事务中脱身，便于集中精力更好地进行教学。但是，这样的做法也有一些弊端。比如，对食堂菜价的控制，学校往往处于比较被动

---

① 本案例改编自《"镇江模式"是学校食堂改革的亮点》2011 年 11 月 24 日扬子晚报，http://gb.cri.cn/27824/2011/11/25/882s3449872.htm

的尴尬局面。一边是和餐饮企业签订的正式承包合同，一边是学生家长对于学校食堂涨价的投诉。据镇江市物价局统计，反映学校食堂价格的投诉占教育投诉的50%以上。可见，如何加强中小学的食堂管理，是公众非常期待的民生问题。

为此，江苏省镇江市对学校食堂进行了改革，其做法给我们带来一些启发。目前，镇江学校食堂有两种模式。一种是：6所市属学校的"食堂管委会"模式；食堂管委会对所有学校食堂统一进行原材料招标采购，几所学校统一价格、统一配餐标准、统一人员管理标准。另一种是：润州区区属学校的"食堂统一配送经营"模式；16所区属中小学实施"集中采购、定点加工、统一配送、分校烹饪"的操作方式。可见，不管是哪种模式都体现了以学生为中心的服务理念。一方面，可以把菜价控制在比较低的水平；另一方面，从源头上控制饭菜的质量，让学生吃得更安全、更可口。

为了避免学校食堂成为某些部门牟利的一种工具，该市规定，中小学食堂不准外包，菜肴涨价须家长同意，盈余超3%必须全额退还，伙食费不准成为教师福利。这个办法实行两个月，镇江中学里6元钱可以吃一顿1大荤2小荤1蔬菜1汤的"大餐"。据报道，镇江对学校食堂伙食费的管理模式受到省里和国家发改委的关注，有望全省推广。

点睛笔：

1. 学校午餐有利于提高儿童入学率、出勤率、认知能力和学习成绩等教育指标，已经被很多国家或国际组织研究证明。事实上，让学生吃好午餐，不仅关系到他们的身高、体重、学习成绩，也能让他们体会到社会关怀和社会责任。

2. 农村学校可以采取"校农挂钩"等直供直采方式。这样做的好处，一是可以降低成本，二是可以从源头上有效地保证食品的安全。

3. 加大教育投入，围绕以学生为本、以非营利为本的理念，积极探索完善学校营养配餐的相关制度。

4. 许多国家很早就意识到营养立法对国民营养改善和国家长远发展的重要性。

5. 学校食堂不论采用何种运营管理模式，学校法人代表始终是本校师生食品安全卫生管理的第一责任人。校长平时应该多想办法、多征求意见，应对学校食堂管理工作高度重视，将之视为关系学生健康成长的头等要事，切实保护学生的利益，给予必要的财力支持。

35. 如何计算食堂工友的工资

　　如何计算食堂工友的工资？一般学校的做法是，看工友每天卖了多少钱的菜，而一所农村民办学校的周校长的做法是：看工友一天卖了多少人次。同样的原材料，同样的价格，你如果炒得香甜可口，当然买的学生就多了。这样才能看出工友的工作态度和服务水平，才能避免以盈利为目的。

　　当前，如何避免食堂以盈利为目的，如何保证学生吃上物美价廉、营养又可口的午餐，已经成为影响学生健康的头等大事。校长急需重视和亲自关注学校食堂的改革和发展，切实保证学校食堂以学生为本的公益性。

　　细节分析：

　　学生提升体质的最主要途径就是饮食的改善，改善饮食的最佳选择就是营养餐的供应。世界银行儿童营养餐项目首席专家唐纳德·邦迪（Donald Bundy）对学校营养餐项目做如下评价：学校供餐是最具有潜力并且经常是唯一的直接食品提供方案，而且学校供餐具有经证实的教育方面的益处，包括就学率和学习能力的提高。在中等收入国家及富裕国家（这些国家最有能力支持本国的学校供餐计划），学校供餐计划的成本仅为教育成本的大约 10％，这显示了长期内可持续成本。当人均国内生产总值增大时，基础教育成本的增长速度高于学校供餐计划成本。

　　而营养餐的供应需要一个可操作的平台——学校厨房，不管营养餐以何种方式操作，学校厨房在改善学生体质、提供充足营养方面的重要性都无可取代，并且，厨房的质量和功能直接影响着其产品——学生饮食的质量。

中国青少年发展基金会在 2009 年对希望小学进行了较为系统的调查，调查结果显示，大部分希望小学没有食堂，已有的食堂卫生条件差，极容易造成疾病滋生和交叉传染。这种简陋的就餐环境直接导致孩子们营养状况无法得到保障。

当前学校的食堂食品的卫生安全问题，已经成为中小学的普遍问题。有的学校食堂承包人为了盈利，不顾中小学生的健康安全，用低价购买价格低廉的材料为中小学生提供午餐，这种午餐不要说营养，连最基本的人身安全都没有保障。正因为此，学生食物中毒的事件每年也在各地中小学校发生。

案例中的周校长，为了避免食堂服务人员以盈利为目的，亲自制定了食堂工友的工资的计算方法，体现了校长对食堂管理工作的倾心关注和用心监督。用学生对饭菜购买的回头率所反映出来的满意度来监督食堂服务人员的工作态度和服务导向，做法值得肯定。

思考透视：

关于工资制度。计件工资产生于美国 20 世纪二三十年代。计件工资是指按照合格产品的数量和预先规定的计件单位来计算的工资。它不直接用劳动时间来计量劳动报酬，而是用一定时间内的劳动成果来计算劳动报酬。上述工资制度是科学管理的思想，其根本目的是谋求最高劳动生产率。

如何避免以盈利为目的。完全市场化很难避免以盈利为目的，采取必要的适当的行政限制方法可以有效避免以盈利为目的。而后者需要校长在后勤食堂管理过程中动脑筋、想办法，用心监督，而不是放手不管。

有些学校后勤服务社会化之后，校长的担子也跟着卸下了，在繁忙的日常管理事务中也基本没有了后勤食堂管理的内容。但是，学校后勤社会化必须坚持公益性原则。公益性是新型学校后勤保障体系的本质特征，也是学校后勤服务的根本宗旨。学校的后勤服务要有别于社会上的服务业，它既要体现一定程度的经济属性，但更要体现其教育属性。学校与其他社会职能部门存在的显著区别，在于它的最本质特征是进行教育教学活动，不仅学校里的一切资源组合要围绕教学这一中心来安排，而且凡是与学校教育教学活动相关的其他管理活动，也必须首先服从于教育教学工作的需要。因此，学校后勤服务改革，要始终坚持为学校教育教学和师生服务的方向，坚持优质低价、微利经营的原则，适应教育规律对后勤的需要。

专栏 35.1　由农业部制定标准的美国学校午餐

1994 年，美国农业部提出要大力改进美国的学校午餐，由政府组织有关专家研究制定新的学校午餐法规，并于 1995 年 6 月 13 日正式公布联邦政府有关儿童营养的法规，其中对学校午餐、早餐的营养及食物数量均有明确的规定。"学校营养餐计划"以非营利原则运作，规定食物营养及类别标准，要求必须配有牛奶，要求尽量使用中央政府提供的免费农产品或农业部公布的食品类别。

美国中小学校的营养餐包括午餐、早餐和少量课间加餐，学生餐必须符合农业部的标准，要求午餐必须够日需量标准的三分之一，但对主要维生素和微量元素有一定的要求。学校选择向供餐公司定购，大城市多是中央厨房、流水作业，设备完善必须有冷冻设备，用冷藏车和保温车向学校分送冷热两种食品。有的学校还有加热设备。各州供营养餐做法不一样，有的州教育部门强制规定学校所有学生都要得到营养配餐，学校不能靠此赚钱；有的州是自愿，通过宣传教育，使学生家长重视。

全美四分之一的中小学生得到免费，10% 为减免，40% 是付费。学生申请，当地教育部门检查各校申请，决定谁受什么待遇。学校有责任给学生讲授营养及配餐知识，大多由学校配餐员讲解。配餐公司直接向学校派配餐师（员）讲授营养配餐知识。为改善口味经常征求学生意见，不断改善。

专栏 35.2 注重营养和节约的日本营养餐项目

1951 年日本厚生省陆续制定出台了《营养六法》、《厨师法》、《学校午餐法》，并在学校里推广了民间在某县发起创办的营养餐制度。每天一顿营养午餐，它的营养量占全天营养量的 40%～50%，这样即使家中生活再困难，除了学校的营养午餐外，家中早、晚餐做些补充，学生的营养基本上够了。有些困难家庭，学校的这顿午餐还可免费供应。

日本一个配餐中心管十所学校左右，教育部门、学校、学校的家长委员会共同来管营养餐工作。配餐中心都配有营养师和营养士，营养师每月制定食谱，食谱 30 天不重样；讨论通过，先做出来品尝，然后付诸实施。每天留样。如每顿营养午餐补贴 400 日元（合人民币 25 元左右），但只收学生 210 日元，牛奶在市场上是 110 日元每 200 ml，而学校只收学生 33 日元。饭菜不够的可以添加，但不允许挑食，不能剩下的饭菜，这方面同学们已养成了习惯。

学校的墙壁上挂着很多招贴画，都是有关营养和保健知识的，如各种食物的营养成分，如何保护眼睛、保护牙齿，如何洗手等等。学生在耳闻目睹中增长了许多营养保健知识。发现学生偏食时，配餐中心的营养师就给学生上课，讲解孩子们不愿意吃的某种食品的营养成分对人体的好处。为了使学生对食物有更加全面的认识，有的学校还在附近的农村建立了水稻基地，让学生参观和了解水稻生产过程。日本政府为了推广营养工作，培养了近 50 万名营养师（士），其中高级营养师就有六万余人。配餐中心、食品工厂、学校、幼儿园、宾馆、饭店等都必须设营养师，否则不能开业。

日本的经验说明，并不是物质生活好了才能讲营养，讲营养并不是必须吃最贵的食品，而是需要平衡膳食。日本的营养餐是由二十几种原材料搭配起来的，还有一瓶牛奶。

在印度，为了保证午餐质量，多数学校会选择政府指定的信誉度高的平价商店购买原料。中央邦的学校成立了"家长教师协会"，并邀请教师参与食物及调味品的采购。泰米尔纳德邦则成立了"午餐组织"，由该组织选派工作人员和厨师参与学校午餐烹饪。

自免费午餐计划实施以来，印度小学生的出勤率大大提高。在情况较好的安得拉邦和北方邦，目前多数学校的学生出勤率达到 100％。免费午餐也带动了学校硬件设施的完善。印度政府的研究报告指出，免费午餐计划实施后，多数学校增添了厨房、储存室、饮水设备、烹饪器具等。报告还显示，大多数受访学生表示对午餐质量满意。

为了减少流通环节，鼓励学生多吃水果蔬菜，少吃"垃圾食品"，美国联邦农业部尝试建立"农场——校园直通车"计划。美国犹他州南乔丹小学的上百名学生获得了不一样的午餐待遇——吃到了从附近的绿河农场采摘的新鲜西瓜和哈密瓜。该校所在的乔丹学区最近启动的这项"农场——校园直通车"计划，是美国联邦政府中小学营养午餐项目的一项新探索。目前，"农场——校园直通车"计划已经在美国各州的九千多所学校推广。此举可使当地农民获得更多收入，也可让孩子们了解食物的来源，并提升学校午餐的质量，可谓一举多得。当然，"农场——校园直通车"计划在实施中也存在一些实际困难。一是当地农民通常没有符合学校食物标准的安全证书，二是大部分农作物的收获季节是夏季，这时学校正在放暑假。这些问题也有待进一步解决。

专栏 35.3　八种收费标准的法国学校午餐

法国政府向学校提供餐饮补助，午餐收费标准也是由地方政府制定的。法国学校午餐的收费标准灵活多样，根据家庭收入的不同和用餐天数的不同，学生的餐费也有所差别。2010～2011 学年，巴黎市政府将学生的家庭收入从每月 234 欧元到每月 2500 欧元以上分为 8 个档次，学生每餐价格也据此分为 8 档，吃同样的饭菜，最高收费 5 欧元，最低仅为 0.13 欧元。

法国教育法规定，学生餐饮首先应保证质量和营养均衡，其次要方便家长了解孩子的餐饮信息，特别是有关食品安全的信息。为此，学校大都会将下一周的食谱提前公布在学校网站、宣传栏上或以传单形式发到家长手中，接受家长质询。法国中小学各年级都设有家长委员会，是家长与校方沟通的中介。同时，政府还设有专门机构负责监管学校的食品安全，定期组织相关人员进行培训。

在学校食堂改革过程中，以下几点可供校长参考：

①进一步健全食堂各项管理制度，进一步强化细化改进食堂日常管理工作；进一步加强对食堂的管理、指导、检查工作，不仅要让学生吃得安全，还要让学生吃好。管理制度方面，各校要建立健全包括食品原料进货、查验、食品48小时留样、餐具炊具清洗及消毒等十大管理制度。

②组织食堂管理人员、食堂工作人员参加有关营养知识、食品卫生、安全培训和学习，不断提高管理和工作水平。

当前，农村贫困小学教职员工特别是食堂工作人员营养知识匮乏是制约学生健康饮食的重要因素，硬件环境的改善和物质上的支持固然重要，但营养知识、食品卫生与安全知识的培训学习也至关重要，厨房工作人员的专业技能和知识储备（营养方面）直接影响着硬件和物资投入的产出效益，在改善硬件环境的基础上提高工作人员的职业技能是项目价值最大化的有效途径，也是贫困农村小学学生营养不良问题的标本兼治之方。

不少专家认为，解决贫困地区孩子的营养不良问题，必须因地制宜，要根据各个省份的不同情况，让营养专家为孩子们制定膳食营养食谱。在小学阶段，就要让孩子们了解必要的营养健康知识。这就要对教师、食堂从业人员加强培训，教育主管部门加强监管，让学校的厨房真正成为孩子们的成长加油站。

③学校必须单独核算食堂成本，合理确定餐饮价格，严格财务管理，规范财务管理工作，加强对食堂财务管理人员的会计基础工作培训。按照《会计法》的要求，尽快建立一整套学校食堂财务管理制度；合理设置会计科目和会计报表；合理配备专（兼）职会计人员、出纳人员、仓库管理人员；及时组织财会人员培训和学习，让他们掌握账务处理的方法、程序等基本知识；客观真实反映学校食堂经营状况。

④中小学食堂要按照公益性、零利润原则运行。不得在食堂提取任何

费用，在食堂就餐的教职工与学生同价同菜，不得分摊或者变相转嫁到学生头上。采取"校农挂钩"等直供直采方式降低成本。

⑤学校要成立由教师、家长、学生、媒体、卫生、教育、乡镇（街道办事处）等人员组成的伙食委员会，共同参与食堂的管理和监督。学校食堂实行每天每餐饭菜明码标价，每月向师生公开食品采购进货渠道与进货价格、收支情况，自觉接受全校师生和社会各界的监督。定期听取伙食委员会对食堂工作的意见。校领导还应轮流自费陪餐，及时发现和处理食堂管理中存在的问题。另外，教育行政部门还将对学校食堂进行定期或不定期的明察暗访。

⑥有的地方要求学校学生食堂必须遵循保本经营的原则，菜肴涨价须经学生、家长同意，食堂盈余超过3％的部分必须全额退还学生，值得借鉴。学生食堂以自主经营为主要模式，逐步推广区域内教育部门集中配送的经营模式，降低运营成本。学生食堂原则上不对外承包经营，实行承包经营的，在承包期内学校实行零租金租赁食堂，学校不得收取承包方任何形式的管理费，承包经营者必须相应降低伙食费收费标准或菜肴价格。学生食堂如何才算"保本经营"？根据"暂行办法"，伙食费学年度结余或亏损应控制在年度营业额的3％以内。盈余未超过3％的，可以结转到下一年度用于改善学生伙食；盈余超过3％的，所有盈余部分必须全额退还学生。

⑦小学低年级学生用餐确需由教师看护的劳务补贴，添置、维修各种燃具、炊具、餐具、冷藏设备、交通工具等费用，由县级财政性经费予以保障，不得从学生伙食费中开支。

⑧中小学食堂将实行校领导轮流自费陪餐，及时发现和处理食堂管理中存在的问题。此外，要求每个教师每个月必须在食堂用餐4次，次数可以由教师手机一卡通进行监控。

⑨学生食堂伙食费定价要充分考虑大多数学生的经济承受能力，并保

持价格的相对稳定。伙食费标准提高前，学校应在一定范围内举行有学生、家长代表参加的座谈会，广泛征求各方面意见，并报同级价格主管部门备案后，方可实施。

⑩学生就餐必须遵循自愿原则，不得强制学生在校就餐。

视点延伸：贵州遵义东风小学的食堂"烂菜"事件

当前，中小学食品安全问题成为一个重要问题。学校食品安全事件时有发生，并有愈演愈烈的趋势。

2011年10月13日，贵州省遵义市东风小学上千名家长因为无意间发现学校竟然买腐烂蔬菜做菜给孩子们吃，愤怒地聚集在校门口抗议。学生家长当时马上和校方交涉，希望学校给个说法，但是校长出来面对家长时发生了冲突，校长之后回到学校，将大门紧闭。愤怒的家长最后将烂菜搬到街上，大"晒"学校食堂黑心之举。因不满学校的态度，越来越多家长聚集在校门口，最后多达上千人。随着围观聚积家长的增多，学校附近造成大面积交通拥堵。随后公安部门赶到维持交通秩序。学校所在的红花岗区区委书记王进江、区长及教育局领导后来都赶到事发现场，王书记站到台上持喇叭高声宣布，鉴于学校食堂在食品方面出现的问题，东风小学校长就地免职，相关部门组成的调查组将对该校食品安全事件立即展开调查，并组织家长代表进行开会磋商。据报道，东风小学食堂由私人承包已有四年，学生每月交148元，每天吃一次午餐，算下来，每餐七元左右。一些原本没有安排孩子在食堂吃午饭的家长说，虽然校方说是让学生自愿吃食堂，但是不吃的学生，学校老师竟然不发作业本，中午也不给孩子辅导，等于强制，无奈的家长因此开始交钱。遵义市红花岗区政府当日16:30在区教育局现场召开新闻发布会通报事件进展结果。在新闻发布会上通报，东风小学食堂被停业整改，直至验收合格方可恢复开餐。政府也已派出10个工作组，对全区64所学校的食堂展开检查。

贵州遵义东风小学的食堂"烂菜"事件，是学校食堂外包后学校疏于监管、承包人为了追逐利润最大化的典型案例。监管食堂、监管学生午餐的食品卫生与营养是中小学校长不可推卸的责任。上述案例中校长被免职是必然的、应该的。

点睛笔：

1. 对于学校营养餐项目而言，学校供餐是最具有潜力并且经常是唯一的直接食品提供方案，而且学校供餐具有经证实的教育方面的益处，包括就学率和学习能力的提高。

2. 学生食堂伙食费定价要充分考虑大多数学生的经济承受能力，并保持价格的相对稳定。

3. 中小学食堂要按照公益性、零利润原则运行。不得在食堂提取任何费用，在食堂就餐的教职工与学生同价同菜，不得分摊或者变相转嫁到学生头上。可以采取"校农挂钩"等直供直采方式降低成本。

4. 学校食堂管理要避免以盈利为目的，必须采取必要的适当的行政限制方法，这需要校长在后勤食堂管理过程中动脑筋、想办法，用心监督，而不是放手不管。

5. 学校要成立由教师、家长、学生、媒体、卫生、教育、乡镇（街道办事处）等人员组成的伙食委员会，共同参与食堂的管理和监督。

36. 以学校信誉为担保扩建教学楼和食堂

一所农村民办学校的校长，在2000年的时候，预测到有一个生源高峰期即将到来，于是准备扩建学校现有的教室、食堂和宿舍。

但是，学校没有经费，校长自己想掏个人腰包，也苦于家里没有钱。怎么办呢？

春节期间，别人在家里休假走亲戚，校长总是天不亮就出门，天黑才回来。一连十几天在外面找泥瓦匠和包工头磨嘴皮、说好话。好说歹说，终于有四个泥瓦匠答应开学时来看看。约定的日子到了，四个泥瓦匠只来了三个。但是校长也不介意，拍着胸脯对他们说："有我和这么多学生在，你们一不要怕拿不到钱，二不要怕赚不到钱。"三个泥瓦匠被校长说动了，也被学校旺盛的人气打动了，他们坐下来谈了盘子。

先修教学楼，按照乡里的标准，包工包料180元/平方米，校长给他们240元/平方米，但必须带资先建，学校分期偿还。就这样，不到半年，四层的教学楼拔地而起。后来，他们又修建了食堂。2002年上半年，随着学校生源越来越多，学校的收入也越来越多。三个泥瓦匠结清了他们修教学楼和食堂的所有盈利，并对校长说："我们搞起建筑来，没有遇到说话如此算数的人。今后有什么修建项目，说一声就行。"

信誉就是金钱。这位农村民办学校的校长硬是靠自己的信誉扩建了学校，扩大了学校规模。后来，这所学校又修建了五层科教楼，五层教师住宅楼，五层公寓式的学生宿舍楼，运作方法都是以学校的信誉为担保，"自带资金包建，分期分批偿还"。

细节分析：

农村学校普遍缺乏资金，在扩建校区、校舍方面很难有大动作，但是农村的优势在于，可以越过中介公司、包工头等多个中间层，直接找最基层的工人，和他们直接合作以最经济的价格办实事。案例中校长的这种精打细算的做法，值得借鉴。这种做法，既能够不让学校因经费周转不过来而把手脚捆死，也能够不把办学成本转嫁到学生及家长的身上。当然，扩大学校规模，一定要基于对生源数量的准确预测，而不是头脑发热一时拍脑门的决策。否则，没有生源，没有收入，也很难按时还债。可见，案例中的校长具有较强的预测与决策能力，他成功地预测到 2000 年会有一个生源高峰期，于是准确地做出扩建学校的决策。

思考透视：

如何做出准确的预测？预测类问题是决策中面临的一种问题。要做出准确的预测，能否收集到重要的相关信息是关键。换言之，决策的效果取决于所收集到的相关信息的真实程度。但是，获取决策所需全部信息具有局限性，处理信息的能力也有局限性。所以，我们做出的决策通常也会与理想状态存在偏差。案例中的校长根据自己已有的信息预测到一个生源高峰期即将到来，于是决定扩大学校教学楼等教学硬件。这个决策是有风险的，但是结果证明是合理的。

学校中的决策有多种形式。从校长实际运用的决策形式看，主要可以分为校长个人的单边决策、校长与教师的共同决策两种。校长个人的单边决策主要指由校长个人做出的决策，这类决策一般遵循的是满意原则，即校长作出的决策是令人满意的，但不一定是最佳的。这类决策一般都是在系统化的、经过深思熟虑的过程中作出的，价值观与道德选择是决策过程的重要组成部分。案例中的校长在考虑扩建学校规模的过程中，遵循的就是从学生利益出发的价值观，他在考虑解决资金问题的方案时，没有选择增加学生的学费等方式，而是创造性地以学校的信誉为担保，直接雇佣泥瓦工修建房屋，在最大限度地节约成本的基础上实现了学校的扩建。校长在运用个人单边决策的方法时，需要注意决策制定与实施的环境背景、个人决策中所遵循的价值观以及自己所掌握信息的真实程度等因素对合理决策的影响。

校长与教师的共同决策，也就是我们通常所说的集体决策或民主决策，是我们当前教育改革过程中所倡导的并鼓励学校校长在决策中多加运用的形式。因为让教师参与决策，可以提高教师的士气和他们对学校的热情，可以使决策更加顺利地实施。而且，有研究表明，参与决策与教师个体对教学专业的满意度呈正比，教师也更喜欢让他们参与决策的校长。

但是，对校长而言，让教师参与决策未必总是有益的。教师过多的参与和不参与一样的不利，事实上，教师们既不希望也不想参与每一项决策。参与决策可能产生好的结果，也可能产生坏的结果。问题是，在什么情况下，下属可以参与决策？参与到什么程度？怎样参与？

这与该项决策是否与下属有个人利益关系、下属是否拥有决策所需的专门技能、下属对组织的忠诚度有关。具体而言，当教师既具有专门技能又与决策结果有利益关系时，教师就可以参与决策；相反，当教师既不具备专门技能又与决策结果没有利益关系时，教师就会对这些决策漠不关心，就没有必要让教师参与决策。而且，当教师的个人目标与组织目标相抵触时，说明教师对学校的忠诚度较低，让教师参与决策就是错误的，因为，这样一来，决策极有可能以个人利益为基础而牺牲整个学校的利益。相反，如果教师的个人目标与组织目标相一致，就可以相信教师能作出最符合组织利益的决策，那么，参与应该是广泛性的。这种情况也称之为民主决策的情境，也最适合做民主决策。

此外，还有两种情况要慎用共同参与的决策形式。一种是当教师与决策结果有利益关系但缺乏专门技能时，应限制教师参与或只是偶尔让他们参与，否则会导致错误决策，或导致教师产生敌对或挫折情绪，白白浪费教师的宝贵时间。另一种情况是教师与决策结果并无利益关系但拥有能作出有意义的贡献的知识，教师需要参与吗？也应该只是偶尔参与，否则也会导致教师产生消极情绪。

当前，一些学校倾向于让教师参与各种决策，但同时，一些校长和教师都会深深感到，让那些既没有兴趣也不具备专门技能的教师参与决策，实在是毫无意义。事实上，在有些情况下，校长可以直接作出单边决策，以保证决策的效率和效果。

视点延伸：教学楼的建筑设计方案能采用民主决策吗

为了适应学校的迅速发展，某中学决定新建办公楼。为了保证办公楼的建设质量，学校对楼房设计进行了内部招标，最后有三家单位进入最后评标阶段。校长决定发扬民主，广泛听取大家意见。于是将三个方案（包括效果图和微缩模型）在学校展示一个月，要求教师前去参观，并填写调查问卷。一个月后，问卷结果表明，教师们认为 A 方案最好。但是，该结果与建筑专家的意见有比较大的出入，专家认为 C 方案最好。因为 A 方案造型很有特色，但是存在致命问题——容积率（利用率）是三个方案中最低的，而且楼房使用不方便，采光很差。校长开会研究认为，既然实施民主，应该尊重大家的意见。于是决定采用 A 方案，教职工很满意这个决定。

一年后，办公楼建设完工，交付使用。专家提出的问题逐渐暴露出来，该楼没有很好地满足办公用房和专业教室的需要，采光差的问题也显现出来。大家议论纷纷。该校长只好就此事在全校大会上作了说明，表明这是民主决策的结果，言外之意，是不能由校长负责任。

　　该案例中，关于办公楼的结构、式样等专业性问题，应该尊重专家的意见，而不能简单地采纳大家的意见。在让教师投票之前，也应先向大家说明专家的意见，让大家对相关事务有一个全面科学的了解之后，再进行民主投票。校长作为管理者，不能因为不恰当地出让了决策权，就可以推卸责任。该案例中的责任仍在学校领导层。

点睛笔:

　　1. 预测类问题是决策中面临的一种问题。要做出准确的预测，能否收集到重要的相关信息是关键。

　　2. 从校长实际运用的决策形式看，学校中的决策主要可以分为校长个人的单边决策、校长与教师的共同决策两种。

　　3. 价值观与道德选择是决策过程的重要组成部分。

　　4. 让教师参与决策，可以提高教师的士气和他们对学校的热情，可以使决策更加顺利地实施。

　　5. 对校长而言，让教师参与决策未必总是有益的。当教师与决策结果有利益关系但缺乏专门技能时，或是当教师与决策结果并无利益关系但拥有能作出有意义的贡献的知识时，都应限制教师参与或只是偶尔让他们参与，否则会导致错误决策，或导致教师产生敌对或挫折情绪，白白浪费教师的宝贵时间。

37. 一篇文章治吐痰

　　国人随地吐痰，积习已久，在这所普通的中学也不例外。

　　新建成的教学楼的过道上，有部分地面满是痰迹；学校运动场上，红色的塑胶跑道围着如茵的人造草皮，也有痰液藏身其中。校园各处，这种不雅景观随处可见。

　　该校校长看在眼里，忧在心头。学校是传播文明的场所，应当杜绝随地吐痰的现象。这种现象，不仅影响学校的校园环境，而且影响着学校的校风。

　　为此，校长专门撰文《我的教育理想：学生不随地吐痰》，并在全体学生大会上正式宣读，张贴在校园宣传橱窗里，发表在校报上。

　　校长也明白，要实现这一理想，仅靠讲道理还不够。在这方面，国外最成功的做法是"重罚"，通过高额罚款让你这一辈子也不敢再犯。校长借鉴了这种思路，在学校建立了随地吐痰者档案，长期陈列随地吐痰者名单。

　　该校的提示条是这样写的：某某同学（同志）：您在校园内随地吐痰，您的名字将会出现在学校的公示橱窗里，并入校史陈列室。现赠面纸一张，请您习用，再附短文一篇，劳您一读。谢谢！

　　抓到随地吐痰者，礼貌地询问姓名，恭敬地递上提示条，并送面纸一张和校长的那篇《我的教育理想：学生不随地吐痰》的短文。校史陈列室备《随地吐痰者警示录》纪念册，橱窗开辟"随地吐痰者公示栏"，长期陈列这些人的姓名，以作警示。

校长的亲自撰文训导，加上严格管理的外力监督作用，该校随地吐痰的现象日趋减少。如今，不仅该校任何地方都看不到痰迹，而且全校师生任何人任何时候在任何地方都不再随地吐痰。不随地吐痰逐渐成为该校师生的一种道德自律。

细节分析：

也许人们认为随地吐痰只是一件小事，不值得作为一校之主的校长亲自关注、亲自抓。然而，正是像随地吐痰这样看似细枝末节的小事，展示的却是一个学校的文明风气与文化底蕴。该校校长通过精心设计的细节管理，不仅督促学生养成了文明习惯，而且在这一过程中还培养了学生的道德自律的能力。校长要求学生有了错误要敢于承认自己的过错，不要害怕被别人知道，也不要欺骗自己。要敢于揭露自己的缺点、暴露自己的缺点，以此激励自己去改正自己的缺点。培养学生不随地吐痰的教育过程中，也培养了学生闻过必改、知错能够认错的道德良知。

思考透视：

办学就是办文化。学校文化是学校全体成员或部分成员习得且共同具有的思想观念和行为方式。学校文化体现在学校制度、课堂教学方式、学校科研活动、师生互动方式以及学校建筑、学校传统、仪式、庆祝活动、典礼等具体行为或现象之中，是学校群体成员的价值观、行为动机、默会观念的统一体。而其中，教师通过自身行为展现出来的精神层面的东西，对学生的影响最大。

好的学校文化具有多方面的积极功能。例如：①导向功能。好的学校文化能把与学校有关的各个群体的个人目标引导到学校办学的核心理念、学校的发展目标和学生的培养目标上来，使人们在潜移默化中接受共同的办学理念、教育价值观。②激励功能。积极、健康、向上的学校文化能极大地激励学校成员的工作热情、学习热情，使学校成员快乐而又勤奋地教学、学习和成长。③以自觉约束为主的约束功能。好的学校文化会被学校成员自觉自愿地、高兴地接受，并自觉自动地遵守，产生更长久的约束力。

如果我们走进一所学校，发现那里出现了以下情况：教师士气低落，工作效率降低，缺乏"主人翁"意识；学生和家长对学校没有信任和尊重；大家对校长评估很低、颇有微词；学生成绩下滑，行为问题激增。那么我们就应该明白，这所学校的文化出现了问题，急需改善。

相反，如果我们看到的学校呈现出以下特点，那么，我们应该感到高兴，这是一所有着积极文化氛围的健康学校。

专栏：37.1 健康学校的特点

①所有学生都受到学校所有教职员工的尊重，包括校长、教师、教学行政人员、保安人员、校车司机和餐厅职员。

②校长和教师对于学生的成就抱有很高的期望，并将这高期望直接传达给学生或家长。

③校长和教师是学生的鼓励者，经常和学生沟通他们对学校生活的看法。

④校长鼓励和教师、家长进行开放的沟通，尊重分歧。

⑤校长对于教师、家长的忧虑或学生的问题表示关心，乐于倾听，适当的时候，参与此类问题的解决。

⑥校长示范适当的人际交往技能。

⑦校长以身作则，意气风发。

⑧校长系统地收集教师、家长和学生的意见，并予以反馈。

⑨教师能够自由表达自己的看法，而不用害怕受到嘲讽或反击，同时也允许别人自由表达观点，并能互相帮助。

⑩学校氛围的特征是宽容开放、相互尊重。

校长在学校文化建设中扮演着重要的角色。首先，校长是学校文化的掌舵者。校长的办学理念、学校的定位认识对学校的总体发展有着至关重要的影响。校长如果自身对学校发展的规划趋势缺乏清晰的认识和理解，学校就无法形成鲜明的文化特色。其次，校长是学校文化的服务者。校长在文化建设的过程中必须认识到，学校文化的形成是全校师生共同缔造的结果。校长应该运用其职能为广大师生提供服务和指导，如创造良好的学习工作环境，尊重和理解教师和学生，为学校的发展寻求更多有力的资助等。最后，校长是学校文化的凝聚者。校长个人对于学校文化理念的倡导，需要师生的参与配合，使之成为学校每一个成员共同认可的价值观和行为准则，成为师生学习工作的内驱力和凝聚力。

学校文化的建设需要注意以下几点：一是立足本校实际，构建独具特色的文化理念。二是转变观念，以素质教育为导向培养人。三是用学校文化凝聚人心，使全校师生深刻理解文化的内涵，并灵活运用于教学工作的实际中。四是与时俱进，在教学实践中不断发展学校文化的内涵与外延。

视点延伸："一校一品"，建设校园文化①

上海市徐汇区在小学建设行动计划中，实施"一校一品"的校园文化建设，使得学校内涵发展走出了新路子。各小学在具体创建中，始终将校园文化的建设作为"一校一品"建设的主线。

平江路小学的"乒乓文化"提出："银球与童心齐飞，力量与智慧并进"，银球与童心齐飞，表示乒乓球活动为童年生活带来了快乐，表示乒乓球活动激发了儿童为国争光的志向，也表示学校乒乓球活动的水平和儿童整体素质一起提升。力量与智慧并进，表示乒乓球活动不仅能锻炼学生的力量，还能增长学生的智慧，促进学生的全面发展和健康成长。

---

① 《一校一品，建设校园文化的新亮点》，《文汇报》2011年3月1日第8版"教育专题"。

文化的元素，对"一校一品"的思想基础起着奠基的作用。

吴中路小学针对进城务工人员子女较多的学校实际，确定"茶文化"项目建设，引导师生领悟"茶道"、"茶礼"、"茶气"、"茶韵"，学会"礼让、养廉、健康、勤勉"，同时倡导"要求学生会、教师必先懂"，将茶艺纳入校本培训内容，全体教师利用业余时间学习茶艺，32位教师中有7位已经持有茶艺专业人员证书。学校的教职工几乎人人钟情于茶，茶艺爱好者不乏其人。茶道精神，包括了人的基本品德修养，学校领导将之扩大到"和敬待人"的人际关系上去，进而为形成良好师德，提升教师的文化底蕴，创建和谐校园做好了铺垫。每次活动前，学校都会为"茶"取上不同的名字，布置不同的茶席。因为，同样的茶赋予不同的意境便能达到不同的教育效果。如：去敬老院慰问的"最美夕阳红"、慰问老红军战士的"历久弥香"等。

把文化注入育人过程，教育的效应就会放大。

办学就是办文化。文化立校在徐汇区小学系统有着极高的点击率和认同度。区教育局在推进"一校一品"创建中，强调完善建设目标，鼓励学校注重发掘项目的内涵文化和价值，推进校园文化氛围建设，为师生的健康身心发展营造积极向上、有各校特色的成长环境。

"一校一品"重面向全体，但不替代全部。点有拓展项目、面有基础依托；形有项目活动、隐有文化内涵；实在课程保障、引在价值导向，满足学生的成长需求，提高学生的身体素质、创新思维、实践能力和艺术修养，以此促进学生全面发展。

校园文化，是"一校一品"的精髓，也是办学特色的灵魂；"一校一品"，是校园文化的实践，也是提升办学文化的途径。"一校一品"创建，成为校园文化崛起的"杠杆"。

点睛笔:

1. 随地吐痰这样看似细枝末节的小事,展示的却是一个学校的文明风气与文化底蕴。

2. 培养学生不随地吐痰的教育过程中,也培养了学生闻过必改、知错能够认错的道德良知。

3. 校长如果自身对学校发展的规划趋势缺乏清晰的认识和理解,学校就无法形成鲜明的文化特色。

4. 校长在学校文化建设中扮演着重要的角色。校长是学校文化的掌舵者,校长是学校文化的服务者,校长是学校文化的凝聚者。

5. 校长在文化建设的过程中必须认识到,学校文化的形成是全校师生共同缔造的结果。校长个人对于学校文化理念的倡导,需要师生的参与配合,使之成为学校每一个成员共同认可的价值观和行为准则,成为师生学习工作的内驱力和凝聚力。

38. 为什么不能吃校门口的冰糖葫芦

校门口商贩云集，是很多学校的一道"风景"。很多校长对此常常深感头痛。

这所学校的校长也是如此。怎么办呢？用赶走商贩的做法，最终容易死灰复燃，一切照旧。作为校长，只有教育自己的学生不去吃商贩的东西，才是解决问题的根本之道。

校长于是专门利用全校大会的时间，积极地向学生宣传，为什么不能吃校门口的冰糖葫芦。他说："我如果谈得有道理，大家不但自己不要吃，也要告诉别人不去吃；如果认为毫无道理，同学们尽管去吃，账由我付。"于是，校长从从容容地谈了6条理由：第一，饭前吃了冰糖葫芦影响食欲，进而影响身体健康。第二，这些食品多为临时加工，加之暴露在空气中时间较长，很不卫生。第三，穿冰糖葫芦的竹签尖端锋利，学生一边骑车，一边吃着冰糖葫芦，很不安全。第四，吃了之后随地一吐，随手乱扔，很不文明。第五，学生胸配校徽，路上行人瞩目，这种行为自然影响了学校的形象。第六，大家吃得越多，就越刺激小商小贩到我们学校来卖，门口堵了这么多的小商小贩，不但出入不便，而且也对具有文化品味的学校形成内在冲击。

学生听了校长的这一番宏论，顿悟式地一个个与冰糖葫芦做了一个永诀式的告别。原先生意红火的小商小贩，看着一个个旁无他顾进出校门的学生，不可思议地摇着头，不久便不赶自走了。

细节分析：

学校门口的小商小贩，是令很多校长都头疼的事情。长期以来，校园食品安全事件时有发生。历年来，虽然社会各界都对食品安全倍加重视，但是在调查中，有76.2％的学生在生活中遭遇过不同程度的问题食品，有65.3％的学生反映曾购买到不合格食品，可见校园周边的食品安全状况令人担忧。同时，中小学生对食品安全的满意度评价较低。调查结果显示，近半数学生对食品安全问题感到不满意，特别对所在校园周边的消费环境不满意。

一般学校的做法是，明令告示禁止学校门口摆摊，见到了就赶走，甚至有时还联合有关单位共同管制。这种办法虽然一时奏效，但是很容易死灰复燃，一批走了，又来一批。案例中校长的做法值得思考与借鉴。与其管理外部的摊贩，不如教育内部的学生，让他们不去购买。事实证明，这种教育学生不吃门口小商贩卖的东西的做法，不仅有利于学生的食品安全教育，而且从学生的内部购买动机的角度彻底地消除了购买力，从源头上打击了校门口的小商小贩，使他们无利可图，自然也就不再聚集了。

思考透视：

（1）内部驱动型管理与外部强制型管理。内部驱动型管理是建立在激发管理对象的内驱力的基础之上，同时控制外部诱因对管理对象的不良影响。内驱力是指在有机体需要的基础上产生的一种内部推动力，是一种内部刺激。例如案例中学校校长对不吃冰糖葫芦的六大理由的分析。与内驱力相对应的概念是基于外在条件的"诱因"。诱因是指能够激起有机体的定向行为，并能满足某种需要的外部条件或刺激物。例如案例中校门口卖冰糖葫芦的小商贩，就是刺激学生购买不卫生食品的不良诱因。案例中校长的做法就是一种典型的内部驱动型管理。

外部强制型管理是建立在遵守外部规章制度的基础之上，同时对违反相应规章制度的行为进行惩罚，具有强制性。一般学校对校园周边环境的治理工作，采取的大都是外部强制型管理。例如执法人员对无证流动摊贩的强制处罚与取缔等。

（2）教育重于惩罚。对于学生中普遍出现的纪律问题，校长应该慎重选择有益于学生身心健康的模式。惩罚是教育过程中不可避免的手段，但是这一手段是在万不得已的时候，才要使用的最下策。教人育人是学校的第一任务，育人手段的合理使用要比惩罚更为重要，更能产生长期效应。

（3）如何有效运用育人手段，以达到激发学生内部动机去主动解决自身问题呢？美国教育专家研究制定出一个七步解决问题法，就是这样一种途径方法。该方法以提问为主要方式，鼓励学生自我反思，而不是用学校政策向学生施压。这一方法可以在各个中小学校使用。其具体步骤如下：

第一步：与学生建立良好的师生关系，以实现长期目标。

第二步：解决现实的问题时，向学生提问："你怎么了？"此问题目的是让有问题的学生回顾和描述他的行为。

然后向学生提问："你做了哪些事情？"此问题的目的是帮助学生认识和承担问题的责任。

第三步：做出正确判断。

提问学生："你这样做对你有什么好处吗？"此问题的目的是帮助学生思考自己的问题与产生的原因。

提问学生："你这样做对别人有什么好处？"此问题的目的是提高学生的社会意识。

提问学生："这样做是不是违法学校的纪律制度？"此问题的目的是帮助学生理解自己和别人的权利和社会责任。

第四步：制订计划。

提问学生："如果再发生此类事情，你会怎么做？"目的是提高学生解决问题的能力。

提问学生："你希望我为你提供哪些帮助？"目的是让学生做出判断。

提问学生："你希望别的同学为你提供哪些帮助？"目的是让学生做出判断。

第五步：做出许诺。

提问学生："你保证按计划做吗？"目的是提高学生的自我责任感。

第六步：贯彻到底。

提问学生："我会检查，看看你的计划执行如何。"目的是建立联系，提供支持。

第七步：鼓励学生，但是不接受无理辩护。

提问学生："如果本计划不能执行，我们要再开会分析原因，制订出新的计划。"目的是对学生的高标准，把问题解决彻底。

运用这一方法，目的是帮助学生从小学会冷静思考，层层分析问题的后果，制订改进的计划。如果学生能够养成这种解决问题的思考习惯，在矛盾出现时，运用这一解决过程，将有益于他们今后与人打交道时，克服人际关系中的困难，理性地做出决定。

（4）加强校园周边流动摊贩的治理，可以从以下几个方面着手：

①学校和家长应共同对学生宣传乱吃东西的危害性，让学生们自觉养成不在校外买零食的习惯。建议将食品安全教育、营养健康学知识等纳入学生日常学习的范畴。

②卫生、教育、城管、公安、社区、街道通力合作，各司其职、各尽其责，共同管好流动摊贩。学校和社区各相关部门合作，把集中整治与日常管理有机结合起来。第一，要完善学校周边环境治理日常巡查工作小组的职能，发挥其组织协调作用，形成部门间工作合力。第二，建立和完善

学校与巡查工作小组联系制度。执法部门可以聘请学校领导和有关教师为特约监督员，特约监督员可及时向相关执法部门报告学校周边安全情况，使执法部门有的放矢地采取行动，达到预期执法效果。第三，动员社会力量参与治理，形成群防群治工作格局，确保学校及周边安全稳定。第四，把每年的3月份定为"平安校园"创建活动月，巩固校园周边环境治理成效。

③城管部门要加强对流动摊贩的宣传教育，对屡教不改者、明知故犯者，坚决严格执法，依法办事。同时，也可以采取疏堵结合的办法，联合相关职能部门对校园周边无证小吃摊经营者统一管理、统一培训、统一体检，符合标准的才给予颁照发证，从而杜绝无证摊贩不卫生食品的产生。例如，由政府划拨一定的经费，给流动摊点制作统一的小亭、小屋或者围栏等，划定区域让摊贩经营。

④学校要加强对周边环境的管理，承担周边环境共建共管的责任，特别是对校门外一定距离的摊贩可以采取驱逐的方式予以清理。例如，联合街道卫生保洁员、城管队员、辅警等在早上7:00~8:00，傍晚16:30~17:30加强巡逻和管理。

⑤要长期坚持，综合运用教育学生的内部驱动型管理和整治摊贩的外部强制型管理的方式，一抓到底，切忌打打停停的工作方式。

专栏38.1　韩国：校园周边设"儿童食品安全保护区域"

韩国《学校保健法》规定，为保障学校的健康、卫生及良好的学习环境，教育部门应设置"学校环境卫生净化区域"。韩国蔚山市从2010年3月11日开始，对学校周边的小卖部、自动贩卖机、现场制作业者等进行大规模检查。为了防止周边的小卖部、小吃部向儿童销售不卫生食品和劣质产品，规定学校周边200米以内为"儿童食品安全保护区域"。

视点延伸：治理学生乱粘口香糖的高招

一所学校几年来解决不了的问题是，学生把吃完的口香糖到处乱粘，既不卫生也不容易清洁，清洁工把这个问题分别报告给前两任校长，他们的政策都是抓住这样做的学生罚他做清洁，结果抓到的学生不多，问题也迟迟得不到解决。新校长到任后，清洁工同样向校长汇报了这个难题。结果，一周后这个问题有了明显的改善。清洁工惊奇地问校长采取了什么"高招"。其实，高招就是育人。校长在第一次教职工会议上要求全体教师在新学年的第一天，在课堂上花5分钟的时间，教学生如何在用完口香糖后，把它用纸包起来，然后扔到垃圾箱内。

点睛笔：

1. 教育重于惩罚。对于学生中普遍出现的纪律问题，校长应该慎重选择有益于学生身心健康的模式。

2. 教人育人是学校的第一任务，育人手段的合理使用要比惩罚更为重要，更能产生长期效应。

3. 学校和家长应共同对学生宣传乱吃东西的危害性，让学生们自觉养成不在校外买零食的习惯。建议将食品安全教育、营养健康学知识等纳入学生日常学习的范畴。

4. 学校要加强对周边环境的管理，承担周边环境共建共管的责任，特别是对校门外一定距离的摊贩可以采取驱逐的方式予以清理。

5. 要长期坚持，综合运用教育学生的内部驱动型管理和整治摊贩的外部强制型管理的方式，一抓到底，切忌打打停停的工作方式。

39. 校长亲自培养孩子吃辣

在山东的一所中学，校长担心学生餐厅市场化以后，经营者容易为利益所驱动，迎合学生的不良食欲需求，导致学生良好饮食习惯难以形成。为此，校长亲自主抓学校餐厅的事务。他不仅统一价格标准，让营养师每周精心设计菜谱，满足学生生长发展的营养需求，而且还亲自培养学生吃辣。

受传统饮食习惯的影响，学校所在地的人多对辛辣之物望而却步，所以部分学生家长以自己的孩子不吃辣为由，要求餐厅菜肴中不要有辣味。但一贯尊重家长意见的校长，这一次却没有满足家长的要求。他对家长说，一个不能吃辣的人，大半个中国都不能去，吃辣不是受罪而是享受美味。不培养孩子吃辣是剥夺孩子享受美味的权利，更不利于提高孩子的生活适应能力。

尽管家长仍旧将信将疑，校长还是着手开始实施他的培养孩子吃辣的计划。他安排餐厅师傅在做菜时，起初只是微辣，而后一点一点地加大辣味，直到辣得学生满头大汗仍爱之不舍时，校长才释然而笑。事实证明，学生如湖南人、四川人一样爱上吃辣的同时，饭量也逐渐增长。看着孩子们健康地成长，家长也欣喜地释疑了。

细节分析：

吃不吃辣，本来应该是学生的自主选择，但是案例中的校长从学生的健康成长的角度公开提出了培养学生吃辣的几大理由。例如，有助于提升学生的食欲和饭量，有助于提高学生未来生活的适应能力等等。虽然吃辣也有些不利之处（如容易上火等），但是如果学会吃辣、适度吃辣，也的确会对学生有所裨益。案例中校长实践的事实，也证明了这点。可见，只要是能够因地制宜地有利于学生健康成长和未来发展的，即使是一些小小的饮食习惯，校长也可以抓。从这些"抓"细节的过程中展示出的，其实就是这所学校"关爱学生、以学生为本"的教育理念。

从以学生为本的角度出发，案例中的校长把吃辣的饮食文化也纳入学校文化的一个内容亲自抓，其过程体现了学校文化建设的要点。

思考透视：

蒙哥马利等研究者对现任校长的研究中确定了四种领导行为水平。第一种水平的校长，称为管理者，认为教师的工作就是教学，而校长的工作就是管理学校。第二种水平的校长，称为"人文主义者"，他们认为最好的教育环境就是有一种好的人际氛围。第三种水平的校长，称为"教育经理"，他们认为他们的工作就是提供给学生最好的课程。第四种水平的校长，称为"解决问题的能手"，他们能够从各个方面进行创新从而给学生最好的学习机会。

后两个类型的校长都把重点放在学生上，以学生为本。教育经理型的校长更擅长于执行经过许可的目标和科目，他们更多地依赖已经建立好的行动纲领、现有资源和固定的办事程序。

解决问题能手型的校长，其工作就是从学生的发展出发设计学校的发展目标，他们的工作已经不受已有经验的约束，为了实现以学生为本的各项工作，他们会作出各项创新的举措。如同案例中的校长会培养孩子吃辣那样。当校长们了解了自己领导行为的类型，就能够从多方面、多角度地考虑工作，在作出更高水平的改革实践时也会更有效率。

在理解和运用校长领导行为理论时，要注意：不论是第一种水平中的日常管理工作，还是第二种水平中提供一个能够支持和加强人际关系的环境，都是校长工作中的重要内容。这几个行为水平都是一个建立在一个之上的，一个比一个行为水平要高。在实际中，校长的领导行为水平处于不断发展的过程之中，无论校长的领导行为水平处于哪个阶段，其最终目的都是实现学校的教育目标和学生的发展目标。

总之，案例中的校长培养学生吃辣的过程其实是一种学校文化建设的过程，其中的要点有：一是针对学校实际，确定与学校学生需求相适应的要点，如案例中的吃辣椒，提升学生食欲和饭量；二是校长在日常工作中向师生传递上述学校文化的内容要点、理由以及所期望的行为；三是校长以身作则，身先士卒，做好学校文化核心内容的示范者。

视点延伸：农村留守儿童学校的营养工程

在重庆主城一千里外的奉节县的很多乡村小学，班主任老师每天背着牛奶和鸡蛋到学校，中午的时候亲自煮给孩子们吃。最开始学校是给孩子们提供豆浆和鸡蛋，但大部分孩子不喜欢喝豆浆，后来统一换成牛奶和鸡蛋。

牛奶由学校集体订购，每个月由奶制品公司从万州统一送到奉节龙桥土家族乡中心校，每两周，中心校再给每个乡村小学派送一次。派送到乡村小学的牛奶，考虑到食品安全等问题，都统一存放在班主任老师的家里。所以每天，乡村小学的班主任老师都要背几十盒牛奶和几十个鸡蛋前往学校。学校有专门煮水的壶。到了中午，班主任老师就"亲自下厨"，给孩子煮鸡蛋。

背着几十盒牛奶和几十个鸡蛋走路，并不轻松，但是为了孩子们，老师们也都习惯了。到了冬天，孩子们自己带米、带菜到学校，中午时，老师会为他们煮饭，孩子们就一起吃"大锅饭"。到目前为止，全县所有乡村小学学生和200人及以下的完全小学学生，都已可以天天免费吃上鸡蛋、喝上牛奶。有的小学还修建了"爱心食堂"，并添置设备设施。全县所有中小学校，免费为学生提供蒸饭搭伙服务。从2010年秋季起，按每生每月5元搭伙费的标准补助乡村小学。

当地小学校长的目标是，力争在2012年，当地留守儿童营养不良率下降5个百分点。学生的营养工程也被纳入了学校年度综合考核指标之中。奉节县还动员乡镇卫生院医生积极受聘于各中小学，兼任留守儿童的健康、营养指导医师。指导医师定期对留守儿童进行营养健康体检，每月至少开展一次健康教育。

点睛笔：

1. 只要是能够因地制宜地有利于学生健康成长和未来发展的，即使是一些小小的饮食习惯，校长也可以抓。从这些"抓"细节的过程中展示出的，就是这所学校"关爱学生、以学生为本"的教育理念。

2. 教育经理型的校长更擅长于执行经过许可的目标和科目，他们更多地依赖已经建立好的行动纲领、现有资源和固定的办事程序。

3. 解决问题能手型的校长，其工作主要从学生的发展出发设计学校的发展目标，他们的工作已经不受已有经验的约束，为了实现以学生为本的各项工作，他们会做出各项创新的举措。

4. 当校长们了解了自己领导行为的类型，就能多方面、多角度地考虑工作，在作出更高水平的改革实践时也会更有效率。

5. 在实际中，校长的领导行为水平处于不断发展的过程之中，无论校长的领导行为水平处于哪个阶段，其最终目的都是实现学校的教育目标和学生的发展目标。

40.　教会学生生存

一位校长非常重视自我提升，他有一个好习惯，就是每天早晨早起阅读半小时报纸。有天早上他看到关于青少年犯罪的一则报道数据，脑子里突然豁然开朗。

据该报道，我国青少年犯罪整体上呈现出较为严峻的态势。一是犯罪年龄呈集中性和阶段性分布。2000 年以来，14～16 岁青少年违法犯罪增长率持续增高。据统计，14～16 岁未成年人犯罪比率从 1999 年的 11.42％逐年递增至 2003 年的 15.09％。而 16～18 岁的青少年犯罪率始终居高不下。二是性别分布上以男性为主，但部分地区女性青少年违法犯罪比例有所上升。三是文化程度普遍较低。2002 年未成年人违法犯罪研究报告表明，在未成年人犯罪群体中，小学以下文化程度占 34.6％，而初中没毕业的占到了 47.3％。四是身份比较集中。主要集中在城市闲散青少年、进城务工青年、学生等群体。一项针对未成年人犯罪调查中的数据显示，闲散未成年人犯占全部调查对象的 61.2％。

该校长从这些数据中发现，大部分青少年犯罪者都是初中没有毕业的功能性文盲，而且大部分是社会弱势群体家庭的子女，例如城市外来流动人口的子女。他意识到，作为校长，他的工作方向不再是教学生语文、数学或外语，而是教学生学会生存，尤其是教那些弱势群体家庭的孩子学会生存！

细节分析：

未成年人犯罪已成为各方面关注的一个社会问题。有人将未成年人犯罪与环境污染、贩毒吸毒并列为世界三大公害。据统计资料表明，我国未成年人犯罪尤其是受到刑事追究的重大犯罪，正以每年15％的速度上升。据公安部公开的数据显示，近年来我国未成年人犯罪的平均年龄比20世纪80年代提前了2～3岁。14岁以下未成年人犯罪在各类犯罪活动中占有较大比例，未成年人犯罪占全部刑事案件的比例平均在10％以上，且有继续上升趋势。对此，公安部曾发出过红色警告：未成年人犯罪及其低龄化已成为严重危害社会治安的一个突出问题。近年来，未成年人犯罪在犯罪成员的低龄化，犯罪类型多元化，犯罪方式团伙化，作案方式成人化、智能化的基础上又呈现出闲散未成年人等群体违法犯罪凸显，由单独作案向集体性的共同作案转化，侵犯财产犯罪严重，因非法网吧、毒品等不良因素导致的未成年人违法犯罪上升，家庭问题和失学辍学问题对青少年违法犯罪的影响明显，教育改造呈现反复性，校园暴力犯罪化等新的特点。未成年人自身因素、社会不良风气、家庭的负面影响和学校教育模式等是未成年人犯罪的重要原因。预防未成年人犯罪需要家庭、学校、社会各方面共同努力。

思考透视：

学校尤其是中小学校，是公共教育系统的主体。公立学校是为公共利益服务的，是帮助成千上万处境不利的儿童获得未来生活成功的重要途径，是隐性的社会补偿机构。学校教育的成功也为民主社会和民主政治的建设奠定了公民的基本素质，也是实现和谐社会、维护社会稳定的重要基石。正如曾任美国总统的富兰克林所说："优质的公立学校系统必不可少，不仅对送子女到这些学校就读的家长而言是如此，对公共整体利益而言更是如此。"

学校的职能是什么？随着社会的快速发展，尤其是全球化、信息化、多元化的今天，人们对学校的期望越来越高，学校的职能定位也日趋复杂。学校的主要职能是教育，基础教育最根本的职能是培养人、发展人。学校通过课程，通过教师的课堂教学和各种育人活动，引导学生个体的全面发展。英国著名教育家沛西·能在《教育原理》一书中从学校与个人的关系角度，将学校的主要职能阐述为使学生社会化和个性化发展的双重职能。一方面是用以满足社会政治、经济需要的工具职能；另一方面是满足儿童自身发展需要的教育职能。要实现上述学校教育的职能，就需要学校不仅教给学生知识，而且更重要的是教会学生生存、教会学生做人，让学生能够在未来成人之后顺利适应成人社会的生活。这也是国家教育"十二五"发展规划中强调学生的能力培养、强调学生社会适应能力培养的重要原因。

1996年德洛尔代表国际21世纪教育委员会提出教育的四大支柱：学会认知、学会做事、学会生存、学会共处。可见，学校教育除了教会学生知识以外，还要把重心放在教会学生学会做事、学会生存、学会共处，换言之，就是要培养学生进入社会后在社会上生活、生存、发展的各种综合能力。能力的培养需要通过培养各种技能和实践各种专门技术，同时以创新的方式将知识和学习融入到实践中去。这些综合能力包括各种生活技能、个人素质以及对正当职业的兴趣和努力工作的态度。

应试教育培养的是智商为人群中前5%的精英人才，对其他95%毫无意义。当前社会需要的是各级各类的人才，不仅需要高精尖人才，更需要各行各业的高技能人才。以考试为目的的教学不能为社会培养真正所需的人才，让社会所有人都安居乐业、人尽其才、才尽其用，结果是浪费资金和埋没人才。一位真正了解社会需求的校长会将其办学方向明确为——培养社会所需要的各级各类人才。

如果一位校长有意帮助教师提高，这位校长就要不断地提高自己。校长的自我学习能力，也是当代校长必备的素质。成为一名学习型的校长，是校长把所在学校建设成为学习型学校的前提。

专栏 40.1　校长的自学①

一位校长为了保持其领导能力和水平，就要持之以恒地坚持自学自修，成为一名终身学习型的校长。以下是一些美国校长们常用的自学自修途径：

①坚持长期阅读报刊，并在自己阅读后，经常与教职工交流自己的心得体会。

②与学校附近的师范学校和教育系建立联系，把他们的教授请进来，和学校的教师们互相学习。一些有前瞻性的校长，主动帮助大学教育系的师资培训，延长师范生在中小学校的实习时间。提供给师范生在实践中成长的机会，安排他们从大学三年级起走进中小学教室听课、辅导、试讲小课等。在大四毕业时，这些师范生已经在中小学课堂上锻炼了近两年的时间。如果中学招聘到这些在本校实习过两年的新教师，那么对学校的益处就显而易见了。同时，校长可以借大学教授在中学指导师范生的机会，请大学教授为中学的在职教师讲授教学理论。这种互利互惠的人才培养模式，一旦建立，就可以长期延续。

③校长与教师们一起结成研究团队，进行教学科研活动。在这期间，校长应以一位普通成员的方式参与科研活动，与其他教师平等参与科研活动的各项工作，例如帮助收集有关资料，记录活动的进展情况，帮助整理数据，准备科研报告等，并给教师们提供时间和机会，让这些教师宣讲他们的科研活动和研究结果报告，鼓励全体教师参加讨论。

④亲自作教学示范。如果可能的话，用摄像机把自己的教学拍摄下来，在教职工会上放映，介绍自己的教学思想和教学收获。如果这节课上得平平淡淡，也向教师们显示，校长也同样是一名教师，教学总有一般的可能性。敢于这样做的校长向教师们表明，校长仍是教师中的教师，愿意带头接受大家的"品头论足"，以提高教学技能，

①　摘编自〔美〕刘京秋、哈维·奥威著：《校长管理手册——美国中小学校长成功管理之路》，北京：中国财政经济出版社，2007 年 7 月版，第 191～192 页。

并且不愿意脱离教学。

⑤带头参加优秀教学示范的各种活动。例如，校长和老师们合作，组织教职工研讨会，共同讨论改进教学的活动。在讨论过程中，校长有意识地表扬不同年龄的人，树立为教学作贡献的各种榜样。校长以身作则，抽时间听这些教师的课，向大家传播他们的教学经验。

⑥评估和督导教师的过程也是校长向教师学习的机会，因为协助教师提高的过程就是校长的督导评估方法不断成熟的过程。在这个过程中，校长可以在课后评估中询问教师："回忆一下我们共同工作的过程，我所用的哪些方法对你有所提高?"这样，校长可以不断总结出最有效的督导评估方法。

总之，以下几点可供参考：

①校长要关注教育公平的问题。教育公平的目的是让每一个孩子获得未来生活的成功机会。在这个意义上，教会学生生存、学会做人，是比教学生知识更重要的教育目标。

②校长要关注学校内弱势群体家庭子女的生存与发展问题。例如，外来务工子女的未来发展目标是什么? 他们的未来如果安排不好，很容易成为社会的不稳定因素，给他们自身、他们的家庭以及所在的城市社会造成严重的伤害。

③在学校教育中运用的教学法方面，不能仅注重提高考试成绩的直接教学法，应注重强调能力培养的合作教学法，把课堂内的知识点放到真实的生活情境中去教给孩子，帮助他们学会在什么时候为了什么而运用所学知识，这样也可以加深学生对知识的理解和记忆。①

④一位以培养社会所需各类人才为办学方向的校长，会努力调查了解每一位学生的兴趣爱好，鼓励每一位教师运用多种教学方法，开办多种校

---

① 关于直接教学法与合作教学法的详细论述，请参见本书第42篇"每周两节自由阅读课放飞学生的心灵"。

内校外活动，去激发学生的学习愿望，鼓励学生的自主的、合作的学习活动。尽管在短时期内，学生的考试成绩可能不太乐观，但是一两年后，学生们被开发的智能、学习兴趣和动力都会发挥出来，他们的考试成绩很可能不断提高，而且每个人都会开心地学习、快乐地生活。

视点延伸： 全面发展、人文见长

上海市的一所示范性高中，从 1994 年就开始实行全面发展的素质教育。该中学校长的办学理念是"全面发展，人文见长"，以"平民本色，精英气质"为育人目标，办学口号是：培养出"爱生活，会实践，有爱心，能自强；爱读书、会思考、有才情、敢担当"的社会中坚和民族栋梁。学生们除了上正规课程外，还参加大量的课外活动，从不同学科的课外小组到为社区服务。学校独具特色的校园八大主题文化节、班级干部轮换制、开放性主题教育课程（校内劳动锻炼、高一军政训练、高二学农实践以及高三的社区挂职锻炼）都为学生科学有效地分析问题、判断问题、解决问题提供了智力支持和实践平台。例如，该中学有一个赴革命老区帮困助学的项目。自 1995 年开始，该项目每两年开展一次活动，组织师生帮困助学代表团（学生自愿报名参加，其中绝大多数成员来自青年党校、各班班级干部），利用暑假，赴江西井冈山新城中心小学、安徽金寨关庙学校开展助学考察活动，活动时间一周。助学考察团将代表学校为两所学校送去捐赠款、图书、学习用品、生活用品等；实地考察革命老区人民为中国革命和建设事业所作出的巨大贡献；参观两地的革命历史博物馆，瞻仰烈士陵墓；到贫困学生家中去体验生活；游览人文景观。通过丰富的社会实践活动，了解中国社会的现状、中华民族的文化，体验百姓的生活，提振精神，锻炼了意志品质，提升了各种社会生活所需的综合素质与能力。多年来，这所学校的毕业生在全国标准考试中的平均成绩一直远远高于全国、上海市的平均成绩，处于上海市中学的前列。

点睛笔:

1. 学校的主要职能是使学生社会化和个性化发展的双重职能。一方面是用以满足社会政治、经济需要的工具职能；另一方面是满足儿童自身发展需要的教育职能。

2. 一位校长为了保持其领导能力和水平，他/她就要持之以恒地坚持自学自修，成为一名终身学习型的校长。

3. 校长要关注教育公平的问题，要关注学校内弱势群体家庭子女的生存与发展问题。教育公平的目的是让每一个孩子获得未来生活的成功机会。在这个意义上，教会学生生存、学会做人，是比教学生知识更重要的教育目标。

4. 在学校教育中运用的教学法方面，不能仅注重提高考试成绩的直接教学法，应注重强调能力培养的合作教学法，把课堂内的知识点放到真实的生活情境中去教给孩子，帮助他们学会在什么时候为了什么而运用所学知识，这样也可以加深学生对知识的理解和记忆。

5. 一位以培养社会所需各类人才为办学方向的校长，会努力调查了解每一位学生的兴趣爱好，鼓励每一位教师运用多种教学方法，开办多种校内校外活动，去激发学生的学习愿望，鼓励学生的自主的、合作的学习活动。

六、 教学改革的管理细节

"为了每一个学生的终身发展"已经成为当前中小学校教学改革的终极目标和灵魂。按照国家的教育方针，所有中小学应全面深入贯彻落实素质教育。与之相应，中小学所有的教学改革应致力于减轻学生的课业负担，促进学生的全面发展。

这样的教学改革应该倡导一种全面而多样的综合评价体系，例如：把学生的幸福感、身心健康、学习负担、学习实践经历、学习兴趣、学业水平等多个指标作为考核学校教育质量的综合指标。

这样的教学改革应该注重基于学生需求的个性化培养模式，关注落后生的发展，从而实现"不让一个孩子掉队"。

这样的教学改革应该倡导学生的主动学习与自主学习，使学生在自由宽松的学习形式与氛围中充分彰显自己独特的个性与创新精神。

41. 辩论式教学促进教与学可持续发展

　　青海的一所藏族民办学校，校长最重要的办学理念是坚持传统教育和现代教育的融合，坚持汉藏教育的融合。①

　　这所学校的校长将千百年来行之有效的寺院教育的方式与现代学校教育相结合。其中最有特色的一点是，他将寺院中辩经的学习方式引入学校的语文教学改革，要求学生每天上午、下午在操场各辩论半个小时，辩论的形式包括一对一的辩论、一对多的辩论、多对一的辩论等不同形式。学生们积极参与、展示自己的口才和表演能力，现场高潮迭起，气氛活跃。这种每天两次的高频率的自由辩论，有效地促进了学生的口头表达能力、逻辑思维能力以及认识问题和分析问题的能力等等，同时也提升了学生的自信心。在注重背诵、写作的严格训练之时，自由辩论及其表演所体现的开放性，释放和促进了每一个学生的个性发展，促进了学生能力的全面提升。

　　细节分析：

　　这所青藏高原上的藏族学校，是一所普通的学校，招生范围很广，包括藏族的僧俗两类学生，也包括愿意来学习的成人，所以学生的年龄跨度很大，真正做到了有教无类。辩论式教学是以学生为主体，以反向思维和

---

　　① 本案例内容选编自杨东平先生新浪博客文章《青藏高原的教育奇葩——吉美坚赞学校》，博客地址：http://blog.sina.com.cn/yangdongping

发散性思维为特征，由小组或全班成员围绕特定的论题辩驳问难，各抒己见，互相学习，在辩论中主动获取知识、提高素养的一种教学方式。辩论式教学也在许多学校广泛运用，比较多的是以小组辩论、主题辩论赛的形式展开，属于比较正式的辩论形式。但是，案例中的自由辩论的教学形式相对来说，在当前我国的学校中运用较少，而且，要求学生每天上午、下午在操场各辩论半个小时，把自由辩论作为语文教学改革的一种主要形式，则更加少了。

思考透视：

自由辩论作为一种教学法有其久远的历史渊源。

（1）苏格拉底的提问式教学法。说起自由辩论式教学法，很多人会自然联想起几千年前苏格拉底的提问式教学法。苏格拉底提问式教学法，是指在与学生的谈话过程中，不直截了当地把学生所应知道的知识告诉他，而是通过讨论问答甚至辩论的方式来揭露对方认识中的矛盾，逐步引导学生自己最后得出正确的答案。具体包括讽刺（不断提出问题使对方陷入矛盾之中，并迫使其承认自己的无知）、"助产"（启发、引导学生，使学生通过自己的思考，得出结论）、归纳和定义（使学生逐步掌握明确的定义和概念）等步骤。苏格拉底的提问式教学法作为学生和教师共同讨论、共同寻求正确答案的方法，有助于激发和推动学生思考问题的积极性和主动性，以此为基础演化出来的自由辩论式教学法也是如此。

（2）墨子的辩论理论。辩论的历史与人类语言的历史一样久远。中国古代的"百家争鸣"，辩论就有了高度发展。如最著名的庄子与惠施公的辩论；孟子也曾自述"余岂好辩哉？余不得已也"，而得到古今好辩之名；墨家辩者，简称墨辩等。辩论自古而来就是训练逻辑思维的一种有效方法。辩论的问题既可以是认识方面的问题，也可以是现实方面的问题。辩论者要有自觉自律的精神，在辩论过程中要多多反思自己，而不是去一味指责他人。

（3）现代对话教学理论。《学习的快乐——走向对话》（〔日〕佐藤著，钟启泉译）中指出，"学习"作为一种对话性实践，不仅引导我们从独白的世界走向对话世界，而且借助这种对话性的、合作性的实践，为人们提供了构筑起"学习共同体"的可能性，而基于"学习共同体"构想的学校改革作为一种"静悄悄的革命"，将会形成21世纪教育改革的一大潮流。

在学校教学改革中运用自由辩论式的教学方法应注意以下几点：

①注重师生、生生交流的多维性和充分性。教学信息的输出与反馈，不仅在教师与学生之间进行，而且在学生与学生之间进行，形成多维交流、合作、碰撞的态势，建立多层次、立体式信息传递网络。课堂教学在活动关系网上应形成师生之间、生生之间的多边互动格局，促进个体与个体、个体与群体、群体与群体之间的和谐、协调发展。案例中的藏族学校所运用的一对一、多对一、一对多等形式，就充分地体现了交流的多维性和充分性。

②注重在生成性教学中构建学生的学习团队。辩论式教学的课堂是充满活力的，学生思维和思维的碰撞，会激发灵感，课堂不是预设，而是生成的，创新的，无法预想的。通过辩论式教学，构建学生的"学习团队"，引发师生教与学行为的根本转变，以促进学生学习能力的提高，合作能力的提高，从而大面积提高教学效益，促进学校教学和学生的可持续发展。

③利用辩论式教学来改变一成不变的课堂座位布局。教学方式的改变，会带来教学条件的相应改变。辩论式教学的课堂课桌椅的摆放不同于一般的课堂，它突出了小组合作、生生互学的特点。因为传统课堂教学是教师为中心，因此课桌椅的摆放整齐，学生全部面朝讲台，突出教师的中心地位。辩论式教学则不然，以小组合作甚至学生个体之间的合作为主，因此课桌椅摆放以体现方便小组合作、方便生生交流为主，尽量营造轻

松、随意的氛围。例如案例中的藏族学校，就把自由辩论的课堂搬到了学校大操场上，学生自由围坐、结对或成群，非常方便，很适合学生交流。

④注意在自由辩论中充分关注到每一个学生，提供每一个学生平等的机会，促使他们充分展示并发展自己的能力。在课堂教学这一特定的"时空场"中，师生共同营造民主、和谐、热烈的教学情境和氛围，让不同层次不同类型的学生都拥有同等的参与和发展的机会。

视点延伸：以自由辩论为教改特色

每周都坚持听不同学科教师的上课，是某中学校长进行教学管理的习惯。从每次的听课中，他不仅能够了解教师的教学状况，也能够从中找到教学改革的灵感。

一次，他在一个初一班上听语文课，班上两个学生就某个观点发生了激烈的争论，甚至引发了两派学生的辩论。虽然课堂显得比较混乱，但是全班学生的参与度很高，大多数学生都很投入地参与到辩论之中，表达的内容很丰富，观点也很有深度，学生的学习效果很好。该校长灵光一闪，既然学生这么喜欢辩论，何不每天上、下午都让出半小时给学生，让他们自己组织开展自由辩论的活动呢？这样做的好处，既可以锻炼学生的口头表达能力和思维能力，也能够促进学生自主学习、主动研究的精神，和当前新教改的目标要求不谋而合啊！

校长把这一想法和一些教师进行了商量，共同把该想法补充完善成为一个实施计划，在全校实施后，果然很受学生和教师的欢迎。一年以后，辩论活动成为了该校的教改特色。

点睛笔:

1. 辩论式教学是以学生为主体，以反向思维和发散性思维为特征，由小组或全班成员围绕特定的论题辩驳问难，各抒己见，互相学习，在辩论中主动获取知识、提高素养的一种教学方式。

2. 辩论自古而来就是训练逻辑思维的一种有效方法。辩论的问题既可以是认识方面的问题，也可以是现实方面的问题。辩论者要有自觉自律的精神，在辩论过程中要多多反思自己，而不是去一味指责他人。

3. 辩论式教学过程中，应注重师生、生生交流的多维性和充分性，以形成多维交流、合作、碰撞的态势，建立多层次、立体式信息传递网络。

4. 通过辩论式教学，构建学生的"学习团队"，引发师生教与学的行为的根本转变，促进学生学习能力的提高、合作能力的提高，从而大面积提高教学效益，促进学校教学和学生的可持续发展。

5. 辩论式教学应注意在自由辩论中充分关注到每一个学生，提供每一个学生平等的机会，促使他们充分展示并发展自己的能力。

42. 每周两节自由阅读课放飞学生的心灵

在一所小学，王校长经过深入调研，大胆地将每周8节的语文课改成6节，另两节课由学生带摘抄本到学校阅览室自由阅读。这是另一个学习的天地，由于心灵的自由与阅读的快乐，学生们自然也就有了特殊的收获。

王校长的体会是，学生写作水平的提升，不是靠写作技巧与方法的培养，而是大量阅读之后的自然外化。古人说得好："读书破万卷，下笔如有神"、"胸藏万汇凭吞吐，笔有千钧任翕张"。因为有了丰厚的语言积累，写作时才能够文思泉涌、妙笔生花。

自此，重视阅读成了这所学校语文教学改革的特色，并不断向外延伸。

（1）向学生的暑期作业延伸。学生在自由阅读课中积累了大量的资料，但这些资料大多杂乱无章。为了锻炼学生搜集、整理、归纳资料的能力，该校将学生的暑期作业布置为编撰书稿的活动。要求学生在教师的指导下确定编撰主题，进行大量阅读，并在阅读中搜集、筛选、加工资料，最后设计版面、插图，把材料编写在一起，并加上目录和封面。学生们完成得很有创意，有的还写上编者、前言、后记，列出了参考书目。

（2）向家庭的亲子阅读延伸。王校长认为，读书不仅应成为一种习惯，更应该成为一种生活方式。"构建书香家庭，提升家庭品味"成为该校倡导家庭中的亲子阅读的口号。在学校的倡议下，许多家长告别了看电视、打麻将、喝酒等休闲方式，开始与孩子一起读书。

（3）向班级课外活动延伸。该小学从二年级至五年级，开设了班级读书会。学生在教师的指导下，全班共读一本书或一篇文章，而后由教师安排在课外活动时间全体师生一起分享读书的感受和体会。这种读书方式虽然阅读数量不多，但是整个过程全班师生共同分享、全程参与，进行积极的对话与沟通，促进了读书后的思考与智慧的交流。

细节分析：

养成良好的阅读习惯，能够让人终身受益。一般而言，学校会鼓励学生进行课外阅读，但是不给时间、只给政策的做法很容易让那些家里条件不太好的学生无法完成课外阅读的任务。有的孩子家里没有钱买额外的书籍，有的孩子家里根本没有容纳自己安静读书的房间，有的孩子回家后还要帮助父母干家务。案例中的校长大胆地从每周8节语文课的正规课程中抽出两节课的时间，让孩子们到学校阅览室去读书，给每一个孩子创造了平等的读书环境，这种做法尤其有益于那些处境不利的家庭的孩子，有利于教育公平，有利于促进每一个孩子的成功。同时，让孩子学会自主阅读、养成读书的习惯，也有助于他所在家庭的生活方式的改变，如同案例中所说的那样，有的家庭不是家里没有条件，而是家长不重视读书，于是，通过家校合作，倡导亲子阅读的方式，成功地转变了家长自身的生活方式，让许多家长告别了看电视、打麻将、喝酒等休闲方式，开始与孩子一起读书。

思考透视：

（1）一位热爱学生的校长会鼓励老师们运用多种教学法。为了打造学生需要的知识基础，传统的直接教学法还要发挥作用。但是，为了培养学生的自主学习、批判性思维、创造性思维、解决问题等方面的能力，也必须采用以学生为中心的合作教学法。如同案例中的校长在传统直接教学法的语文课的基础上，改革了两节自由阅读课，为引入合作教学（暑期作业、班级活动等）奠定基础。这种以学生为中心的教学改革符合我国教育"十二五"中长期规划中所倡导的改革方向。

教学法有很多种，主要可以归为两类。第一是直接教学法。如何提高学生的考试成绩，是我国中小学校长期以来关注的教学重点。而我国现有的传统教学法就是直接教学法，这种教学法是实现应试教育目标的最佳途径。直接教学法是以教师为主导、学科为中心的教学法，教师以"真理"和"正确答案"的拥有者自居，向学生灌输书本知识，学生成为听众，做笔记，被动地接受知识。其优点是，有助于基础知识的记忆掌握，有助于认知能力低的学生的学习，尤其是学习能力发展迟缓的学生，但是它对批判性思考能力、学生的自主性和创造性有制约作用。学习缺乏动力且好动的学生对直接教学法会有抵触情绪。

第二是合作教学法，也被称为"发现法"，其首创者是美国教育家杜威。合作教学法是一种以主题为中心的跨学科教学和探索法，它运用归纳思维过程，让学生从建立假设开始，通过实地调查、动手做实验、采访等手段，收集数据，然后得出结论。合作教学法，既可以使更多的学生提高学习效率，又有助于学生交流能力、独立思维能力、创造性学习能力、解决问题能力等多方面综合能力的提高。前苏联心理学家维果茨基的社会相互作用理论更强化了这一教学法的可行性。教师的作用从过去的知识传递者转变为运用本教学法的计划者，教师的作用是指导学生的学习、协调教学活动的顺利进展，担当学习资料的咨询员。

（2）重视与家长的合作。学生的第一位老师是他们的父母。父母对教育的重视和对学校的态度直接影响着孩子在学校的表现。如果学校和家长之间没有积极合作的关系，孩子在学校的成功就必定会受到影响。从一切为了孩子的角度出发，学校必须和家长结成盟友。现在许多学校都在努力把家长请进学校，让家长的力量融合为学校建设的一个积极因素。而且，家长也是学校声誉的最好传播者，家长向别人表扬自己孩子的同时，对孩子所在的学校也是一种宣扬。

校长在具体操作中，以下几点可供参考：

①在教学改革中与时俱进，综合采用各种教学方法。一位优秀的校长或教师决不会排斥任何一种教学法，也不只偏爱某一种教学法。他们会根据不同的时机、不同的课程内容、不同的学生生活背景，选择最适合的教学法，以鼓励所有学生的学习积极性，促进学习的效果。正如一位校长所说："在教学上我不敢和优秀教师相比，但是我要坚持学习，保持教学知识与时俱进、与日俱新，保证我的教学督导方向是最新的、最有效的。"

②重视家校合作，通过学校教育的延伸影响学生家庭的生活方式。家庭教育的方式及其对孩子的成长发展的影响非常大，家庭在巩固和发展学生在学校所学知识方面，起着举足轻重的作用。一项成功的教学改革，需要取得家庭成员对学生学习的支持，甚至，如同案例中那样，也影响着家庭成员的生活方式。

③教师要善于发挥支持与指导作用。在合作教学的过程中，教师不是答疑者，而是指导学生探索答案、引导学生到可以得到答案的资料中，收集和分析资料得出结论。教师巡视和督导小组任务的进展，学生间的不和谐、不合作、过于独断专行或避重就轻，教师应及时发现，及时解决。教师作为协调者，召集学生开会，确定问题的本质，取得解决问题的方法。

④校长的支持也非常重要。必要的时候，校长需要协调课时安排，争取必要的经费支持，参与学生的合作学习活动，为学生的探索学习和创造性学习聘请专业顾问进行深度指导等等。如同下面案例中某高中校长所做的那样。

⑤注意运用发展性评估。在运用合作教学法时，学生的学习收获和社交技能都要分别评估。采取学生自我评估法和同学间评估法，促进学生的自我反思和宽容合作的精神。这类评估不打分数，以评论为主，目的是引

导学生注意人际交往能力的提高。

⑥可以运用"家长读书会"作为学校与家长合作的活动平台。具体操作方法是：每几个月或者一学期一次，家长自愿参加的读书讨论会。新学年开始时，学校把读书会的书单公布给家长们，讨论会可以由校长或者由家长委员会的主席主持，也可以让家长毛遂自荐当主持人。讨论会可以以一些家长关心的热门书籍作为"引子"，通过讨论，加深家长对孩子所在年龄段的青少年特征的了解与理解，引出家长在家庭教育中面临的许多问题，交流经验，分享如何做好一位家长的经验方法。

视点延伸：校长支持下的合作教学改革

一所普通的地方高中，在校长的倡导下，连续两年都在进行合作教学法的改革，主题是"走出课堂，走进科学"。

2009年10月的某个星期一和星期二，这所高中的六十多名科学课的学生，组成合作小组，利用两天的时间，在城市郊区的一个野生植物园里采样。学生们全副武装，穿上长筒雨靴、多层衣服（预防天气变化），在植物园里一百多公顷的树林里东奔西走，采集各种样本。有的采集树样，例如树皮，研究树的年轮，研究当地工业发展对树林生长的影响，研究被野猪咬过的树皮的演变；有的采集动物样本，研究猫头鹰脱下的皮，昆虫的种类；有的研究山坡斜度与土壤吸收化肥的关系；有的研究噪音对树林生长的影响等等。学期结束时，每个小组要有论文发表。2009年的活动之后，一本92页的论文集装订成册。2010年也是同样的计划，把学生完成的论文装订成册，存在学校图书馆里，供全校师生阅览。

这种教学需要教师的热情，对户外活动的喜好，拥有生物、化学、物理各科的知识和运用知识的能力，以及大家的支持，尤其是来自校长的鼎力支持。

这所高中的校长，一直是这项教学改革创新的坚定支持者，他帮助教师协调与其他各学科的时间安排，以便学生能有两天集中的时间进行野外采样，而不占用其他学科的课时。同时，校长还帮助寻找财力支持和人才资源，并亲自参加两天的野外活动，为教师当助手。为了这个教改活动，学校一共从三个企业募集到10万元，这笔经费足够今后3年购买实验用的化学原料和实验仪器。学校还请到了所在地自然科学研究所的一名研究人员和当地大学的一位教授担任义务顾问。两天的活动结束后，学生们都很疲劳，但是也很兴奋，因为采集到样本只是他们学习研究的开始，很多学生都跃跃欲试，迫不及待地要做实验、查资料，寻求结论。在两天的采样中，教师和校长都十分紧张，时时担心学生的安全，但是又被学生回来后的学习热情所激励。

点睛笔：

1. 一位优秀的校长会在教学改革中与时俱进，综合采用各种教学方法。他/她会根据不同的时机、课程内容、学生生活背景，选择最适合的教学法，以鼓励所有学生的学习积极性，促进学习的效果。

2. 直接教学法是以教师为主导、学科为中心的教学法，教师以"真理"和"正确答案"的拥有者自居，向学生灌输书本知识，学生成为听众，做笔记，被动地接受知识。

3. 合作教学法是一种以主题为中心的跨学科教学和探索法，它运用归纳思维过程，让学生从建立假设开始，通过实地调查、动手做实验、采访等手段，收集数据，然后得出结论。

4. 一项成功的教学改革，需要取得家庭成员对学生学习的支持，甚至，也会影响学生所在家庭成员的生活方式。

5. 校长需要协调课时安排，争取必要的经费支持，参与学生的合作学习活动，为学生的探索学习和创造性学习聘请专业顾问进行深度指导。

43. 用不老的老招数——集体备课

一所著名的中学，之所以多年来保持其高考成绩领先的声誉，一个非常重要的秘诀是，一直坚持实施集体备课。

这所中学多年来都坚持着一个优良传统，即没有经过集体备课的教案是不能进入课堂的。

该校所有的教师分别组成不同的年级组和教研室，以年级组为主。集体备课的程序一般如下：面对每一门新课，年级组确定一个老师为"中心发言人"，由他讲解课程的重点、难点，并设置练习，其他教师则纷纷予以补充和完善，最后形成共同的教案，所有同一科目的老师一同把它带入课堂。

在这所中学，所有的教案都没有个性化的东西，连做多少练习题都是全年级整齐划一的。至于教学效果，则通过每个老师独具个性的语言艺术和课后辅导来实现。

此外，在这所中学的课表上，还设置了明确的师徒课。干部与教师、老教师与新教师结对。每个教师每学期都要讲四节以上的"汇报课"，以保证教学质量并接受同学科教师的评议和监督。

细节分析：

这所中学是传统的名校，多年来，一直保持着98％以上的高考升学率和75％左右的重点大学录取率，每年有三十个以上的学生步入清华、北大。据该校校长说，该中学并没有成套的什么特色"教学法"或"教学模式"，学校的师资力量也并不是太强，好多教师的第一学历仅仅是师专。包括校长在内，全校只有两名教师拥有硕士学位。那么，这所学校成功的秘诀是什么呢？是其重视扎实基础并以人为本的教学理念吗？

从上述案例中集体备课的严格流程，也可以看出，这所学校非常重视基础，非常重视发挥教师作为一个专业学习共同体的集体智慧。该校每次上课，都是用全校统一的授课教案，该教案是由该科目资深教师亲自设计并讲解，同时由全年级组教师的共同讨论、补充、修改后而最终确定。该科目所有老师都统一用该教案授课，有效地保证了每一个班级最基础的授课质量。之后，体现以人为本的个性化的东西则体现在教师的授课语言和课后辅导上。由此可见，该校的集体备课制度也充分体现了该校的教学理念——保证基础、以人为本。

思考透视：

（1）案例中的集体备课，所运用的是典型的直接教学法。当前，在美国普遍推崇的是梅勒德林·亨特在 20 世纪 80 年代末用 3 年时间总结出的 7 步直接教学法：

第一步：明确教学目标：按照布鲁姆的教学目标分类制定教学目标；

第二步：制定所有学生要学到的知识和技能；

第三步：导入，调动学生，引入新知识；

第四步：讲解新知识，A. 通过不同手段教学（讲解、电影、图片和录音带等等），B. 树立榜样：向学生展示范文和优秀作品，C. 检查学生的理解——提问是最好的手段；

第五步：指导练习，老师带学生解题，运用新知识，安排学生独立解题，老师巡视；

第六步：结束语，课末总结要具体，有实际内容，不能只是泛泛地问："有问题吗?"

第七步：独立练习，让学生运用新知识独立解决问题。家庭作业是最典型的形式。

直接教学法可以覆盖大量知识，案例中的集体备课，有助于让所有教师都统一直接教学法的基本步骤，有助于保障和统一所有教师的教学质量。这种方法也被证明是集中提高学生成绩的最佳途径。

(2) 教师的集体备课，充分体现了一个学校教师之间开放、友好、合作的人际氛围，在这种氛围中教师之间也容易形成共同学习、共同进步的学习共同体。国外研究表明，最成功的学校往往是那些能够发挥教师之间、学生之间学习共同体的功能的学校。这些学习共同体一般具有以下普遍特征：第一，教师为促进所有学生的学习而有着共同的清晰的目标（如不让一个孩子掉队，让每一个孩子实现学业成功等）；第二，教师们积极参与各种教学和科研的合作活动，并为之贡献自己的智慧，实现自己及所有教师的共同目标；第三，教师作为一个合作的集体愿意为了所有学生的学习成功承担责任。

专栏 43.1 "学习共同体"的根源与定义

"共同体"是指一种共同的特征、相似性、一致性，如团体精神。学校共同体，是指一种使学生学业成绩持续发展的团体。这里的共同体关注的是人际关系的深层结构性构造，关系和信任是这种共同体团结在一起的粘合剂。这种共同体是基于相互的尊重、关心、爱护、依赖和责任。

彼得·圣吉在1990年的畅销书《第五项修炼》中第一次使用了"学习型组织"一词，虽然圣吉所写的是企业界的商业团体，但是此后这一个词语很快进入到教育文献中。萨乔万尼将圣吉的五项原则之一"团体学习"，翻译到教育情境中，"学校作为学习共同体的这个理念说明了成员之间的一种关系，类似于我们在家庭、邻里或其他有着密切关系的组织中所看到的"。

可见，学习共同体本质上是建立在相互信任的基础之上的人际间的友好合作关系，其前提基础是一种推动团体学习的良好人际氛围。

国外有人把"校本学习共同体"界定为以下几方面：①教师间的反思性对话；②去私人化的实践；③共同聚焦于学生学习；④合作；⑤共享规范和价值观。

校长在运用集体备课时，以下几点可供参考：

①集体备课在学科的知识结构体系中，既要提供适当的学习方法和学习策略的指导，又要提供检测学习效果的适当材料，如典型的练习题。

②在运用集体备课的形式时，也可以配合采用"周周清"的课外辅导方式，保证每一位学生都顺利掌握课堂中的基础知识。在课堂中的集体讲授中没有听懂的学生，可以对之进行个别辅导，每周一次，以学生自我纠错为主，教师指导为辅。保证每一位学生对一周内的学习内容都能理解和掌握。

此外，一种有效的做法是：建立每一位学生的"错题及典型习题档案本"，每一位学生的作业一旦发现错误，都记入该生的"错题档案"，立即改正，并认真反思总结。这不仅可以让学生养成积累典型习题的习惯，也可以帮助教师对学生进行有的放矢的教学。

总之，一位成功的校长会通过以下方式建立基于信任和合作的学习共同体：积极倾听每一位教师的声音，真诚地关心和关注教师的专业成长；对每一位教师的研究兴趣和教学关注点表示感兴趣（表现出对该教师的尊重）；对每一位教师的个人兴趣和爱好也表示理解（表现出对该教师的个人关怀）；愿意用实际行动支持与表达上述关注与关心；提供必要的支持帮助每一位教师取得成果，如果某一位教师的兴趣点偏离实际不可行，作为校长会真实地向该教师说明，并帮助他/她找到新的切合实际的发展点，这也体现了该校长的正直品质。

视点延伸："讲学稿"的奥秘

南京市一所濒临撤并的农村初级中学，因"讲学稿"的教学改革而名声鹊起，成为全国知名的学校。

"讲学稿"是一种"教学合一"的课堂教学改革。它是根据学生的学来设计的，既是学生的学案，也是教师的教案。设计一份好的"讲学稿"，关键是抓好备课。为确保集体备课的质量，校长要求每一个备课组做到"三定三有"，即定时间、定地点、定主备课人，有计划、有主题、有记录。学校还将此项规定纳入备课组长的考核项目，一月一考核，使集体备课落到实处。

"讲学稿"指的是集教案、学案、作业、测试和复习资料于一体的师生共用的教学文本，是教师集体备课的结晶。其备课模式可以概括为：提前备课、轮流主备、集体研讨、优化学案、师生共用。

备课具体过程为：①寒暑假备课。寒暑假期间教师要了解学生、熟悉教材，从纵横两方面把握知识体系；②主备教师提前一周确定教学目标，选择教学方法，设计教学程序，将"讲学稿"草稿交备课组长审核；③备课组备课。组长初审"讲学稿"后至少提前两天将"讲学稿"草稿发给全体组员，然后召集组员集体审稿，提出修改意见；主备教师按集体审稿的意见将"讲学稿"修改后交审核人审查，再由备课组长将审核后的"讲学稿"交分管领导审定，制成正式文本；④课前备课。上课前一天将"讲学稿"发给学生，任课教师对"讲学稿"再进行理解和补充；⑤课后备课。第二天师生共用"讲学稿"实施课堂教学，课后教师在"讲学稿"的有关栏目或空白处填写"课后记"，用于下次集中备课时小组交流。这是一个不断打磨、不断提升的过程。经过这些程序，每一位教师的教学经验得以积累，教训和问题变成了复习教学的重点和难点。学生则在"讲学稿"的相关栏目或空白处填写学习心得等。

"讲学稿"既帮助教师汇聚集体的智慧，总结了每一位教师的授课经验和教训，同时也帮助学生总结了学习心得，促进了学生的主动学习。

点睛笔:

1. 集体备课，有助于让所有教师都统一直接教学法的基本步骤，有助于保障和统一所有教师的教学质量。

2. 教师的集体备课，充分体现了一个学校教师之间开放、友好、合作的人际氛围，在这种氛围中教师之间也容易形成共同学习、共同进步的学习共同体。

3. 在运用集体备课的形式时，可以配合采用"周周清"的课外辅导方式，以保证每一位学生都顺利掌握课堂中的基础知识。

4. 建立每一位学生的"错题及典型习题档案本"，不仅可以让学生养成积累典型习题的习惯，也可以帮助教师对学生进行有的放矢的教学。

5. 一位成功的校长会通过积极倾听每一位教师的声音、真诚地关心和帮助每一位教师的专业成长等多种方式，来建立基于信任和合作的"学习共同体"。

44. "零作业"的刚性管理

这是一个真实的案例。

山东某县中学，李校长新上任，就大刀阔斧地提出了本校的教改目标——"零作业"。学校成立了以校长为组长的"零作业"研究办公室，要求学校中层班子成员全部参加，并吸收了部分骨干教师加入。

"零作业"教学实施的基本策略，一是净化作业布置环境。学校规定各年级一律不准布置任何形式的课下书面作业，课上完不成的作业不准留在课下做，不准课下发放成套试题，更不准布置隐性作业。事实上，该校学生每天有多达四节的自习课。在自习课时间，所有教师都不允许进入教室，班主任除了布置学校的工作外也不允许进入教室，目的是真正把自习课还给学生。二是提倡精批精改课堂作业，充分发挥作业功能。李校长不仅要求教师所选习题必须注重能力的培养与训练、内容的深度和广度，而且要为学生提供适当的选做题，以关注不同层次的学生。三是推行作业当堂完成制度，提高课堂效率，做到"定目标、快节奏、大容量、讲练结合、当堂训练"，实现"学一点、记一点、会一点、知识当堂消化"的目标。不布置作业并不意味着学生无事可做。自习课上，教师提倡学生进行"自助餐"式的学习。学生根据自己学习的情况，可以选择自己想要补充学习的科目，或预习新课，或复习已学内容，或练习提高，都由学生自定，教师不予干涉。

真正做到"零作业"，必须统一思想，提高认识。通过各种各样的会议，李校长一次又一次地给老师们讲，拼时间可能会带来短期的提高，但学生不会有充足的后劲。同时，他让大家明白，布置大量作业的结果，是剥夺了学生的自由空间，学生没有了自由的张力，也就没有创造性生长的空间，甚至造成人格的萎缩和心理的压抑。

为了使措施落实到位，李校长也带了一个班的英语课，带头执行"零作业"，引领全体教师向课堂要质量。在实施的过程中，发现违反政策的老师，则坚决地予以制止。校长的兼课打消了老师们的思想顾虑，也促使老师们反思自身行为，回到正确的教学轨道上来。

为了配合该措施的实施，学校对教师的教学成绩评价采用了捆绑式评价，取消原来的个体评价方式，在绩效评价方面，学科成绩和年级总成绩挂钩，同年级同学科老师按照相同成绩进行考核。这样就使得同一年级组老师、同一学科老师成了利益相关的共同体，加强了团结，密切了关系。

学校对违规的老师给予通报批评，限期整改，并在常规考核中给予扣分。对多次严重违反制度者，校委会可根据干部人事管理权限对相关责任人给予相应处分。

此外，李校长在全校师生大会上还呼吁学生对教师布置作业的行为进行监督。他在会上公开说明，禁止教师布置一切形式的课下作业。如果教师布置作业，就属于违纪，学生可以不予完成，也可以向校长写投诉信，检举揭发老师的违纪行为。

教师之间的监督也在无形之中形成。在"零作业"的教改措施下，教师比的是教学能力、教学手段、教育理念，比的是效率。争抢时间涉及每一位教师的直接利益，因此违纪教师的行为也会受到全体教师的舆论谴责。

在上述一系列措施之下，李校长的"零作业"教改措施逐渐得到了推行。而且，在不到一年的时间里，该校中考成绩从全县最后几名一跃而居全县第二，县综合评价第一，该校还荣获了"教学工作先进单位"的称号。

细节分析：

当前学生课外作业多，已经成了一个难以化解的通病。笔者经常听同事诉苦，自己刚读小学一年级的孩子每天晚上要完成两个小时的作业量。前几天，遇到住在同一个小区的家长，闲聊时说起她正上初三的孩子，每天做作业要做到晚上12点，她心疼孩子，到12点就不让孩子继续做作业了，要求孩子上床睡觉。……每次听到这些，身为家长的笔者，也会为还在幼儿园的女儿以后上学了怎么办而忧心。同时，作为一个教育学者，听到当前中小学如此重的课业负担，也在纳闷为什么。教改不是提出要为孩子减负已经有很多年了吗？怎么在这些中小学都没有发挥作用呢？究竟中小学要如何改，才能真正让孩子减掉重负、在快乐与自由中主动有效地学习呢？

上述案例中"零作业"教改措施的成功实施，给了如同笔者一样困惑的家长和教育研究人员一个让人惊喜的答案。

李校长的实践证明，零作业的实施，以作业改革为突破口，是减负增效、推进学校素质教育的有效方法。教育应该让学生在轻松愉快中学到知识、提高能力，从而全面提高学生的素质，为学生的终身发展奠定基础。而学生能否轻松愉快地学习，其关键在于学校能否调动学生学习的主动性和积极性。减轻学生过重的课业负担是能否调动学生学习的主动性和积极性的前提条件。结合新课程改革的实施和当前农村初中教学的现状，李校长提出了实施零作业教学的教改方案，进行了有益的探索，并获得了较好的结果。

思考透视：

减轻中小学生课业负担（简称"减负"），一直以来都是中小学校全面推进素质教育、巩固和提高普及九年义务教育水平的重要措施。我国教育部从 2000 年起，就强调要切实减轻中小学生的课业负担，以全面推进素质教育。当时的教育部部长陈至立指出，减轻中小学生过重负担意义重大而深远，它是提高民族整体素质，使青少年健康成长的需要；是提高人才的创新精神和实践能力，增强我国在下一世纪竞争能力的需要；是巩固普及九年义务教育成果，提高教育普及水平和质量的需要。2011 年 1 月，国务院办公厅印发了《关于开展国家教育体制改革试点的通知》，明确要求减轻中小学生课业负担。2012 年 2 月，教育部印发《教育部 2012 年工作要点》的通知，其中明确提出将制定减轻中小学学生过重课业负担措施。

2000 年，教育部就已发出《关于在小学减轻学生过重负担的紧急通知》[①]。该通知规定：小学开设的语文、数学、思想品德、音乐、美术、社会、自然课程，每门只准使用一本经审查通过的教科书。其他课程和专题活动均不得组织小学生统一购买教材和各种读本；任何部门、团体、机构、学校和教师不得组织小学生统一购买教材以外的教辅材料、图书、报刊和学生用品；要严格按照课程计划，均衡安排课程和作息时间，不得增加周活动总量，更不得增加学科教学的学时，不得占用节假日、双休日和寒暑假组织学生上课，更不得收费上课、有偿补课；小学一、二年级不留书面家庭作业，其他年级书面家庭作业控制在一小时以内，严禁用增加作业量的方式惩罚学生；除小学语文、数学外，其他课程不得组织考试。小学生学业成绩评定实行等级制，取消百分制；已经普及九年义务教育的地区，要坚决落实小学毕业生免试就近升入初中的规定，任何初中入学招生不得举行或变相举行选拔性的书面考试；任何部门、团体、机构和学校，未经教育行政部门批准，不得组织小学生参加各种竞赛活动、读书活动。

---

① 尹鸿祝、温红彦：教育部推出今年工作一项"重头戏"，小学生减轻课业负担规定具体，《人民日报》，2000 年 1 月 8 日第 1 版。

多年来，"减负"年年抓，但是一直都难以顺利推行。某校长分析其原因说，40小时工作制实行后，学生从每周上四十多节课变为上三十多节课，时间减少了，教材却没有随之变薄，老师不得不紧赶慢赶地上课，许多原可以让学生在课堂上做的练习也只好留到课后做，学生负担很重。此外，"减负"所遇到的社会阻力也不小。一些家长望子成龙，要孩子周末到老师家补课，让孩子做学校不要求做的辅导练习，对学校不组织补课、不多布置作业感到不理解。可见，中小学生"减负"，非常需要学生家长及社会各部门的支持与配合。

"零作业"教学改革的基础是"双基"，是以保证学生掌握课程标准要求的基本知识和基本能力为目标，着重提高课堂效率、课堂节奏和课堂容量，让学生在课堂上主动、积极地自主探究与合作学习。课下去掉一切训练性的书面作业，取而代之的是与生活实践接轨的研究性学习活动。

"零作业"教学改革的动力是"两个转变"，是学生学习方式的转变和教师关注点的转变。一方面，零作业的教改促使学生的学习从"要我学"的被动学习转向了"我要学"的主动学习。学生从繁重的课业负担中解放出来，有时间能够自主地学习，当学生意识到学习是自己发展的需要时，就能够自觉地进行学习。另一方面，零作业的教改促使教师从关注"满堂灌"的教学转向了关注"如何教"和"教什么"的针对性教学。教师为了提高教学效率，不得不深入研究学生的身心特点，把握学生的内在需求，同时深入研究教材内容，研究自己的教学风格和教学方法，从而总结摸索出一套在课堂上具有针对性、有效性的教学方式。最终，促进了学生的求知欲望和教师的专业成长，促进了师生共同拥有的自由发展空间。

在贯彻落实教改措施的过程中，校长需要掌握一些管理的技巧，以促进和推动教改的效果。为了推动"零作业"的教改方案贯彻落实，案例中的李校长采取了以下措施：①统一思想，提高认识。②成立领导管理小组。③校长以身作则，亲自示范。④改变教师评价机制，促进教师间的合作。⑤严格管理，违规必罚。⑥发动学生和教师之间的监督。

事实上，案例中的"零作业"是一种较好的理想状态，在当前的中小学教育现状下，很难在短时期内全面推行。在目前中小学生作业量过大的前提下，尽可能减少作业，减轻学生过重的课业负担，给中小学生更多的自主发展的空间才是切实努力的主要方向。

目前很多中小学都在努力探索"减负"的各种具体措施，其中可以借鉴的一些做法如下：

（1）建立专项班主任、科任教师责任目标考核制度。把"减负"工作作为对班主任、科任教师实绩考核的重要内容。在教师评职、评优、评先、晋级等方面实行一票否决制。落实课程标准，按照国家规定的教育教学内容和课程设置开展教学活动，不随意增减课程和课时。所有教学人员必须严格按照作息时间上课下课，不迟到、不拖堂、不提前上课、不提前下课。坚决杜绝不按时上课和随意调课行为。建立有利于促进教师职业道德和专业水平提高的科学的教师评价体系，不单纯以教学成绩评价教师。坚持内容全面、主体多元原则，综合考虑师德表现、工作态度、专业发展、工作量、工作难度和工作实绩等方面科学评价教师工作。

（2）严格按日课表、作息时间表、教学计划上课，不拖堂、不集体补课。严格控制学生在校活动总量不超过8小时，不得早于7:00组织学生上课，保证学生有9小时的睡眠。早锻炼、晨间活动时间教师维护纪律，确保活动安全。不准在自修课和休息时间或自由活动时间上课，只能对确实学习有困难的学生进行个别辅导或下班答疑，不组织学生早自修，晚自修时教师不得组织上课。

（3）建立促进学生全面发展的评价体系。全面推行日常考试无分数评价，实行学生学业成绩与成长记录相结合的综合评价方式，为每个学生建立综合、动态的成长档案，全面反映学生的成长历程。学生学业成绩评价实行日常评价与期末考试评价相结合的评价办法，成绩评定实行等级制（一般为 A、B、C、D 四个等级）。严格考试管理，不组织、不参加未经市级以上教育行政部门批准的各种统考、联考或其他竞赛、考级等活动。学校、班级不允许以任何方式公布学生考试成绩、按考试成绩给学生排名次等。严格控制考试科目和次数，降低文化课考试难度。期末考试的难度值控制在 0.7 以上，考试科目按有关规定执行。

（4）精选作业是"减负"的重点。教师需要精心思考，因为这不是单纯地做减法，而是减去作业中低效、无效的部分；也不是简单地一刀切，而是重点减轻学习有困难的学生的负担。作业不在以多取胜，它也不只是课堂教学内容的机械重复，而是有效延伸，这要求老师们充分认识自己的学科特点，明确阶段、课时目标任务，了解自己的学生实际，才能布置出最为有效的作业。有些学校的相关做法值得推荐：如每次作业布置前，教师应亲自做过，估计好学生的作业时间，避免出题中的错、偏、怪、难；教师加强对学生的作业反馈，发现问题及时讲解等等。积极开展学生自主实践性学习。

（5）教师要改革课堂教学模式，课堂内要有充足的时间让学生做作业。禁止"满堂灌"，要重视对学生自主学习能力的培养，调动学生自主学习的积极性。调动学生学习兴趣，使课堂教学气氛和谐、融洽、活泼、愉快。

（6）加强教学过程管理，教师实行集体备课制。分工负责，集体备课，资源共享。优化教学设计和课堂教学过程，重点抓好备课、上课、作业批改，个别辅导等环节。作业批改应突出评价的激励性，要保护学生的自尊心，使学生感到成长快乐，针对不同学生的特点，及时加以鼓励，不断引导他们进步。

（7）加强校园文化建设，实施"体育、艺术2＋1项目"，提高学生的综合素质。要充分利用社会公共资源、学校自身的资源，经常组织学生参加社会实践活动，让学生有健康的课余生活场所。

（8）强化科研兴教工作，加强教师队伍建设，开展"减负增效"课题研究。教师要积极探索"减负高效高质"的有效途径。学校要通过"名师工程"，改善师资条件，优化教师队伍。"减负"重在提高教师素质和课堂情趣，要做到"老师善教，学生乐学"。

（9）对教导主任、教研组长和教师分别进行作业规范方面的有关要求：要求教导主任要深入教学第一线，经常了解教学及学生作业负担情况，每学期至少分析全校教学情况两次，并及时研究改进教学。要求教研组长要精选例题和习题，严格控制学生作业量，每学期分析学生学习情况两次，并经常研究改进教学方法。要求教师要精心设计课堂练习，安排课外作业，经常听取学生和家长的意见，控制作业量和提高作业效果，并定期对自己所教学科进行质量分析，不断改进教学工作，每学期写一篇教学体会或经验总结。

（10）中小学校严格控制学生在校活动总量和课外作业量，鼓励学生每天至少进行1小时的体育活动。未经教育行政部门批准，不得举办各种类型的竞赛、读书、评奖活动。学校及学生征订书报、读物须由教育行政部门审批，除教材外，不得要求学生人手一册。

（11）面向全体学生，开展帮学活动。每位教师与一两名学困生结成对子，有的放矢地指导，不放弃每一个学生。

（12）加强学法指导，培养学习品质，提高学生的学习效率。一是强化学习习惯训练，学校将制订学生上课、阅读、作业、自习、复习等习惯并进行强化训练。二是努力培养学生的自学能力。三是各科要指导学生优化学法，并分科成立学法研究和考评小组，用科学的方法提高学习效率。

四是努力提高学生良好的学习心理品质。如求知欲、自信心、意志力、独立性、创造性，尤其要注重学习精神的培育。树立精神支柱、克服惰性心理。五是指导学生科学用脑和合理使用时间，努力使学生学习时间"增值"。例如，某小学对学生的记忆方法进行有效指导，有效地解决了学生注意力不集中、写作业慢、阅读速度慢等问题，提高了学习效率，减轻了课业负担。

（13）开展心理研究，指导学生健康学习。开设"教师心灵茶吧"，用教师的快乐引导学生愉快学习；开设心理咨询室，有效解决学生的困惑；通过班主任培训，进行班级健康文化的建设，通过报喜电话、设置荣誉座位、评选格林快乐星等形式，引导学生健康学习；通过实施成功教育，严禁要求考差了的学生写检查或让其家长在试卷上签字，或对其讽刺挖苦；要实施鼓励性评价，分层次订目标，按目标进行评价；努力培养学生的学习兴趣，克服厌学情绪。

（14）建立家校联动制度。各义务教育阶段学校要注重发挥家庭教育在"减负"中的基础作用，积极通过家访、家长会等形式大力宣传先进的教育理念、教育方法，引导家长树立正确的育人观、成才观，努力使学校、家庭、社会形成"减负"的共识和合力。具体措施为：一是成立家长学校，加强家长辅导；二是改进家长接待日，坚持家校双向评价和信息反馈；三是加强对个别后进生的补课工作；四是加强特长生培养。

视点延伸：教师一半精力备作业

在一所不补课的中学，教师非常重视学生作业的质量。教师备课，不仅备教学内容，更要将一半的重心放在备作业上。

该校学生的作业量受到严格控制，必须少而精，能让教师及时批阅。教师来不及批阅的作业坚决不允许布置。学生做作业，教师给与评析，学生再进行反思，这是必须完成的一个过程。

每次布置作业，年级组长和任课教师会主动协调，保证各学科之间的均衡。该校校长认为，很多练习册上的题与上课内容难以吻合，题量过多，难度过大，没有针对性，学生做这种作业，只会是浪费时间。但是，该校提倡教师要多买几本教学参考书，从中精选、精练、精评，剪贴出真正适合学生特点的作业。只有针对不同的学生布置不同的作业，才能真正调动学生的积极性，也才能实现真正的"提优补差"。这才是有效的高品质的作业。

点睛笔：

　　1."零作业"的实施，以作业改革为突破口，是减负增效、推进学校素质教育的有效方法。

　　2.教育应该让学生在轻松愉快中学到知识、提高能力，从而全面提高学生的素质，为学生的终身发展奠定基础。

　　3.只有针对不同的学生布置不同的作业，才能真正调动学生的积极性，也才能实现真正的"提优补差"。这才是有效的高品质的作业。

　　4."零作业"教学改革的基础是"双基"，是以保证学生掌握课程标准要求的基本知识和基本能力为目标，着重提高课堂效率、课堂节奏和课堂容量，让学生在课堂上主动、积极地自主探究与合作学习。

　　5."零作业"教学改革的动力是"两个转变"，是学生学习方式的转变和教师关注点的转变。

45. 没有讲台的教室

一位校长在长期的听课研究中，发现了一个不为人们所注意的现象，就是教师一站上讲台，往往就自觉不自觉地找到了以前独霸讲坛的感觉，情不自禁地多讲起来。这无疑会侵占学生在课堂上有限的自主学习时间。事实上，学生通过探索可以学会的东西，教师都不需要讲。

不久，这位校长提出了取消讲台的大胆想法，而且随之付诸实施。

这样一来，教室前面的讲台没有了，教师和学生同在一个空间之中，处于同一个平面之中。每一个班级的墙上都贴上了各自的标语，如"我参与，我成长，我快乐"，"课堂大舞台，人人展风采"，"新课堂，我主张"，"我的课堂我主宰，我的人生我把握"等等。

取消讲台之后，课堂布置和教学形式也都发生了巨大的变化。教室前后及背光面三面都是大黑板，教室中间是纵向排成的三排课桌，学生分组排位，对面而坐。课堂形式多种多样，"台上"学生或表演、或辩论、或唱歌、或讲解，有小品、课本剧、小组展示等多种形式；"台下"学生或蹲、或站、或坐，三五成群。学生的发言几乎不需要老师点名，非常踊跃，站起来就说，说完自己坐下另一个再接着说。由于学生的参与热情很高，常常会遇到两个人或几个人同时站起来发言的情景，这时学生会自觉地礼让，一个接着一个说。

取消了讲台之后的课堂，没有了老师的呵斥和监督，没有了老师长时间的"讲解"，更多的是学生集中精力的参与和浓厚的自主学习氛围。

细节分析：

取消讲台是促使课堂教学从传统的接受式教学向新课改所要求的发现式学习、探索式学习转变的一个重要细节。在传统接受式的课堂教学中，学生在课堂上看似正襟危坐、认真听课，但实际上，有的学生根本没有听懂、甚至没有听，有的则漫不经心，不时地做些小动作。而教师在课堂上也习惯了以讲为主，即使明晓了调动学生主动学习的重要性之后，仍然还会因为"惯性运动"而滔滔不绝地讲解。

案例中的学校虽然实施了一系列新课改的措施，甚至严格规定了教师在课堂上的讲解时间不许超过10分钟，学生自主活动时间不少于35分钟。即使如此，该校校长发现仍有些教师一站到讲台之后就会不由自主地滔滔不绝起来。这是一种习惯性的条件反射。于是，校长毅然撤掉了传统的讲台，也撤掉了传统意义上教师权威象征的一种物质基础，促成了新课改的深度开发。

思考透视：

按照新课改的要求进行教学改革的学校，课堂教学将发生三个转变。一是课堂内容由"纯知识型"向"知识、能力、情感、价值观的综合型"转变；二是学生学习态度由"被动接受式"转向"主动探索式"；三是教师教学由"注入式"向"发动式"转变。

归根结底，新课改倡导的是一种以皮亚杰、布鲁纳、杜威和维果茨基的研究为基础的建构主义学习观与教学观。建构主义方法的关键在于把学生的个人努力置于教学的中心位置，即强调以学生的主动学习为中心，而不是传统教学中强调以教师为中心。细节中校长把讲台移到一边，就是希望教师少讲，学生多讲，改变以教师为中心的教学方式，而转向以学生为中心的教学方式。

但是，让学生多讲、教师少讲的新课改教学理念，在推行之初，通常会遭遇来自家长和教师的双重阻力。家长会认为，教师不教却让学生自己学，违背了大家习以为常的教学常规。老师也会非常不理解，自己不教，学生怎么能学会？所以，在改革之初，首要任务是获得教师的认可，强调教师可以发现知识、总结规律，做学生中的首席，但不能硬性灌输知识，做课堂的主宰。这种改革既是对教师教育教学观念的猛烈冲击，也是对学生生命成长的极大关注。同时，还要培训教师，让他们掌握以学生为中心的教学方式的基本原理和操作运用的基本方法。

建构主义学习理论认为，不应给学生以剥离的、简化了的问题和基本技能训练，而应该让他们应对复杂的情境和"模糊的"、结构混乱的问题。建构主义倡导的是，让学生在复杂的、真实的生活情境中学习，在与他人的社会互动中学习。这种学习方法不仅能极大地促进学生的学习兴趣，而且能使学生在学到知识的同时，也学会交流与合作，发展学生尊重他人的能力，培养学生的自信，促进学生的人格发展（如集体学习过程中的个人责任感、人际关系中的信任感等等），提升学生的各种生活必备素质。

讲台靠边站以后，教师该如何运用以学生为中心的新型教学方法呢？建构主义学习方式在学校教学中的应用方式主要有三种。

一是探究学习与基于问题的学习。探究学习强调个体对知识的发现和创造。采用这种方法时，先由教师提出一个令人困惑的事件、疑问或问题，再由学生提问，以收集信息、形成假设并进行检验，在此过程中，教师监督学生的思考过程，并对他们进行指导。探究法与发现法类似，这种方法必须以充分的准备和计划为前提，对于那些准备不充分的学生或是缺乏知识背景与解决问题所需技能的学生来说，效果不大。

二是认知学徒制。采用这种方法时，要求教师是知识渊博的专家，在激发学生完成现实生活任务的同时，对学生进行指导、示范、激励并纠正其错误。该方法具有以下六个特点：①学生观察教师对任务的示范；②通过训练和指导，学生获得支持——包括提示、反馈、示范和提醒；③教师提供概念支架——提要、解释、笔记、定义、公示、程序等，随着学生的逐步胜任和熟练，可以逐渐减少教师讲的内容；④学生不断地清晰表达所学的知识——用自己的话来表达所理解的内容；⑤学生反思自己的进步，将自己目前要解决的问题与专家的表现以及自己原先的表现进行比较；⑥学生探索将所学知识付诸应用的新方法——那些未在教师指导下实践过的方法。

三是合作学习。它强调了对文化背景下的真实活动的关注。在合作学习中，让学生以小组形式合作解决复杂的现实生活问题。合作学习有五个要素：面对面的互动、积极的相互依赖、个人责任、合作技能和小组进程。学生作为小组成员聚集在一起，体验着积极的相互依赖和人际信任关系。他们相互帮助、相互学习，一起工作，最后必须独立学习，承担着学习的个人责任。合作技能是学生需要掌握的必备技能。

具体而言，合作学习有两种方法。一种是切块拼图法，教师将小组学习的材料分给每位成员，各位成员就成为自己这一部分学习内容的"专家"。他们互相切磋，彼此依赖，每个人的贡献都很重要。各个小组持相同材料的学生一起讨论，称为"专家会议"，以确保自己理解了这部分的内容，然后共同计划将这些内容教给自己小组成员的方式。专家会议后，学生回到自己的小组开始传授自己的知识，最后学生们分别参加对所有学习内容的个别化测验，并为自己所在的学习小组赢得积分。团队的小组学习的目标可以是得奖，也可以是得到大家的认可。

另一种合作学习的方法是结对学习的方法。学生们两人一起共同完成某项学习任务，如阅读节选的课文，解决数学难题，或修改作文草稿等。例如，两人一起阅读一段文章，然后其中一人进行口头小结，另一人则对这一小结进行评论，指出遗漏或错误之处。接着两人一起提炼、改进所总结的内容——画出关联图、直观图，运用记忆术，找出与已有知识的联系，就这样轮流下去指导完成学习任务。值得一提的是，合作学习还有很多其他形式。小组学习的关键在于学生相互交流的质量。教师是主要的引导者，他们在合作学习中发挥着重要作用。好的教师会用一些思想和备择方案激发学生讨论，促进、激励学生进行思考。

一些中小学校的改革事实证明，让教师在课堂上尽量少坐或少站在讲台后面，而是在教室里四处走动，多花时间与学生交流，这样的做法能够极大地改善课堂上的教学效果。教师不讲，学生照样可以学会很多东西，而且学会的东西多得超乎教师的意料。学生一旦成为学习的主人，就没有学不会的东西，群体的智慧与个体的积极性相融合，便会在课堂上激发学习的主动性和创造性。

但是，校长如何鼓励教师养成这样一种习惯呢？以下做法供参考：一是可以邀请相关专家作一场生动的、引人入胜的演讲，题目可以是"教师如何有效指导教学实践"等。二是为教师们提供参加职业培训的机会，回来之后在全校分享这种以学生为中心的互动式教学的好处。三是经常到教师中去了解他们无法推行新习惯的具体原因。有的可能是因为教师的体力不支，有的也许是教师对自己与学生进行有效交流的能力没有信心，有的可能根本没有意识到自己总是站在讲台后。四是可以经常固定地到教室去听课，并且使"站着——走动"的讲课方式成为学校教师的持续讨论话题，经常鼓励教师的这种做法。

总之，一个高效能的教师应该是站着讲课，经常走动，与学生保持交流的，这样，教师就必须从讲台后面走出来，讲台就必须靠边站。一般而言，在教师主导的教学环节中，教师一直是走动的。在学生独立完成练习的阶段，教师也会在教室里来回走动，环视学生，回答他们提出的问题，观察学生的行为。但"讲台靠边站"也不能一概而论，有时候也有例外。在教师要求学生独立完成功课不打算给与任何指导的时候，教师也会站在讲台后，在情感和肢体上与学生划清界限，这样就好像是在说，我需要你们独立完成功课。

视点延伸：讲桌靠边移

这是上海近郊的一所小学，校长连续听了几位教师的授课后，发现授课教师都有一个共同的特点，就是在一节课内几乎不离开讲台一步，靠在讲桌上只顾自己滔滔不绝地讲，而丝毫不顾及学生的接受程度和反应。而学生也是端端正正地坐在座位上，只等着教师的提问。校长意识到讲桌就像一条人为的鸿沟，割断了师生之间的互动，使得课堂气氛显得死板僵硬，教师像权威一样随意支配学生，学生在课堂上完全没有了自主权。

不久，校长在全校大会上，宣布了"讲桌靠边移"的决定。即把放在黑板正中的讲桌移到墙边，借此来调整课堂上的师生关系，改变课堂教学的气氛。

一段时间以后，校长为了了解教师和学生对"讲桌靠边移"这个做法的真实想法，召开了师生恳谈会。在会上，校长了解到：讲桌靠边移总体来讲利大于弊，在课堂上有助于师生互动，使师生关系更为融洽；迫使教师在课堂上少讲一点，把更多的时间和主动权交给学生，学生主动参与课堂的机会增多了，学习的积极性也提高了，教师的角色也在逐渐进行调整，越来越成为学生学习上的帮助者和指导者。[①]

---

① 本案例改编自郑金洲著：《课堂教学的 50 个细节》，福建教育出版社，2007 年 12 月版，第 113～117 页。

点睛笔：

1. 取消讲台是促使课堂教学从传统的接受式教学向新课改所要求的发现式学习、探索式学习转变的一个重要细节。

2. 建构主义方法的关键在于把学生的个人努力置于教学的中心位置，即强调以学生的主动学习为中心，而不是传统教学中强调以教师为中心。建构主义倡导的是，让学生在复杂的、真实的生活情境中学习，在与他人的社会互动中学习。

3. 建构主义学习方式在学校教学中的应用方式主要有三种：探究学习与基于问题的学习，认知学徒制，合作学习。合作学习有两种方法：切块拼图法和结对学习法。

4. 小组学习的关键在于学生相互交流的质量。好的教师会用一些思想和备择方案激发学生讨论，促进、激励学生进行思考。

5. 一个高效能的教师应该是站着讲课，经常走动，与学生保持交流的，这样，教师就必须从讲台后面走出来，讲台就必须靠边站。

46. 起跑、途中与冲刺同样重要——重视过程

在这所中学，对教育过程的重视贯穿于教育的整个过程。

从初一到初三，学校的教学重点应该放在哪个年级？很多学校会理所当然地选择初三。该校校长却认为，在策略上，初三是重点，但初一是基础，初二是关键，同样应该给予重视。因为大家都很关注初三，所以初三的工作只要在战略上把握方向，在战术上一丝不苟，就不会出大的偏差。而初中一、二年级比较容易被忽视，容易产生盲区。校长的管理要从基础、源头和过程抓起，而不能只抓尾巴，否则三个年级就会陷入恶性循环。

用什么来评价这个"过程"呢？是月度考核。该中学每月召开一次教工会议，对上月考核工作进行回顾和总结，表彰先进，分析得失，同时就改进措施和下个月的具体目标提出要求。校长室要对教职工月考核反馈表中提出的建议或意见逐一解答，对教职工反映的一些问题或矛盾及时进行梳理、引导。比如第一个月的目标是抓课堂，全校师生就全力总结课堂存在哪些问题，提出改进意见；第二个月的目标是抓作业，大家再集中对此进行总结、反思和改进。

一步一步去做，一个方面一个方面去突破，培养的不仅是学生的自主学习的习惯，还有老师的课堂习惯。而且，月考核为学年度考核减少了不少麻烦。只要把每人一学年十张月考核表往桌上一放，学年工作突出的、

一般的或较差的，就一目了然了。这样不仅避免了各类评估的盲目性，而且消除了很多学校普遍存在的校长说了算的随意和武断。

细节分析：

管理学上有重视结果的结果导向原则，但是这并不意味着学校管理只需要抓结果，不需要抓过程。这和跑步是一个道理，开始拼命跑，中途不掉队，最后冲刺却发现力气都已经耗尽了。教育如同跑步一样，都需要对过程进行科学管理。科学管理需要合理的评价，需要将过程评价与结果评价结合起来。案例中的月考核就是一种有效的过程评价的方式。值得一提的是，案例中的月考核，并非考核完了就结束了，而是把月考核作为发现教学问题的主要途径。每次考核之后，校长都会牵头组织全校师生对这些问题进行总结、反思和改进。如此月复一月，很多实际问题都逐渐被发现、解决，而且，月考核也成为年终考核的重要依据。

思考透视：

教育评价主要针对学校的教学质量而言，是学校教育质量管理活动的重要环节。其最终目的是通过评价来改进学校教育的教学质量，以确保教学满足学生全面、和谐的发展需求。

评价一般包括两方面，即对教师的教学质量的评价，和对学生学习质量的评价。我国当前教育评价存在一种不良现象，那就是评价总是只在学生身上打圈子。上课时教师自觉不自觉地总是想始终处于"主体"位置，而评价时却眼睛只盯着学生。这实际上反映了把学生当作"产品"来塑造的思想。

过程评价的相关理论。课程实施过程需要评价四个方面：一是要评价参与者及其参与的程度，二是要评价课程教学任务的完成情况，三是要评价课程实施的整体规划情况，四是要评价课程实施的产出情况。

对教师教学过程的评价，一般要评价四个过程：一是施教准备过程，一般包括研究教育标准、教学大纲，研究教材内容、教学方法与途径，制定教学实施策略与措施，准备教学软硬件，预先评估学生情况等。二是提高教学服务的过程。一般包括课堂的组织、协调与导学，根据具体情境适时选择与调整方法、途径、手段，指导学生活动，处理突发事件，适时引导评价等。三是反思施教质量的过程。包括学习效果诊断，如收集反馈信息，评价学生所得，预测学生满意度等。四是持续改进过程。包括复习与总结，修正不足，调整教学策略，制定改进措施等。

对学生的学习过程的评价，一般需要关注四个过程：一是自主预习过程。包括个人预习要学的内容、查阅辅助性资料等。二是合作学习过程，包括以小组为单位的自主研究性学习、小组内展示与预习所得、提出疑惑或问题、提出帮助请求、接受同伴的帮助等。三是接受教师指导的过程，包括消化、理解并应用所学内容的情况，寻求教师帮助，生成与发展相关素质等。四是质量管理过程，包括学习质量反思、评价与改进（所得与满意度评价、经验与教训总结）、调整学习策略等。

应该在教改过程中综合运用过程评价与结果评价，综合运用对教师的教学过程的评价和对学生的学习过程的评价。强调对教学过程的评价，并不意味着不重视结果评价。事实上，重视过程评价，正是为了更有效地控制教学活动的最佳质量，从而确保教学结果的最终实现。

无论是对教师的教学过程的评价，还是对学生的学习过程的评价，都需要采取多样化的评价方式与方法。

校长在具体操作之时，以下几点可以参考：

①在教学改革过程中，要做实过程中的每一步，需要校长具有勇气和胆识，需要教师抱着平稳的心态来教学。

②要把过程抓实做实，还需要在过程中重视细节、突出重点。对常规管理作出具体的整体构建和详细的要求，把课程建设、课堂教学改革置于

学校管理的核心地位，把管理的目标聚焦在教学质量的提高，并在教学研究过程中不断地鼓励创新，鼓励教师在教学过程中对教学任务的创造性实施和发展。

③坚持以素质教育为方向，严格执行国家和省里所规定的课程计划，坚决做到按计划开齐、上足、力求教好所有课程，对所谓的"副科"，在制度上有刚性要求，副科与主科一样按规定安排课时，副科教师与主科教师一样同等考核，不分主次。所有课程都重要，都是为学生素质的全面发展打基础的。

④可以运用"内容覆盖率考核表"来评价课程实施的有效性。具体步骤是：依据教学目标值定内容考核表，根据内容考核表贯彻教师所教授的真正内容，看教师在多大程度上实施了考核表上要求的课程内容。建议在观察教师授课情况时使用。

⑤运用多种评估法，评估学生的学习成就。在美国，考试成绩不是衡量学生学习成就的唯一标准，学生的认知能力、情感能力、社交能力和动手能力都被纳入学校全面评估的内容。在我国，素质教育改革和新课改的方向都是在倡导这种全方位的多种评估法。用于评估学生综合素质与能力的方式方法有：学生制作的展品、讲演或演示、学生的科研项目和学生代表作选集等等。例如，在一些小学里运用的学生代表作品选集，尤其是在家长会时进行展示，这些作品选集代表了一个学生在一段时间内的表现和进步。此外，一些高中学校，会要求高中毕业生在毕业前完成主题为"自己未来职业设想"的研究项目。学生要探索和收集相关资料，项目做完后，在学校展示，学校请教师、学生和社区代表来参观，并给予评估。这些评估手段深受学生的欢迎，也显示出其特有的优势，但是其缺点是耗时较长，运用时需要结合本校的具体阶段的具体情况综合考虑。

视点延伸：挖掘"草稿"价值，重视过程评价①

重视"草稿"，重视学习过程。

浙江某小学在数学教学中强调以"草稿本"的规范合理应用为新课改的突破口，发挥草稿的价值，促进学生的可持续发展。

具体操作如下：

（1）让学生备好专用的草稿本，包括课堂作业的专用草稿本和回家作业的专用草稿本。课堂作业的专用草稿本，要求分左右两侧，左侧为做练习的区域，右侧为专门打草稿的区域。在作业时要求练习和草稿左右一一对应。这样学生打草稿的质量自然都被逼着提高。同时，老师既可以看到解题的结果，还可以审查学生的解题分析过程。回家作业的专用草稿本要求学生自备本子，要写明日期，草稿与作业对应（如可以在草稿上注明题号，按作业、试卷的大小题号标注）。

（2）养成良好的草稿书写习惯。教育学生草稿要遵循从上到下、从左到右的书写要求，依次排列。另外，草稿纸上应字迹清楚，书写规范，特别要注意容易写错的数字、符号等。

（3）发挥草稿的激励功能。教师不仅要指导学生用好草稿，还要从数学学科的特点出发，指导学生借助草稿本的应用形成数学学习的方法和策略。养成数学思维习惯，及时纠正不良习惯，表扬、评比和展览优秀草稿本，重视整个过程的跟踪评价。

总之，在学生打草稿的过程中让他们体会到学习数学的快乐，通过师生不断的反思来达到共同发展，促进学生思维能力的提高。

---

① 本案例改编自：王陈华《挖掘"草稿"价值，注重过程评价》，《教学与管理》2007 年第 2 期。

点睛笔:

1. 教育评价主要针对学校的教学质量而言，是学校教育质量管理活动的重要环节。其最终目的是通过评价来改进学校教育的教学质量，以确保教学满足学生全面、和谐的发展需求。

2. 在教学改革过程中，要综合运用过程评价与结果评价，综合运用对教师的教学过程的评价和对学生的学习过程的评价。

3. 在教学改革过程中，要做实过程中的每一步，需要校长具有勇气和胆识，需要教师抱着平稳的心态来教学，需要在过程中重视细节、突出重点。

4. 坚持以素质教育为方向，严格执行国家和省里所规定的课程计划，坚决做到按计划开齐、上足、力求教好所有课程。

5. 运用多种评估法，评估学生的学习成就。考试成绩不是衡量学生学习成就的唯一标准，学生的认知能力、情感能力、社交能力和动手能力都被纳入学校全面评估的内容。

47. 拒绝拖堂：在 45 分钟内展示才华

在课堂上，一道题没讲完，下课铃声却不合时宜地响起来了，总不能这样就下课吧？

教师"拖堂"，这在许多学校都是司空见惯的现象。

然而，在一所普通中学，校长要求教师向课堂 45 分钟要效益，要求教师像一位情绪饱满的演员，只能在 45 分钟一集的电视剧里展示自己的才华。如果没有演完，意犹未尽，还想"拖堂"，那是绝对禁止的。

校长的理由是，一课时的教学内容用一节半或两节课的时间去完成，还谈什么 45 分钟的效益？在校长看来，"拖堂"的实质是培养了教师的懒散惰性。

有一些教师认为，因为教师水平低、质量不过关，多安排几个课时也没关系。这种看法其实是坑害了教师，妨害了他们的可持续发展。

还有一些教师会认为，反正课时有的是，马虎或浪费一节无所谓。该校校长却认为，随着学生年级的上升，课堂教学内容的增加，课时的相对减少，这种教师反复讲的老办法，不仅难以保障教学质量，而且相反还阻碍了学生自学能力的培养。

细节分析：

课堂教学是学生在校期间学习文化科学知识的主阵地。现在，每堂课时间的减少和每门课总学时的减少，给教师的教学带来了很大的麻烦，教学时间不够势必造成提前上课，或拖堂，或占用自修课和课余时间上课，从而加重学生的学习负担。对于"减时不减量"这一矛盾，除了对教材的内容进行重新修订调整外，对教师来说，最迫切的问题，就是如何提高45分钟的课堂教学的效率，尽量在有限的时间里，出色地完成教学任务。

拖堂、补课现象是学生负担过重的表现之一。本来一节课可以掌握的知识，却要占用学生宝贵的课间休息时间，甚至还要补课才能掌握，久而久之，形成了一种恶性循环，使得课堂教学的效果下降，学生的负担大大加重。"减负、增效"一直是中小学教改面临的难题。直到2011年底，教育部部长总结当前教育尚未解决的几大重点问题之时，中小学生课业负担过重仍是其中之一。案例中的学校为如何减轻中小学生的课业负担提出了一个可供参考的答案，即如果要让学生的学习做"减法"，教师的备课就需要做"加法"。换言之，减轻学生负担的一个重要前提，就是要改变消耗学生大量时间的题海战术，提高教师的授课效率与质量。上述案例中聚焦课堂教学的教改，不仅让学生尝到了减轻负担的甜头，而且也让教师们体验到了自身教学能力提升的一次次飞跃。

思考透视：

减负的深层次理念是以学生的发展为教育目的，而不是以考试成绩为学校的教育目的。归根结底是素质教育的理念。布鲁姆在他的《教育目标分类学》一书中，将教学目标分为三大领域，即认知领域、情感领域和动作技能领域。因此，在备课时要围绕这些目标选择教学的策略、方法、媒体，进行必要的内容重组。

要研究学生在不同年龄阶段身心发展特点，进行针对性的教学改革，以取得事半功倍的效果。例如，某小学校长基于儿童最佳发展期的发展心理学理论，对小学教学进行了大刀阔斧的改革。一年级孩子处于形象思维发展的最佳阶段，模仿能力强，校长让语文、外语课程优先，数学内容只在"数学活动"课上出现，只培养学生对形状和数量的认知。五年级时孩子的抽象思维能力显著发展，校长把原本在低年级的计算准确度训练移到五年级，使教学效率显著增强。

要关注学生生理、心理和智力发展的关系，充分关注学生各方面发展的和谐互促关系。研究表明，学生的健康身体和愉快心态有助于提升学生的学习效果与学习质量。目前很多小学取消了课间活动，课间除了上厕所孩子们都被要求坐在座位上不能随便走动。而某小学校长则鼓励孩子们玩，在操场上放着呼啦圈、羽毛球、跳跳球、跳绳等器材，让学生在课间爱怎么玩就怎么玩，而且学生没有早自习，早上 8:45 正式上课，学生进校门第一件事就是玩。初中每一个年级每天还有 25 分钟的晨练时间。在玩耍中，学生的身体素质增强了，学习的紧张心态消除了，学习不再成为一种负担，学校也成为一个好玩的地方。

备课是提高 45 分钟效率的关键所在。备好课、高质量的教案是向45 分钟要效率的基本保证。一般说来，教师钻研现成的典范教案，再结合自己的和学生的实际情况，然后才能更好地写出更有助于上好课的实际可行的教案。在很多成功的中小学校，运用集体备课的手段，发挥教师集体的力量可以弥补优秀教师不足的问题。通过集体备课可以集思广益，提高教师课堂授课的质量与效率。在备课过程中，教师对教学资料严格实行"精选、精编、精讲、精练"的做法。

能突出重点、化解难点。每一堂课都要有一个重点，而整堂的教学都是围绕着这个重点来逐步展开的。为了让学生明确本堂课的重点、难点，教师在上课开始时，可以在黑板的一角将这些内容简短地写出来，以便引起学生的重视。讲授重点内容，是整堂课的教学高潮。教师要通过声音、手势、板书等的变化或应用模型、投影仪等直观教具，刺激学生的大脑，使学生能够兴奋起来，大脑中刻下强烈的印象，激发学生的学习兴趣，提高学生对新知识的接受能力。

教师应当努力锤炼自己的教学语言，使自己具备严谨、简明、生动的语言表达能力。如果教师的语言简明精练，不啰唆，突出中心，切中要害，就能腾出更多的时间来让学生读书、思考和练习，从而提高教学活动频率。

要善于应用现代化教学手段。随着科学技术的飞速发展，"三机一幕"进入了寻常教室。对教师来说，掌握现代化的教学手段显得尤为重要和迫切。现代化教学手段，其显著的特点，一是能有效地增多每一堂课的课容量，从而把原来45分钟的内容在40分钟内就加以解决；二是减轻教师板书的工作量，使教师能有精力讲深讲透所举例子，提高讲解效率；三是直观性强，容易激发起学生的学习兴趣，有利于提高学生的学习主动性。四是有利于对整堂课所学内容进行回顾和小结。在课临近结束时，教师引导学生总结本堂课的内容，总结学习的重点和难点。同时通过投影仪，同步地将内容在瞬间跃然"幕"上，使学生进一步理解和掌握本堂课的内容。例如，在数学课的教学中，对于板书量大的内容，如立体几何中的一些几何图形、一些简单但数量较多的小问题、文字量较多的应用题，复习课中章节内容的总结、选择题的训练等等都可以借助于投影仪来完成。充分利用多媒体教学，力求用最少的时间让学生获得尽量多的知识，要求老师少讲、精讲，把更多的时间留给学生自学、质疑、解答，以培养和提高学生的自学能力和解决问题的能力。

要精讲例题，多做课堂练习，腾出时间给学生多实践。根据课堂教学内容的要求，教师要精选例题，可以按照例题的难度、结构特征、思维方法等各个角度进行全面剖析，不片面追求例题的数量，而要重视例题的质量。

妥善处理教学细节。有了好的教法，但教学细节处理不当，必然会浪费时间，影响 45 分钟的效率。教师要引导学生充分利用教材，教师要合理使用教具，妥善处理教学细节。备课时，应考虑到教学的每一细节以及处理方法。

充分重视学法指导。教学是教与学的双边活动，教师的教，只有通过学生的学，才能起作用见效率。"授人以鱼，不如授人以渔"，指导学生学习方法，使学生成为学习的主人，对于提高课堂教学效率是十分重要的。指导学生预习方法。预习不是看一遍书即可，教师可列出提纲让学生自学，发现问题，带着问题听课。指导学生听课方法。动耳听清知识的来龙去脉；动脑加以分析、归纳，将知识加以整理以便加强记忆；动手将重点内容做笔记以备复习。指导复习方法。根据艾宾浩斯遗忘曲线，遗忘是先快后慢。这就要指导学生及时复习，到后来可间隔一定时间再复习，间隔时间随复习次数越来越长。学习方法一旦被学生掌握，课堂教学效率必将大大提高，学生也将受益终身。教师在备课的时候就要依据每一课的实际情况，将一些学习方法适时地传授给学生。

正确对待个别差异。个别差异是客观存在的，不应回避，但个别差异是可以改变的，只要教师采取有效手段，后进生是可以转变的。美国著名教育心理学家布鲁姆说得好："如果教师能用教 20% 至 25% 的优秀生的办法对待其他学生，这个问题就会解决了。"向 45 分钟要效率，就必须在转化后进生上多下功夫。

善于激发学习兴趣。学生无兴趣的课绝对不会有效率，教师在课堂上要善于激发学习兴趣。爱因斯坦说得好——对一切来说，只有喜爱才是最好的教师。高效率地提高课堂教学，向 45 分钟要效率，应是每位教师终身所要追求的目标。例如，教师在备课时精心设计课程的导入方法，以有趣的内容激发学生的学习兴趣。

用典型的错误做法加深学生的学习兴趣与印象。例如，某中学教师在教学过程中，发现学生们往往对做错的题目留有更深刻的印象，为此对于那些极易出错的重点难点，为了引起学生的重视，他经常先误导学生，将一种典型的错误做法堂而皇之的呈献给学生，当大家都接受了这种做法的时候，他再突然将它推翻。这种局势的突变给学生留下的印象相当深刻，也愉悦了学生。学生以后的听课就会相当小心，动脑子的习惯就养成了。

总之，课堂45分钟，每一个环节都需要精心地优化组合，既保证课堂教学的质量，又比较科学地处理教师、学生、教材三者在课堂结构中相互影响的作用，这样，才能提高学生学习的兴趣，使中下等生学有所获，使优等生思路更为开阔，提高所有学生的分析、理解能力。

在具体操作之时，以下几点可以参考：

①备课时，先把去年最好的教师的教案复印给大家，由经验丰富的老师给大家讲教案，然后大家修改教案，比谁改得多、改得好。各自改好后，进行集体交流，取众人之长，由有经验的教师执笔、定下最终教案，经教研组长签字后，备课组长再把定下来的教案印发给大家。上课时，每一个教师根据本班实际，再对教案作适当调整。

②备课方面，要求尽量做到以下几点：坚持集体备课，提高备课质量，并要求每一位教师提前备好一周的课程。备课时要确定教学目标、重点难点，制定学生自学指导提纲，设计教师讲评内容，设计学生练习题目，充分关注学生的发展特点与接受水平。

③教师不仅要备课，还要备作业、备习题。例如，教师从各种辅导书上选出多个同类型的题目，然后十里挑一或百里挑一地选编成一张专题练习卷。保证让学生做的都是针对性强的好题，宁可教师多费时，不让学生浪费时间做废题。

④为了保证新教师的授课质量与效率，可以安排一位经验丰富的教师与之结成指导关系。新教师可以预先听老教师的授课，之后新教师试讲，

老教师帮助他/她及时发现问题、研究问题，并通过评课会、计划会、总结会、考后分析会等各种交流会，相互交流意见和建议，解决各种问题，提高新教师的授课水平。

⑤合理分配时间。课堂时间仅有短短的45分钟，而很多科目的教材内容相对较多，每一节课的45分钟都是学生生命的重要组成部分。这就要求合理安排、精心计划，让课堂上的每一分钟都得到合理、有效的利用。

⑥建立良好的师生关系，有利于教学效果的提高。教学过程要有师生的互相配合，才能收到良好的教学效果，只有建立和谐的师生关系，只有当学生尊敬老师时，学生才会认真听老师的课，若师生关系紧张学生不但不听老师的课，还会干扰课堂，所收到的效果就差了。

视点延伸："金字塔式"习题设计法

在一所小学，校长要求教师集中精力钻研课堂40分钟如何教好的问题，而不准教师搞传统的"题海战术"。有三十多年教龄的老教师也提出了疑问："不进行大题量的训练怎么行?"学校的坚持也把这位资深老教师逼上了钻研教改之路。后来，他创制了"金字塔式"习题设计法，即：从学生第一次练习的普遍错误中总结出难点、重点，为学生"度身定制"第二套习题，然后这样再反复三次、四次……习题的数量一次比一次少，针对性却一次比一次强。最终使得所有学生都掌握了知识点中的难点和重点。这样做的好处是，让学生不做无用功，题题有收获，确保所有学生都最终掌握教学内容。如今，这种非常实用的习题设计法已经在业内小有名气。

点睛笔：

1. 减负的深层次理念是以学生的发展为教育目的，而不是以考试成绩为学校的教育目的，归根结底是素质教育的理念。

2. "拖堂"的实质是培养了教师的懒散惰性，增加了学生的课业负担。

3. 如果要让学生的学习做"减法"，教师的备课就需要做"加法"。换言之，减轻学生负担的一个重要前提，就是要改变消耗学生大量时间的题海战术，提高教师的授课效率与质量。

4. 课堂45分钟，每一个环节都需要精心地优化组合，既保证课堂教学的质量，又比较科学地处理教师、学生、教材三者在课堂结构中相互影响的作用，这样，才能提高学生学习的兴趣。

5. 为了保证新教师的授课质量与效率，可以安排一位经验丰富的教师与之结成指导关系。

48. 关注"读什么"和"如何检查"的晨读

早上 7 点 10 分，一所中学的晨读时间，学生在教室里琅琅晨读，有些教师在不足 10 平方米的小食堂里悠闲地吃早饭。这里的晨读不用老师进班，晨读质量有保证吗？

原来，在这所中学，语文和英语两门主科的老师每天会把第二天晨读的内容、要求和任务写在黑板上。学校规定，教师不能只笼统地规定预习什么，早读要求必须细化为一个个句子、一个个单词，而且更重要的是要有落实、有检查。晨读下课前的五分钟或上课前五分钟，老师会予以检查，不合格的学生要在下午第四节自习课上继续补习。要想在五分钟内检查全班的晨读效果确实有困难。经过研究，学校决定，每次抽查几名成绩不太好的学生，督促他们学习。

这个没有教师监督的晨读，在"读什么"、"如何检查"上下工夫，将之真正落实到位。这样做的结果是，教师的工作负担减轻了，同时还激发了学生学习的内驱力，培养了他们良好的学习习惯。

细节分析：

案例中的学校是一所普通的中学，该校校长曾把晨读作为校本课题立项研究，对于在晨读课上"读什么"和"如何检查"的问题，全校教师一起参与，做了扎扎实实的研究工作。当一位教育局的领导到该中学检查校本研究的成果时，该校长汇报说："我没有书面材料，但您可以到我们的晨读课上转转。"此后，该校的校本研究以其"扎实有效"获得了教育局的专项经费资助。

思考透视：

在学生的学习方式上，历来有多种多样的主张和做法，主要有以下三种分类方式：接受学习和探究学习（又称发现学习），主动学习和被动学习，有意义的学习和机械学习。

三种分类方式既互相联系，又有所区别。

接受学习，是指学生通过教师呈现的材料来掌握现成知识的一种学习方式。在这种学习方式中，学生的任务是在教师的讲解下或通过阅读教材将有关的新知识进行理解、整合并纳入已形成的认知结构中内化，以便在需要时再现出来解决相关问题。案例中的晨读，就是一种接受学习的方式。探究学习与接受学习相对，是指学生以类似科学探究的方式并在教师指导下或通过自己独立的探究活动来获得知识并发展探究能力的一类学习方式。在探究学习中，学习内容往往是不确定的，学习的核心是要探究的问题，它是激发学生学习的根源，学生是学习的主体，积极思考、敢于创新是探究的本质特征。

主动学习是指学生在学习活动中学习目的明确，能够积极参与到学习中去，自觉理解学习材料的意义，深入而全面地把握学习内容。被动学习是指学生在学习活动中缺乏学习需求、动机和兴趣，不明确学习目的，不积极主动参与学习活动，不认真、深入思考学习内容，满足于一知半解、含糊不清、似是而非的知识。因此，学习是主动的还是被动的，关键在于学生是否积极参与学习过程，是否积极思考有关问题，而不在于是接受学习还是探究学习。案例中的学校，将晨读的学习内容和检查方式明确规定，促使学生积极参与到晨读学习中去，变机械地被动学习为主动学习，提高了学习质量。

有意义的学习是指学生在理解学习材料的性质、内在规律及其与其他知识的关系的基础上将知识整合到原有知识框架中去的学习。机械学习是指学生不理解学习材料的意义，囫囵吞枣、死记硬背式的学习。其特点是学生对知识不求甚解，机械模仿，所得到的知识是一堆未经内化而无联系的知识，难于迁移和应用。

有意义的探究学习一般都是主动的学习。但是，如果学生不积极思考、不主动参与探究活动，对自己正在做什么、为什么这样做全然不知，这种探究学习也是被动的、机械的、无效的学习。

布鲁姆的掌握学习理论认为，给予足够的时间和适当的指导，大部分学生都能掌握学习目标。在运用掌握学习的方法时，教师必须将要学习的材料划分成一个个小的学习单元，每一个单元都包括几个要掌握的具体目标，必要时，对不合格的学生重新讲授。上述案例中的教师们在晨读中充分运用了"掌握学习"的原理，把每天晨读的任务细化为一个个句子、一个个单词，并予以检查，要求不合格的学生补习。这些都符合有效教学方法的重要原理。

在传统的接受学习中，如何激发学生的学习主动性？上述细节可以提供以下几点启示：

①教师可以指导学生在老师讲解下或在自主阅读中进行认真的思考，帮助学生理解学习材料的意义、把握学习材料的性质与内在规律，促使学生自觉根据学习进程编织和完善头脑中的知识网络，挖掘学生学习的主动性与积极性。

②学习内容的要求做细、做实，而不是口头宣传。要花大力气注重学习内容的选择和安全，使学习过程尽可能有意义。例如：要注意新旧知识的相容性，使学习内容在逻辑上有内在联系，便于学生的理解；同时，学习内容必须贴近学生的知识经验，符合学生的心理发展水平，否则学生无法理解学习内容。

③学习效果的评价，以最后几名学生的掌握程度为衡量标准。如果课

堂上最调皮捣蛋的几个学生都在认真学习，其他的学生也会受到激励，主动学习。

有意义的主动的接受学习，有助于培养学生从书本中获取知识的习惯和能力。这种习惯和能力主要是在接受活动中形成的。

视点延伸：没有学生抬头的自修课

一所位于江苏南通某县的普通中学，自修课时间，无论你走到哪一个班级，决不会有一个学生抬头看你，这在很多学校是不可想象的。如果你向班主任老师了解其中的秘密，他会告诉你：在这所高中，学生在高一刚入学时，在学习的自觉性上并不一致，一部分学生的学习自觉性并不是很好，表现为上课开小差、自修课会注意外面的老师。我们第一次发现学生抬头看我们时，会警告一下，当第二次发现学生同样抬头注意老师，会再次警告，但事不过三，若第三次发现同样的情况发生，将严肃处理。经过一段时间的整治，学生自修课的时候，不管外面怎么吵闹，都不会去注意，而是认真读自己的书。

点睛笔：

1. 学习是主动的还是被动的，关键在于学生是否积极参与学习过程，是否积极思考有关问题，而不在于是接受学习还是探究学习。

2. 有意义的探究学习一般都是主动的学习。但是，如果学生不积极思考、不主动参与探究活动，这种探究学习也是被动的、机械的、无效的学习。

3. 学习内容要求做细、做实，而不是口头宣传。要花大力气注重学习内容的选择，使学习过程尽可能有意义。

4. 学习效果的评价，以最后几名学生的掌握程度为衡量标准，可以使其他的学生受到激励而主动学习。

5. 有意义的主动的接受学习，有助于培养学生从书本中获取知识的习惯和能力，这种习惯和能力主要是在接受活动中形成的。

49. 课堂讲授以后进生的接受程度为准

在一所普通的农村中学，两排小小的教学楼，破旧的实验室和食堂，操场小得可怜，三个年级不能同时出操。师资和生源也很平常，全校没有一位名牌大学本科毕业的教师，学生来自学校所在地周边乡村，没有住校生，没有晚自修。但是这所中学却在胡校长的带领下，三年时间就获得中考排名全市第一的好成绩，把许多城市重点学校都远远地抛在了后面。

在这所师资一般的中学，胡校长提出了教学内容重在抓基础的思路，也就是每次课瞄准的对象是成绩中等的学生和后进生，甚至最后几名学生。45 分钟的课堂效益，其标准不是教师在 45 分钟里教给了学生多少东西，而应该是教会了学生多少，学生已经掌握了多少。作为一名教师，当你无法照顾到每一个学生时，你就去照顾普通学生，尤其是后进生。如果这堂课最后一名学生也听懂了，掌握了，那么全班所有学生也就听懂了，掌握了。如果当场测验学生对知识的掌握程度，课堂效果肯定最好。

这也许就是这所普通的农村中学创造奇迹的一个重要法宝。

细节分析：

大多学校都以成绩中上的学生的接受程度为教师备课的标准，于是，课堂教学的效果是，只要有十几个学生懂了，就算是讲完了。事实上，全班大多数成绩中下的学生还处于云山雾罩之中。这样的上课，其实不是为了教会所有的学生，而是让十几个甚至是几个优秀学生在课堂上作秀。这样的课堂不是在努力使每一个学生都走向成功，而是在不断地制造失败的学生。很多校长也会经常听到教师这样的抱怨，这道题我讲了几十遍，学生还不会。事实上，这位教师是教了几十遍，很辛苦，很敬业，但仍然没有把学生教会、教懂。问题在于这位教师在课堂上看似讲了很多，但是每一点都是一知半解，不考虑学生的吸收程度和掌握情况，这样的讲解就是讲100遍也没有用。其最终结果就是在课堂上不断地制造失败的学生。

思考透视：

教育心理学上讲"跳一跳摘桃子"的理论，强调目标的确定应该是在力所能及的范围内再稍作努力就可以达到。目标太高，连跳数次仍然摘不到桃子，人们会认为努力也是白费劲儿，最终丧失信心；目标太低，无须跳就能摘到桃子，会使人们失去了跳的动力，不利于发掘潜能。所以目标太高或太低都不利于个体才能的有效发挥。

但是，这个"跳一跳摘桃子"的理论有时会误导一些教师在课堂讲授的过程中故意增加教学的难度，目的是为了激发学生的学习兴趣和动机。其实，这个理论的运用前提是学生已经掌握了课堂上应该学习的知识，在这个前提下可以适当增加难度。如果已经掌握知识的学生只是课堂内学生的一部分而不是全部，那么这个理论的运用也只是有利于一部分学生，而不是全体学生，只是激发了部分成绩中上等学生的学习兴趣，相反却抑制了另一部分成绩中下等学生的学习欲望。这与促进所有学生的学习成功、不让一个学生掉队的教育理念是相违背的。

布鲁姆的掌握学习理论认为，只要给予足够的学习时间和适当的教学，几乎所有的学生对几乎所有的学习内容都可以达到掌握的程度。学生的学习能力的差异不能决定他能否学习要学习的内容和学习的好坏，而只能决定他将要花多少时间才能达到对该项内容的掌握程度。这个理论告诉我们，只要我们给予适当的教学时间和教学方法，考虑每个学生的特点和接受程度，那么，所有学生都能掌握课堂上的教学内容。案例中的学校所获得的教学奇迹也用事实证明了这点。

在具体操作之时，以下几点可以参考：

①校长要善于激励与尊重教师。校长看重的不是教师的学历和知识，而是教师的责任心与能力，尤其是潜能。通过关心和尊重教师，激励教师主体意识的觉醒，形成一种教育自觉。

②校长要切实贯彻教学要求，比如教学内容重在"双基"，教学难度按照7：2：1划分等。

③校长要严格落实常规管理。比如周末坚决不补课；所有课程都严格遵照学科教学课时安排，一节不多，一节不少；严格控制学生的作业量，初三两个小时，初二一个半小时，初一一个小时。下午第四节自习课，没有任何老师占用。

④在抓好常规的基础上突出过程与细节，把细节抓严。例如针对不同的学生布置不同的作业，才能真正地调动学生的积极性，真正实现"提优补差"。对于作业中的基础题，所有的学生都要完成；有的试题优秀的学生仅写出步骤即可，不用算出具体答案，或者直接写出所涉及知识在课本的哪一页、哪一章节也可以，这样能充分节省学生的时间；而最后几道难题，优秀学生必须做，实在不会的学生可以不做。

视点延伸：学生教会我教书

一次，魏书生在接受记者采访时说："我不会教书，是学生教会我教书。"为什么这么说呢？

魏书生说，他当时教书的时候，是教语文，语文教学"婆婆"多，最外行的领导、文化水平很低的家长都可以指点语文教学。如果把各位"婆婆"的见解都拿来指导自己的话，那这堂课就彻底没法上了，而且肯定也脱离了学生的实际。他认为，老师的教学是为学生服务的，老师不能把学生当容器，什么都往里面灌。退一万步说，即使真的把学生当容器，也要研究各种容器的口径大小，也就是学生的接受能力。所以他一开始教书，想的就是学生的需要，学生的感悟，学生的喜怒哀乐，这使他和学生之间的矛盾也减到最低点，师生关系非常融洽。因为总想着学生的接受能力，就教得比较轻松，而一旦学生高高兴兴地学了，也就把"婆婆"们的任务完成了，所以他在教学方面很快就取得了成绩。

可见，魏书生为学生服务的观念虽然朴素，但是把它落实，也照样能取得成绩。

点睛笔:

1. 教育心理学上讲"跳一跳摘桃子"的理论，强调目标的确定应该是在力所能及的范围内再稍作努力就可以达到。但是，目标太高或太低都不利于个体才能的有效发挥。

2. 布鲁姆的掌握学习理论认为，只要给予足够的学习时间和适当的教学，几乎所有的学生对几乎所有的学习内容都可以达到掌握的程度。

3. 校长要善于激励与尊重教师。校长看重的不是教师的学历和知识，而是教师的责任心与能力，尤其是潜能。通过关心和尊重教师，激励教师主体意识的觉醒，形成一种教育自觉。

4. 校长要切实贯彻教学要求（如教学内容重在"双基"，教学难度按照7：2：1划分等），要严格落实常规管理（如周末坚决不补课）。

5. 在抓好常规的基础上突出过程与细节，把细节抓严。例如针对不同的学生布置不同的作业，才能真正地调动学生的积极性，真正实现"提优补差"。

50. 对不同基础的学生开"小灶"

在一所民族中学，由于招到的学生普遍基础不好，校长在每一个年级都开设了不同科目的"小灶"班。即在不解散正式班编制的前提下，由学生根据自己的实际选择组建的额外班级，分为基础班和提高班两类。其实，这就是对不同基础的学生开小灶。

这所民族学校的学生大多英语基础不好，因此英语基础班的学生比较多。校长针对这一特殊现象，与中英合作的公益组织——"盖普"建立了长期合作的伙伴关系。在这种合作下，"盖普"每年免费派出两名外语教学辅助人员到该中学任教，该中学也通过"盖普"的公益资助项目把更多的英语教师送到国外培训。这一尝试不仅提高了该校英语的教学质量，也提升了该校英语教师的英语教学能力，最终在高考中普遍提升了学生的英语考试成绩。

细节分析：

开小灶，一般而言是对学校少数优等生的特殊待遇，使他们更加优秀、为学校争光。案例中的民族中学，由于生源普遍基础不好，如何帮助这些被当地认为是"二三流"的学生经过三年的高中学习，也和一流学生一样能够走进好大学呢？对不同基础的学生开"小灶"，就是这所学校校长的做法。对所有学生都同等重视，区别对待。同时，为了弥补学校英语教学资源的不足，校长创造性地借助社会外力，与某国际公益组织取得了联系，并与之建立了合作伙伴关系，获得了由该国际公益组织投资的一个公益教育项目，为学校的英语师资培养和英语教学改革提供了很强的助力。可以说，这同时也反映出该校校长所具备的国际化战略眼光。

思考透视：

关于因材施教。因材施教是教学中一项重要的教学方法，是指教师要从学生的实际情况、个别差异出发，有的放矢地进行有差别的教学，使每个学生都能扬长避短，获得最佳发展。简单地说，就是针对学习者的志趣、能力等具体情况进行不同的教育。

学校与国际公益组织（NGO）的合作。国际公益组织属于社会团体的性质。学校作为社会中的一个基本单元，它与社会团体组织的合作与联系，有助于学校将社会团体作为学校的重要外部环境，充分利用各种公益性质的社会团体，促进学校的建设和发展。学校与国内外社会公益组织的合作，是促进学校发展的一个有益途径。

长期关注国际公益组织（NGO）状况的《中国发展简报》认为，在中国内地设立办公室、开展活动的国际 NGO 已接近 500 家，每年的活动经费约 2 亿美元；清华大学 NGO 研究所所长王名教授提供的数据则显示，目前境外在中国的社会团体的数目在 6000～6500 家，其中资助机构约 2000 家，项目机构约 1000 家，商会行业协会约 2500 家，宗教社团一千多家。

国际公益组织（NGO）大致可以分为三种类型：一种是项目资助型，通常自己不直接运作项目，而是为发展中国家本土的 NGO 提供资金；一种是项目执行型，通常直接在发展中国家实施项目；第三种是混合型，不仅自身直接在发展中国家实施项目，而且也越来越重视通过资助本土 NGO 来实施项目，培养本土 NGO 的能力。目前，在中国的扶贫助学领域颇有影响的国际 NGO，主要包括福特基金会、世界宣明会、爱德基金会、救助儿童会等。

通过一系列的公益项目，众多的国际 NGO 在中国赢得了越来越大的社会影响力，对培育企业公民的社会责任和普通公民的现代公益理念发挥了重要作用。而中国政府 2004 年颁布的新的《基金会管理条例》，允许外国人在中国设立非公募基金会，允许外国基金会在中国设立代表机构，也将在一定程度上规范并促进国际 NGO 在中国的公益活动。

在具体操作之时，以下几点可以参考：

（1）学校是实施因材施教的独立法人机构，在教学实践中应当秉承因材施教的精神——有教无类，实现教育的公平原则。其一，学校应当建立一套完整的科学的系统的学生个性特征的测评制度。其二，学校应当建立一套因材施教的教学过程控制系统。其三，改革现行的班主任和任课教师制度，教学分工的专业化是提高教学质量的根本保证，班主任应当从任课教师中分离出来，专门负责教育和教育管理工作。

（2）在不同的学习场合之中，不同类型、不同能力水平学生的学习表现是极为复杂的。校长在引领学校教学改革、贯彻因材施教原则的过程中，应遵循以下几点：

第一，校长要指导教师留意观察分析学生的学习特点。通过观察分析，了解学生的特性。观察分析学生遇到问题时的表现，可能发现他们独特的认知特征和动机倾向。分析学生学习顺利时的问题特征和学习动机，可以了解学生擅长的思维特点与理解方式。

第二，校长要指导教师具体分析学习成绩差的学生的特点与原因，对不同学生要区别对待。在实际情境中，导致学生学习成绩差的原因有很多，不同学生可能原因不同，要具体分析。例如，有的是学习风格的限制，可以从学习方法的指导、学习习惯的培养入手，有的是学习动机的障碍，就必须了解影响学习动机背后的深层原因，帮助解决，使学生在自尊自信的状态下学习。

第三，校长要指导教师根据对学生学习风格的了解，在教学中有针对性地提供风格相配的教学方式。有研究表明，当教师的教学风格与学生的学习风格相匹配时，有利于提高学习成绩。比如，对于喜好图像表征的学生用图式来讲解概念，避免把喜欢安静的学生安排在教室门口坐等。由于任何认知风格都不会适用于所有的知识学习，如果学习者在学习中坚守某一种认知风格，势必会在一些不适于自己风格的学科学习中失败。研究者认为，个体的学习风格是一种习惯，后天经验和训练起着很大的作用。要注意的是，校长和教师要随时注意学生的学习情况，根据学生学习的反馈及时进行调节。

第四，校长不仅仅要指导教师分析把握学生的学习风格，而且要指导教师去引导学生认识自己的学习风格特点，促使学生把学习风格转化为学习策略。当学习者能够意识学习风格特征与学习任务要求的匹配关系时，便能够作出主动的努力。成为一名有策略的学习者至少要能够意识到自己的学习能力类型，能够知道完成学习任务的不同方法要求，并且能够采取不同的学习方法。学习策略不同于学习风格。学习风格是个体所拥有的比较稳定的并且往往是无意识之中偏爱的学习方式，而学习策略则是灵活的、有计划的、根据具体的学习任务的性质而随机应变的。只有在教师有意识的点拨培养下，学生才有可能充分了解自己，主动地扬长避短。当学生具备了学习策略的意识，而且认识到自己的习惯性学习方式及其利弊时，就会主动地进行调节。

（3）值得注意的是，学校在与各种社会组织机构建立合作关系时，要注意辨别该组织的性质，避免与那些以盈利为目的的社会组织合作；要注意避免以各种名义动员、组织、强制或变相强制本校学生参加各类收费的课外办班；要注意避免学校为各类社会教育培训机构举办的业余学校

（班）做宣传或在校内张贴、发放有关招生广告、宣传资料等，因为这些都违背了学校教育的公益性质，是学校政策法规明文禁止的。

视点延伸：社会公益组织支持下合作兴建的新型农民工子弟学校

2009 年 9 月，由政府、社会公益组织与企业共同合作组建的新型农民工子弟学校在温州成立。五百名孩子走进了向往已久的龙湾区第一新公民学校。温州目前全市人口七百多万人，其中外来人口逾三百万人。由于政府教育资源有限，伴随而来的民工子弟小学生教育问题十分突出。近几年来，全市外来务工人员子女入学人数以每年近两万人的速度递增，现有的教育容量面临着前所未有的压力。

在这种背景下，温州市政府及市、区教育部门联合全国性非公募基金会南都公益基金会以公益理念创办了龙湾区第一新公民学校。龙湾区教育局为新公民学校配备不少于 1/3 的公办教师、并提供不少于 1/3 的公办经费，南都公益基金会提供 200 万元公益资金，同时倡议社会爱心人士为新公民学校捐款。由此组成政府补贴、社会公益组织和企业三方联合办教的新型农民工子弟学校。在管理体制上，实行董事会决策下的校长负责制，实行家长参与、教师参与、民主管理、学校财务公开等一套管理制度。21 世纪教育研究院院长杨东平教授认为，这个新型的农民工子弟学校以公有民办、公益非盈利办学形式，探索了城市农民工子弟小学义务教育的新模式，在全国具有积极的示范作用。

点睛笔:

1. 因材施教是教学中一项重要的教学方法，是指教师要从学生的实际情况、个别差异出发，有的放矢地进行有差别的教学，使每个学生都能扬长避短，获得最佳发展。

2. 学校与国内外社会公益组织的合作，是促进学校发展的一个有益途径。

3. 学校是实施因材施教的独立法人机构，应当建立一套完整的科学的系统的学生个性特征的测评制度，建立一套因材施教的教学过程控制系统，并让班主任从任课教师中分离出来，专门负责教育和教育管理工作。

4. 校长不仅要指导教师分析把握学生的学习风格，而且要指导教师去引导学生认识自己的学习风格特点，促使学生把学习风格转化为学习策略。

5. 学校在与各种社会组织机构建立合作关系时，要注意辨别该组织的性质，避免与那些以盈利为目的的社会组织合作。

参考文献

著作：

[1] 顾明远：《思考教育：顾明远自选集》，北京：首都师范大学出版社，2008 年 12 月版。

[2] 邵瑞珍主编：《学与教的心理学》，上海：华东师范大学出版社，1990 年 10 月版。

[3] 郑金洲著：《课堂教学的 50 个细节》，福州：福建教育出版社，2007 年 12 月版。

[4] 褚宏启等著：《走向校长专业化》，上海：上海教育出版社，2009 年 9 月版。

[5] 陈玉琨著：《一流学校的建设：陈玉琨教育讲演录》，上海：华东师范大学出版社，2007 年 12 月版。

[6] 陈永明等著：《当代校长读本》，北京：中国人民大学出版社，2008 年版。

[7] 程凤春主编：《学校管理的 50 个典型案例》，上海：华东师范大学出版社，2009 年 1 月版。

[8] 约翰·杜威著，赵祥麟等译：《学校与社会·明日之学校》；北京：人民教育出版社，1994 年版。

[9] 古得莱得著，苏智欣等译：《一个称作学校的地方》；上海：华东师范大学出版社，2007 年版。

[10] 季苹主编：《学校文化自我诊断》，北京：教育科学出版社，2004 年 6 月版。

[11] 伯蒂·埃弗拉德、吉弗里·莫里斯、伊恩·威尔逊著，杨天平译：《有效学校管理》；重庆：重庆大学出版社，2007 年版。

[12] 方国才主编：《中国著名校长的管理细节》，南京：江苏人民出版社，2009 年6 月第二版。

[13]［美］刘京秋、哈维·奥威著：《校长管理手册——美国中小学校长成功管理之路》，北京：中国财政经济出版社，2007 年7 月版。

[14]［美］Alan M. Blankstein 著，林玲等译，《创建优质学校的6 个原则》；上海：华东师范大学出版社，2007 年10 月版。

[15] 张延明编著：《建设卓越学校：领导层·管理层·教师的职业发展》，北京：北京大学出版社，2008 年10 月版。

[16]［苏联］马卡连柯著，吴式颖等编：《马卡连柯教育文集》（上、下）；北京：人民教育出版社，2005 年1 月版。

[17]［苏联］B. A. 苏霍姆林斯基著，赵玮等译，杜殿坤等校：《和青年校长的谈话》；北京：教育科学出版社，2009 年版。

[18]［苏联］B. A. 苏霍姆林斯基著，汪彭庚译，杜殿坤等校：《要相信孩子》；北京：教育科学出版社，2009 年版。

[19] 胡卫：《民办教育的发展与规范》，北京：教育科学出版社，2000 年版。

[20] 周成平主编：《外国著名学校的管理特色》，南京：南京大学出版社，2009 年版。

[21] 杨立军编著：《伊顿公学的经典法则》，上海：学林出版社，2008 年版。

[22]［美］威特克尔著，冯凯，刘琦译：《创新型学校——给学校管理者的9 个策略》；北京：中国青年出版社，2010 年版。

[23]［美］休姆斯著，王正林、王权译：《美国最好的中学是怎样的》；北京：中国青年出版社，2008 年版。

[24]［英］A. S. 尼尔著，王克难译：《夏山学校》；海口：南海出版公司，2009 年版。

[25] 陈永明等著，《教育领导学》，北京：北京大学出版社，2010 年版。

[26] 经济合作与发展组织编，王晓华、彭欣光译：《学会变革：学校中的信息与通讯技术》；北京：教育科学出版社，2008 年版。

[27] 教育部人事司编：《学校管理专题》，北京：北京师范大学出版社，2002年版。

[28] ［美］胡弗曼（J. B. Huffman），［美］海普（K. K. Hipp）著，贺凤美等译：《学习型学校的文化重构》；北京：中国轻工业出版社，2006年版。

[29] ［美］奥恩斯坦等著，朱永新主编，《教育基础》（第8版）；南京：江苏教育出版社，2003年。

[30] ［澳］卡德威尔，［澳］斯宾客斯著，胡东芳等译，《超越自我管理学校》，上海：上海教育出版社，2005年版。

[31] 余清臣，卢元锴主编：《学校文化学》；北京：北京师范大学出版社，2010年版。

[32] ［美］布拉泽、菲利普斯著，孙二梅译：《20位美国优秀校长如何创建好学校》；北京：中国青年出版社，2010年版。

[33] 台湾海洋大学师资培育中心主编：《课程领导与有效教学》，北京：九州出版社，2006年版。

[34] ［美］霍伊，［美］米斯克尔著，范国睿主译：《教育管理学：理论、研究、实践》（第7版）；北京：教育科学出版社，2007年版。

[35] 教育部人事司编：《爱生学校与学校管理》，北京：北京师范大学出版社，2010年版。

[36] ［美］麦克万著，吴艳艳、陈伟嘉译：《卓越校长的7个习惯：如何应对教师的愤怒、苦恼、倦怠和困惑》；上海：华东师范大学出版社，2007年版。

[37] ［英］斯托尔、［加］芬克著，柳国辉译：《未来的学校：变革的目标与路径》，北京：北京大学出版社，2010年版。

[38] 许苏、李霞主编：《教育领导案例及评析》，北京：北京大学出版社，2010年9月版。

论文：

[1] 陶西平：基础教育的价值是育人不是选拔。《中国教育报》2011年12月26日。

［2］邓永财：试论探究学习与接受学习的融合。《中国教育学刊》，2003 年第 11 期，第 37～40 页。

［3］王陈华：挖掘"草稿"价值，注重过程评价。《教学与管理》，2007 年第 2 期，第 45 页。

［4］刘敏：看国外采取哪些保障措施如何构筑校园安全防线。《中国教育报》2010 年 6 月 1 日第 1 版。

［5］王洁：从"师徒带教"到"团队成长"——基于上海市部分新教师专业成长调研的思考。《教育发展研究》，2009 年第 24 期，第 64～71 页。

［6］孟庆男：对接受式学习与发现式学习的比较分析。《中国教育学刊》，2003 年第 2 期，第 27～29 页。

［7］山西师范大学实验中学：互动选题，高效管理，规范监控，过程评价，促进研究性学习有效实施。《教育理论与实践》，2009 年第 4 期，第 7～8 页。

［8］纪秀君：共享校际优质资源，定期组织联合采购，北京高校构建"开放式"后勤服务体系。《中国教育报》2007 年 5 月 8 日第 2 版。

［9］沈建军：以"助学稿"为载体的语文课堂教学变式研究。《上海教育科研》，2011 年第 11 期，第 80～81 页。

［10］常淑芳：民办中小学师资队伍建设：问题、原因与对策分析［J］。《中国教师》，2007 年第 11 期。

［11］黄东昱：民办中学师资稳定性问题及对策［J］。《教育发展研究》，2006 年第 6 期。

［12］殷世东、伍德勤：贫困地区民办学校师资建设：问题与应对——基于安徽省阜阳市农村民办学校师资现状的调查与思考［J］。《职业技术教育》（教科版），2006 年第 31 期。

网站：

［1］杨东平新浪博客：http://blog.sina.com.cn/yangdongping

［2］中国人权网站中文版"国际公益组织在中国（图）"，http://www.humanrights-china.org/cn/zt/tbbd/sszg_gyyxd/08/t20070613_252116.htm

［3］《关于中小学生节约教育的几点建议》的 2011 年调查报告，北京市发展和改革委员会官网，http://www.bjpc.gov.cn/zt/2011jnhbz/jdz/201106/t812427.htm

［4］韩振峰：国外节约教育方式值得借鉴，2010 年 6 月 28 日，http://www.s5461.net/kj/hjkj/xzxny/201006/65671.asp

［5］中小学校领导要轮流陪学生吃食堂，人民网，2011 年 11 月 26 日，http://www.sznews.com

［6］农村寄宿学校食品安全不容忽视，《中国质量报》http://www.cqn.com.cn/news/zgzlb/disi/259504.html

［7］戴祖杰、李文耀：目前中小学食堂管理中存在的问题及改进，2008-5-10. http://www.sichuandaily.com.cn/2008/03/19/20080319439134177550.htm

［8］新华网，2010 年 5 月 10 日，http://news.163.com/10/0510/18/66BG1VOJ000 14AEE.html

［9］杨彬，论赏识教育与班级管理，http://mondayabc.51.net/2008－1－8/2－2.htm

后记

　　"治大国如烹小鲜"，治理一个国家如同烧一盘小鱼那样，要精心细作，注重细节。管理一个学校也是如此。在学校管理的过程中，细节体现出的是一种良好的管理习惯，是一种高瞻远瞩的眼光，更是一种基于道德的平衡智慧。

　　本书从中小学校长的行政职能入手，分别从理念呈现、制度管理、教师管理、学生管理、学校变革、教学改革等六个方面，精选了校长在学校管理过程中的50个细节。50个细节不仅包括校长在贯彻教育理念和执行制度管理方面的细节，也包括校长关怀教师和关爱学生的细节，还包括校长引领教学改革、开展学校变革的细节。细节决定成败，细节也能体现成败。学校管理的50个细节彰显的是校长的育人理念、管理素养和教育家精神。

　　本书中的每一个细节都单独成篇，每一个细节都依循统一的体例，即开篇案例展示篇名所指的细节，细节发生的情境分析，细节蕴含的理论介绍，相关理论运用的要诀分析，以及类似案例的补充延伸；最后是本篇要点总结——点睛笔。可见，每个细节都有开篇和篇末两个案例，50个细节中总共包含100个案例。目的是帮助读者更好地理解该类细节及其蕴含的理论和运用的要诀，帮助读者从细节中有所感悟、有所收获。本书中的案例有些是笔者亲眼所见的校长言行细节，有些是这几年学校里发生的真实案例，有些是笔者根据当前中小学的现状编写的案例，还有些是改编自其他书中的案例，在此一并向这些著作者表示感谢。

中小学校长是本书的主要读者，中小学校中的每一位教育管理人员是本书的读者，有志于从事管理岗位的骨干教师也是本书的读者。学校管理的主要责任人是校长，但是，一个学校的管理工作要做细、做实、做好，需要在校长领导之下的所有教职员工的共同努力。学校管理的细节，是关系到学校中每一个成员的工作细节，需要学校中每一个成员的理解和支持。

校长也需要学习，优秀的校长更需要不断地学习。那么，优秀的校长是怎样从繁忙的工作中抽时间学习的呢？他们是从自己和他人遇到的那些成功的和失败的案例中学习的，这样的学习通常使他们收获颇多，同时也使他们在各种真实的和虚拟的尝试和错误中不断成长。本书提供的50个细节和50个延伸案例都来自中小学校的成功或失败的经历，希望能对校长们有所启发。

感谢恩师顾明远先生。我在北京师范大学教育管理学院读博三年的时间中，深获恩师的精心指导和以身垂范，让我明白了做一个优秀的教育管理人员的重要素质——爱学生、关心教师的成长、善于处理制度与人情的平衡、谦虚、敬业……

感谢尊敬的郑金洲教授。本书的写作缘于郑老师的信任和大力指导，在写作和修改过程中郑老师对写作提纲和本书内容都给予了大力支持与精心指导，提出了很多中肯的修改建议；郑老师作为一位优秀的教育学家也给了我很多人生的指导与启示。

感谢尊敬的成知辛老师。本书在写作和修改过程中也得到了成老师的信任、指导与支持；成老师对本书格式规范方面的精心指导让我深受感动。

感谢尊敬的陈玉琨老师和褚宏启老师，他们作为华师大和北师大教育管理专业的两大权威专家，给本书提供了精到、中肯的评价与建议。再次感谢两位专家老师对本书的评阅与指导！

感谢我亲爱的家人。本书在写作过程中是他们主动为我分担了很多家务，让我能够安心写作。

感谢所有这些人的帮助、信任、支持和指导，有了这些，本书才得以顺利问世。

本书的细节并没有覆盖校长管理的方方面面，而是针对一些学校管理中校长会经常遇到或者可能会遇到的各种问题，选择了一些问题处理的细节情境，希望能够引起校长和相关学校管理人员的注意，从而使学校的管理工作更加有效。限于时间和水平，书中的不当之处，恳请读者批评指正。

翁文艳

2012 年 1 月 27 日